W0060873

Philosophische Lebenskunst
Band 11

Lutz von Werder

Existentialismus jetzt –

Eine neue Philosophie der Hoffnung

Aus dem philosophischen Café in Berlin

Schibri-Verlag Berlin • Strasburg • Milow

Bestellungen über
    den Buchhandel
    oder direkt beim Verlag

© 2012 by Schibri-Verlag, Am Markt 22, 17335 Strasburg/Uckermark
www.schibri.de

Umschlaggestaltung: Nadine Bachmann

ISBN 978-3-86863-093-0

Inhaltsverzeichnis

Vorwort

Die Erneuerung des Existentialismus im philosophischen Café

„Unsere Zustände schreiben wir bald dem Gipfel,
bald dem Abgrund zu, und sehen ein wie das andere mal:
in uns liegt das Rätsel, die wir Ausgeburten zweier Welten sind."
(J. W. Goethe)

Seit 1995 leite ich philosophische Cafés in Berlin, unter anderem in der „Urania" und im „Literaturhaus".

Ein philosophisches Café arbeitet nach folgenden Prinzipien:

1. Bisher haben die Menschen fremdgedacht – jetzt können sie selber denken.
2. Jeder Mensch besitzt eine eigene unbewusste Existenzphilosophie, die im philosophischen Café durch Schreiben und Denken bewusst gemacht und vertieft werden kann.
3. Das existentielle Denken beginnt mit dem Aufschreiben und Diskutieren der inneren Gedanken des eigenen Selbstgesprächs des Ichs.
4. Die Schreib- und Denkbemühungen der großen Existentialisten drehen sich um die drei Themen: Welt, Ich, Gott.
5. Für die praktische Caféhaus-Philosophie ist die Geschichte des Existentialismus von Kierkegaard, Max Stirner über Nietzsche, Heidegger, Jaspers, Camus, Sartre und Simone de Beauvoir eine anregende Geschichte der kreativen Schreib- und Denkmethoden für neue Selberdenker.
6. Das philosophische Café ist kein akademischer Stammtisch, sondern ein niedrigschwelliger Ort des neuen existentiellen Denkens für alle Wutbürger und Hoffnungssucher.
7. Die heute herrschende Philosophie ist eher lebens- und existenzfern. Im Café ist das Denken einleuchtend und evident. Wenn es denn klappt.
8. Philosophische Cafés, von denen es in Deutschland rund 150 gibt, sind das denkende Herz der Hoffnungssucher, weil der Katastrophenkapitalismus die existentiellen Fragen in einer Kultur des Spektakels versenkt.
9. Das philosophische Café bremst das heute rasende Denken durch die Langsamkeit der intensiven Diskussion am Beispiel von existentiellen Abgrund- und Gipfelerfahrungen.
10. Philosophische Cafés können in Caféhäusern entstehen, aber auch in Büros, Schulen, Universitäten, Frauenzentren, Volkshochschulen sowie in Rundfunk- und Fernsehprogrammen. (Vgl. L.v. Werder: Das philosophische Café. Berlin 1998, Neuauflage 2011, S. 30f.)

Zehn Jahre leitete ich außerdem „Das philosophische Radio" im WDR 5, zusammen mit Jürgen Wiebecke.

Die Attraktivität der philosophischen Cafés und des philosophischen Radios bestand und besteht in der Alltagsnähe der diskutierten Themen. Diese Themen kreisen dabei um die Schwerpunkte Welt, Ich und Gott. Jedes dieser Themen wurde jährlich in Unterthemen aufgegliedert, die jeweils von einem Begleitbuch für die Teilnehmenden dargestellt wurden. Nach 17 Jahren mit rund 600 Sitzungen des Cafés von je 90 Minuten, an denen jeweils 80–160 Personen teilnahmen, zeigte sich: Eine neue Caféhaus-Philosophie ist entstanden. Diese Philosophie hat einen historischen Ursprung. Es ist der alte Existentialismus. Diese Philosophie entwickelte ihre Hauptwerke zwischen 1926 mit Heideggers „Sein und Zeit" und Jean-Paul Sartres „Das Sein und das Nichts" 1944.

Seitdem hat sich viel verändert in den Bereichen Welt, Ich und Gott. Deshalb ist es an der Zeit, den neuen heutigen Existentialismus, wie er sich in den Berliner Cafés in 17 Jahren in gewisser Weise als Werk von **6000 Teilnehmenden** herausgebildet hat, darzustellen. Heidegger wurde im Café bestätigt, als er schrieb: „In das, was Denken heißt, gelangen **wir**, wenn **wir** selber denken." (M. Heidegger: Was heißt Denken? Stuttgart 1992, S. 3)

Der Existentialismus hat sich in 17 Jahren tatsächlich erneuert. Der klassische Existentialismus war pessimistisch, vereinzelnd und politisch meist konservativ. Der heutige Existentialismus steht links, ist optimistisch mit Trauerflor und wendet sich an alle. Er arbeitet sich als ewige Philosophie durch die existentiellen Widersprüche der Abgrund- und Gipfelerfahrungen des heutigen Systems hindurch. Immer wieder ergibt sich die Wahl zwischen Nacht und Licht. Dieser Weg des Wählens wird in diesem Buch dargestellt. Die Teilnehmerinnen und Teilnehmer werden in dieser Darstellung zu Wort kommen. Sie haben zu jedem Thema Gedichte und Texte geschrieben, von denen hier einige abgedruckt werden. Schon der klassische Existentialismus verband sich immer mit Poesie. Als Beispiel: Albert Camus' „Mythos des Sisyphos" schlug sich nieder in seinem Roman „Der Fremde". Sein Essay „Der Mensch in der Revolte" wurde gestaltet in seinem Roman „Die Pest".

Die Wiederkehr des Existentialismus *jetzt* stellt sich deshalb als Essay und Gedicht dar. In den philosophischen Cafés wurde nämlich nicht nur diskutiert, es wurde auch geschrieben. Denn Denken heißt Schreiben, und Schreiben heißt auch Poesie erschaffen. Viele Aspekte der heutigen absurden Welt kann man nur „mystisch bannen durch das poetische Wort" (G. Benn). Im Laufe der Jahre hat sich in dem kollektiven Beratungsprozess der 6000 in den Cafés gezeigt: der philosophische Glaube dieser Zeit findet seinen Ausdruck in der Losung: **Neuer Existentialismus jetzt!**

Der neue Existentialismus ist eine Philosophie für die zweifelnden Menschen und für die Piraten, die im Projekt Stuttgart 21, in der Anti-Atom-, Friedens-, Ökologie-, Internet- und Frauenbewegung gezeigt haben: **Rebellion ist gerechtfertigt!**

Sie haben mit der Energiewende, dem Scheitern des Afghanistan-Krieges und im Widerstand gegen die Bankenkrise und die Internetzerstörung auch deutlich gemacht: **Rebellion hat Erfolg!**

Den Anstoß zum Schreiben dieses Buches gab ein Stammgast des Cafés, der Lehrer O.. Er sagte einmal: „Wir reden hier so oft vom neuen Existentialismus. Alle haben ihn im Sinn. Sie müssen ihn mal für alle darstellen."

Dieses Buch ist nicht nur Sybille von Heynitz sondern den vielen Teilnehmerinnen und Teilnehmern der Empörung und der Hoffnung in Deutschland gewidmet.

Wiederum sei dem Schibri-Verlag und Franziska Hiller sowie Iris van Beek gedankt, dass sich dieses Projekt realisieren ließ.

Berlin, im Februar 2012   Lutz von Werder

Einleitung

1. Das Erbe des Existentialismus und seine Verpflichtung

Der neue Existentialismus löst sich aus dem Ideologie-Käfig des Kapitalismus. Er erkennt die Absurdität des Kapitalismus und das absurde Dasein, das dieser seinen Gläubigen aufzwingt. Der Kapitalismus zwingt die heutigen Ichs zur alternativen Bestimmung ihres Daseins als Existenz. Der Existierende findet im Angesicht von Abgrund und Morgenröte zu sich selbst, indem er in Rebellion und Revolution in die Geschichte eingreift und sie mit dem Ziel der Weltrettung auch mitgestalten möchte. Der heute Existierende will, wie Camus sagte, ein Heiliger oder ein Mensch ohne Gott werden. Der Existentialismus entwickelt sich in der Moderne, die sich auf die Ambivalenz der Welt in Untergang und Neuaufbau stützt.

Die enorme Wirkung des alten Existentialismus lag in seiner Antwort auf die Katastrophen des 1. und 2. Weltkrieges, die Auschwitz und Hiroshima zur Folge hatten und einen absoluten Zivilisationsbruch markierten. Der Welterfolg des alten Existentialismus beruhte aber auch darauf, dass er Philosophie mit Poesie verbunden hat. Er tritt in die Weltöffentlichkeit mit Jean-Paul Sartres Vortrag „Der Existentialismus ist ein Humanismus" vom Herbst 1945.

Die heutige Weltlage, nach der Finanzkrise von 2008, ist geeignet, dem Existentialismus mit seinem Festhalten am handlungsfähigen Ich eine neue Renaissance zu vermitteln. Allerdings muss der Existentialismus den inzwischen eingetretenen Tendenzen der Verbösung des Bösen und der Verabsurdierung des Absurden in der Globalisierung der Krisen Rechung tragen. Der Mensch muss heute angesichts der Bedrohung der Welt sein neues Wesen als Retter der Welt schaffen. Das ist es, was er werden kann. Er kann Weltzerstörer werden oder Weltretter. Für seine Welt trägt er die volle Verantwortung. Dabei wird er sich nicht auf die transzendenten Hoffnungen auf ein Jenseits stützen können, sondern er muss auf eine weiße Mystik ohne Gott setzen. Der wirklich Existierende befindet sich in der Angst, die Weltrettung zu verfehlen und zur Weltvernichtung beizutragen. Er steht in der Angst der Wahl und in der Erfahrung der Freiheit. Mit den Herren der Apokalypse ist das wirkliche Nichts in die Welt gekommen und damit die Förderung des atomaren Nichts. Es gibt aber auch Tendenzen, das ökologische Nichts zu vernichten. Denn nicht nur die Herren der Apokalypse von oben, auch die vielen Anonymen von unten können in den Gang der Welt eingreifen, wenn sie zum rebellischen Wir werden.

Albert Camus hat schon erkannt, dass der Kapitalismus das Absurde ist. Er hat auch seiner Wahl des Widerstandes gegen den faschistischen Kapitalismus durch seine Mitarbeit in der französischen Résistance Ausdruck verliehen. Als Existentialist verstand sich Camus als einer, der immer in Entscheidungssituationen steht und immer wählen muss. Albert Camus sagte es in seiner Nobelpreisrede in Stockholm 1957 ganz deutlich: Der Existentialist steht „nicht im Dienst derjenigen, die Geschichte bzw. Kriegsgeschichte machen, sondern im Dienst derjenigen, die sie erleiden". Für Camus war Philosophie immer die Grundfrage, ob das Leben und die Welt sich lohnen oder nicht. Denn der Mensch fühlt sich in der Welt des Kapitalismus immer fremd. Der Mensch fragt den Kapitalismus nach seinem Sinn, und der Kapitalismus antwortet nicht, das ist für Camus die Grunderfahrung des Absurden. Wenn der Mensch nicht Selbstmord begeht, geht der Existierende in die Revolte. Die Revolte gibt dem Lebenden seinen Wert wieder. Der Held der Revolte ist Sisyphos, der nach jeder gescheiterten Revolution lernt, eine neue zu machen, auch wenn sie wieder scheitern sollte. Das ist die Bedeutung seines Steins. Camus' Sisyphos ist ein Vertreter der permanenten Rebellion. In Camus' Buch „Der Mensch in der Revolte" wird ganz klar gesagt: „Ich empöre mich, also sind **wir**." (A. Camus: Der Mensch in der Revolte. Reinbek 1953, S. 27). In der Revolte entwickelt sich das Ich zum Wir. Das Ich wird Teil des rebellischen Wir der Wutbürger. In der Revolte wird das Übel, das der einzelne Mensch empfindet, zur „kollektiven Pest". „In der alltäglichen Erfahrung, die unsere ist, spielt die Revolte dieselbe Rolle wie das „cogito" in der Geordnetheit des Denkens: Sie ist das erste Evidente. Aber diese Evidenz zieht das Individuum aus der Einsamkeit heraus. Sie ist ein Allen gemeinsamer Umstand, der den ersten Wert auf alle Menschen gründet." (A. Camus, a.a.O., S. 27)

Alle bisherigen Revolutionen haben das Wir verraten und Millionen Genossen ermordet. Camus forderte deshalb schon 1953 zur Neuformulierung der kommenden Revolution auf, die ohne Massenmord geschehen soll. Dabei ist Camus die kommunistische ebenso suspekt wie die faschistische Revolution seiner Zeit. Jeder bisherige Revolutionär endete als Unterdrücker oder als Ketzer. Jede materielle Fortschrittsidee pervertiert sich für Camus. Er fordert uns auf, die Philosophie der spirituellen Revolution zu entwerfen, die erst das Ich geistig befreit, um es in der sozialen Emanzipation vom Kapital auch von den ökonomischen Krisen zu befreien. Camus' Votum für die spirituelle, anarchistische Revolution war der wahre Grund des Bruches mit Jean-Paul Sartre. Bei Camus gibt es noch eine „mystische Seele, die es dürstet, sich hinzugeben, mit Begeisterung und Inbrunst" (O. Todd: Albert Camus. Reinbek 2001, S. 53). Camus kennt die gottlose Naturmystik, die in seiner Seele noch einen Gegenstand für ihren Glauben und ihre Inbrunst verlangt. Camus' erstes Werk „Metaphysik und Neoplatonismus" (Reinbek 1978) zeigt, dass er die pantheistische Ergriffenheit durch das südliche Licht des Mittelmeeres durchaus kennt und als Kraft der Revolte schätzt. Noch in dem Roman „Die Pest" fragt das Sprachrohr Camus', die Figur Tarrou: „Kann man ohne Gott ein Heiliger werden? Die Antwort lautet: Das ist das einzige wirkliche Problem, das ich kenne." (A. Camus: Die Pest. Reinbek 2010, S. 369) Diese Leidenschaft für das Heilige ist dem Atheisten Sartre völlig fremd. Der Existentialismus zerstreitet sich an der Frage des Heiligen. Camus wurde Zeit seines Lebens von der Idee eines bösen Schöpfungsgottes verfolgt, gegen den er sich empörte. Dieser Streit um das Heilige, nach dem Tod Gottes, muss heute neu ausgetragen werden. Deshalb votiert Camus auch für die metaphysische Seite der Revolte (A. Camus: Der Mensch in der Revolte, a.a.O., S. 28).

Wie auch immer, der französische Existentialismus ist der entscheidene Stichwortgeber für die Renaissance des Existentialismus heute. Der Kampf gegen die absurden Herren der Apokalypse kann einen Sisyphos glücklich machen, aber auch den Existentialisten des 21. Jahrhunderts.

2. Der erweiterte Existenzbegriff

Wir stützen uns auf einen erweiterten Existenzbegriff. Existenz heißt bei Heidegger, Jaspers, Sartre und Camus, dass Ich Ich bin und nicht nicht bin. Ich werde auf mich aufmerksam in Verzweiflung, Ekel, Angst und Langeweile. Ich erfahre mich als vereinzelt. Existieren heißt für den Existentialismus: in Gegensätzen leben, die sich logisch nicht vermitteln lassen. Existieren entwickelt sich zwischen Zeitlichkeit und Ewigkeit, zwischen Absurdität und Sinn, zwischen Abgrund- und Gipfelerfahrung. Existieren ist immer Seinkönnen. Existenz ist das Ich, das sich zu sich selbst verhält. Existenz ist der je Einzelne. Als dieses Ich ist er unvertretbar und unersetzbar. Die Existenz ist immer geschichtlich. Existenz gibt es aber nur in Kommunikation mit anderen existierenden Ichs. Es ist nur im Wir. Existenz ist zur Freiheit verurteilt. Sie schafft ihr Wesen nur, wenn sie aktuell handelt. Existenz ist verantwortlich für das, was sie ist. Erst im Rahmen eines rebellischen Wir entstehen Normen und Werte, die Humanität in Freiheit möglich machen. Existenz hat einen unbedingten Wert, der den Selbstmord und den Mord an anderen prinzipiell verbietet.

Dieser alte Existenzbegriff muss heute erweitert werden. Wenn Existenz die Potenz der eigenen Möglichkeiten ist, dann beziehen sich die heutigen Möglichkeiten auch auf die Existenz oder Nicht-Existenz der Welt. Wenn sich Existenz nur in jeweiligen Grenzsituationen vollzieht, dann stehen wir heute in der entscheidenden Grenzsituation der Weltzerstörung oder Welterneuerung. Wenn Existenz sich im Verhalten zum eigenen Tod artikuliert, dann artikuliert sie sich heute auch im Bezug zum möglichen Tod der Menschheit. Wenn Existenz die beiden Grundmöglichkeiten kennt: Selbstverlust oder Selbstgewinn, so kennt Existenz heute die beiden Möglichkeiten: Weltverlust durch Weltzerstörung oder Weltgewinn durch Welterneuerung. Wenn Existenz nur im Bezug auf das Transzendieren des Ichs möglich ist, dann ist heute Existenz auf Transzendenz bezogen im Kontext schwarzer oder weißer Mystik ohne Gott. Existenz heißt heute auch: Nicht, dass Ich Ich bin und nicht, dass Ich nicht bin, ist das Entscheidende, sondern dass Ich Teil eines rettenden Wir werde. Nur als rettendes Wir ist die Rettung der Welt möglich. Nur das Wir der Vielen kann den philosophischen Glauben entwickeln, die Herren der Apokalypse und ihr zerstörendes Wir zu entmachten. Nur das rettende Wir der Anonymen kann Weltdemokratie in Freiheit erkämpfen.

Der erweiterte Existenzbegriff muss erkennen, dass „jede Revolte, die die Solidarität leugnet, sofort den Namen Revolte einbüßt" (A. Camus: Der Mensch in der Revolte. Reinbek 1953, S. 27). Ist auch der Ursprung der Existenz individuell, so kann das Handeln nur kollektiv sein. Revolte „ist ein Abenteuer für alle" (A. Camus, a.a.O.). Das Übel, das individuell erfahren wird, wird zur kollektiven Wut. Das Individuum entzieht sich dann der Einsamkeit. „Ich empöre mich, also sind *wir*." (A. Camus, a.a.O.) Das hat Camus schon gewusst, dessen Existenzbegriff schon die Ausdehnung anstrebte, die heute im Katastrophenkapitalismus zeitgemäß ist.

3. Der Existentialismus ist kein Nihilismus

Der Kapitalismus hat mit Staat, Finanzmarkt, Großunternehmen, riesigen Militärkomplexen eine Welt geschaffen, die allen Menschen fremd ist. Der Mensch fühlt sich auf dieser Welt unheimlich. Diese Welt macht dem Menschen Angst. Sein Denken erfährt, dass große Teile des vom Menschen Geschaffenen nicht zu begreifen und ganz schwer zu verändern sind. Manche spekulieren, dass mit 50 Billionen Euro die größten Menschheitsprobleme zu beseitigen sind (B. Lomberg). „In der Angst, die grundsätzliche Angst vor dem Tode ist, äußert sich das Nicht-zu-Hause-Sein des Menschen in der Welt. Das In-Sein in der Welt wird zu der existentiellen Erfahrung des Un-Zuhause. Dies ist die moderne Unheimlichkeit." (H. Arendt: Was ist Existenzphilosophie? Frankfurt 1990, S. 34) Der Existentialismus verhindert, dass sich Weltfremdheit in Welthass und Weltzerstörung wandelt. Er propagiert den Heroismus, der notwendig ist, um in der fremden Welt zu überleben. Er hindert das Ich in die Masse zu flüchten, in den heutigen Anti-Islamismus, aus Angst vor der Welt. Er plädiert dafür, den Menschen aus sich selbst heraus, aus seiner Existenz zu verstehen. Er animiert zur Leidenschaft der Selbstverantwortung. Er stimuliert das radikale Fragen nach Alternativen zur Weltzerstörung. Wenn der Mensch kein weltschaffendes Wesen sein kann, kann er sich leicht als das weltzerstörende Wesen definieren. Das zeigt zum Beispiel Albert Camus in seiner Analyse der Revolution, die bisher reine Massenmordveranstaltungen waren. Auch der fundamentalistische Islam und das fundamentalistische Christentum neigen zu rabiaten Mordaktionen.

Weltfremdheit kann leicht in Nihilismus, den Wunsch, dass alles Nichts ist oder wird, umschlagen. Der Existentialismus ist aber kein Nihilismus. Auch wenn er beseitigen will, was den Menschen beseitigen will. Der drohende Atomkrieg zeigt exemplarisch die Endlichkeit der Menschengattung. Der jeden bedrohende Tod zeigt die Endlichkeit des Ichs. Aber Gattungs- und Individualtod reißen das Ich aus der Weltfremdheit heraus und machen das Ich in der Angst mit sich vertraut und bereit zum Kampf um die Welterneuerung. Die Erfahrung, dass das eigene Ich einmal nicht mehr sein wird, entzündet den Gedanken, dass wenigstens die Welt des Menschen bleiben muss. Der Tod wird das Ende des Ichs sein. Der Gedanke an den Tod macht mich aber sicher, dass es letztlich auf nichts ankommt, als auf mich selbst und darauf, dass die Welt wenigstens die bleibende Heimat des eigenen Grabes werden kann. Das existierende Ich ist nie isoliert, sondern in Kommunikation, im Wissen um andere Ichs, im Kontext eines rettenden Wir. Das Ziel des rettenden Wir ist die Befreiung vom Abgrund der Weltfremdheit und vom Zwang der Weltzerstörung, die heute in Atta und Breivig ihre Protagonisten findet. Im rettenden Wir erfährt das Ich in der Gipfelerfahrung, dass es mehr als sich selbst wollen kann und dass das Ich mehr ist als es selbst.

4. Existentialismus als Wahl: Abgrund oder Gipfel?

Dem Existentialismus geht es um die Wahl. Die Wahl erscheint in der modernen Philosophie zuerst in der Wette des Blaise Pascal. Der Agnostiker sieht sich bei Pascal vor die Wahl gestellt, ob er sein Leben auf das Jenseits gründen will oder nicht. Der heutige Existentialist steht aber vor der Wahl, ob er sich selbst wählen will oder nicht. Aber das reicht nicht. In der jetzigen Situation hat sich die Wahl verschärft. Der Existentialist hat zu wählen, ob er für die Weltzerstörung arbeiten und leben will oder für die Welterneuerung, also ob er die Abgrund- oder die Gipfelerfahrung wählt. Erst wenn er die Welterneuerung wählt, wählt er sich selbst, sonst wählt er den Weltuntergang, der zugleich die eigene Selbstzerstörung zum Inhalt hat. Die Wahl des Existentialisten entspringt der Not und der Weltangst. Er fragt sich, was bleibt in der Vergänglichkeit und erkennt, dass er die Welterneuerung wählen muss, wenn er nicht untergehen will. Sich selbst wählen, heißt sich selbst schaffen, das ist aber nur möglich, wenn ich die Herren der Apokalypse abwähle, die meine Zerstörung schon beschlossen haben durch den gnadenlosen Ausbau der Massenvernichtungswaffen und der Zerstörung der Natur. Die Grundlage des heutigen Existentialismus ist die Wahl der Gipfelerfahrung, die Wahl der lebenserhaltenden Tendenzen der Welt, der existentiellen Möglichkeiten und der schweigenden Tranzendenz mit ihren Spuren der philosophischen Religion. Der Abgrund muss immer wieder überwunden werden.

Abgrund und Gipfel lassen sich auch als regressives oder progressives Bewusstsein beschreiben. Die Psychoanalyse könnte sagen: Das regressive Bewusstsein wird vom Todestrieb beeinflusst. Das progressive Bewusstsein wird vom Lebenstrieb motiviert. Man kann mit der Bewusstseinsforschung auch sagen: Es gibt höhere Bewusstseinsstufen, die nach Abraham Maslow (Psychologie des Seins. Frankfurt a.M. 1992) zu Gipfelerfahrungen führen, oder niedere Bewusstseinsstufen, die zu Abgrunderfahrungen führen, die Albert Camus als Erfahrung des Absurden und Jean-Paul Sartre als Erfahrung des Nichts bezeichnet haben.

In der Lebenslaufforschung erkennt man das Auf und Ab des Lebens. Die Stadien Gipfel – Krise – Abgrund und neuer Gipfel kennzeichnen das Selbstbewusstsein des Ichs im Lebenslauf unserer Zeit.

Im Existentialismus spricht man von der Erfahrung des Seins oder des Nichts. Wie man die Ambivalenz des Lebens auch beschreibt, es geht um die Wahl des Ichs, ob es steigen oder fallen will. Der neue Existentialismus votiert für das Steigen des Ichs, um metaphorisch zu sprechen. Er ist in die Hoffnung verliebt, nicht ins Scheitern, wie Ernst Bloch sagte.

5. Der Blick hinter die „Gesellschaft des Spektakels"

Auf der Oberfläche der Gesellschaft reiht sich Spektakel an Spektakel. Katastrophen und Krisen, Aufschwünge und letzte Rettungsaktionen wechseln sich rasant ab. Die Ursache dieser bizarren Realität, die durch die Medien als ständige Erregung präsentiert werden, bleibt dunkel. Der Existentialismus schafft hier Aufklärung. Er enthüllt hinter der Oberfläche das Wesen unserer Epoche. Es geht objektiv um die Alternative: Untergang oder Neuanfang, subjektiv um das Erlangen oder Verfehlen der wirklichen Existenz. Während der Staat ein außen gelenktes und ständig **außengesteuertes** Ich verordnet, plädiert der Existentialismus für eine **innengeleitete** Existenz, die sich die

Fähigkeit zur Empörung, Rebellion und schließlich Absetzung der Herren der
Apokalypse erhält. Wie sich in Welt, Ich und Gott Abgrund- und Gipfelerfahrungen verbergen, wie die Existenz durch die richtige Wahl über Abgründe
zum Gipfel kommt, das ist die Frage der folgenden drei Teile dieses Buches.
Heidegger ist out. Camus aber kann und muss modernisiert werden.

6. Das Ich auf dem neuen existentialistischen Weg

Das Ich absolviert verschiedene Stadien auf dem Weg des Lebens. In jedem
dieser Stadien hat es die Wahl zwischen Gipfel und Abgrund.
1. Das Ich beginnt mit dem Stadium **Weltorientierung**. Hier steht es vor
   der Wahl: Weltzerstörung oder Welterneuerung.
2. Es folgt das Stadium **Ich-Erkenntnis und Existenzerhellung**. Hier steht
   das Ich vor der Entscheidung, sich als Rebell zu wählen oder als Spießer
   zu enden.
3. Schließlich ereignet sich das Stadium der Auseinandersetzung mit dem
   verschwundenen Gott. In diesem Stadium geht es um die Wahl der
   ewigen metaphysischen Rebellion im philosophischen Glauben oder des
   schweigenden Scheiterns im Nichts.

Existentialismus ist heute auch als Lehre von den Stadien auf dem Weg des
heutigen Lebens in einer prekären Weltsituation zu lesen. Deshalb hat unser
Buch drei Teile, die den drei Stadien auf dem neuen existentialistischen Weg
entsprechen.

7. Die Wiederkehr des Existentialismus

Heute wird der Existentialismus wieder aktuell. Die großen Erzählungen sind
gescheitert. Aber das Ich findet sich immer noch vor und fragt nach Ursprung und
Ziel. Für diese Fragen haben viele etablierte Philosophen kein Ohr. Sie befassen
sich mit Teilproblemen, einzelnen Sätzen, strukturalistischen Erwägungen und
Modellen von Systemen. Aber bei allen fehlt das Ich. Das Besondere beim
Existentialismus war, dass er das Ich ernst nahm und seine Probleme. Diese
Probleme haben sich verschärft: durch Krisen, Zusammenbruch des Ostblocks,
neue Konkurrenz von Weltmächten und den bellizistischen und ökologischen
Bedrohungen. Ihrer kann sich der Existentialismus annehmen. Dabei wird die
Differenz zwischen den vielen Fraktionen des existentiellen Philosophierens,
die sich als Existentialontologie (Heidegger), als christlicher Existentialismus
(G. Marcel), als marxistischer Existentialismus (Sartre) bezeichnete, als völ-

lig überholt betrachtet. Viele dieser diversen Strömungen, die wir nicht alle aufgezählt haben, sind heute tot und werden auch nicht wiederkehren. Aber das nackte Ich in seiner grundstürzenden Einsamkeit und Verlorenheit steht heute wieder da und fordert: Existentialismus – jetzt! Dieser Forderung auf dem Weg zum Wir der Hoffnung wird im Folgenden gefolgt. Basta!

Das ist unser philosophischer Glaube. Von ihm sagt Karl Jaspers: „Der philosophische Glaube ... hat jeder Zeit das Merkmal, dass er nur im Bunde mit dem Wissen ist." (K. Jaspers: Der philosophische Glaube, Frankfurt 1958, S.13)

„Wir beanspruchen unsere Vergänglichkeit, ja, wir bestehen darauf,
dem Nichts uns gegenüber zu stellen und die Kraft zu haben,
mit ihm zu leben.“
(Hans Jonas)

Hauptteil:

Der neue Existentialismus

Teil A

Die absurde Welt,
wie wir sie kennen sollten

Einleitung

1. Weltnacht oder Morgenröte

2. Weltende oder Welterneuerung

3. Höllensturz oder revolutionäre Himmelfahrt

Einleitung

Jedes Ich braucht einen Rahmen der Orientierung und ein Objekt der Hingabe. Diese Grundlage des Ichs ist für die augenblickliche Weltsituation mit einem Erschrecken verbunden. Das Ich erlebt die Weltangst, wenn es erkennt: Die Welt steht vor der Alternative: Weltnacht oder neue Morgenröte.

Das Ich erfährt die Tendenzen zum Weltuntergang oder zur Welterneuerung. Bei der Untersuchung der Welterneuerung stellt das Ich fest: Alle Revolutionen endeten bisher im Höllensturz. Das Ich muss sich um die Elemente kümmern, die eine Himmelfahrt der kommenden Revolution sicherstellen.

Die bestehende Welt ist absurd, auch wenn sie sich auf ihrer Oberfläche als permanentes Spektakel der „ungeheuren Leichtigkeit des Seins" feiert. Die heutigen Bedingungen für die Existenz des Ichs weisen aber alle in Richtung Rebellion. Der Mensch lebt nicht von Fun und Wellness allein, sagten viele Leute im Café.

1. Weltnacht oder Morgenröte

Im philosophischen Café bildeten sich im Laufe der Zeit auch immer mehr wütende Bürger heraus. Das hatte seine Gründe nicht nur in der Verschärfung der Verhältnisse, sondern auch in der Schärfung des eigenen Bewusstseins durch das existentialistische Denken. Aber immer gab es eine Vielzahl von allgemeinen Lebenstypen. Da sprach im Café die Skeptikerin. Die Skeptikerin sagte: „Ich weiß, dass ich nichts weiß. Aber das weiß ich ganz genau, denn vielmehr kann ich gar nicht wissen, das weiß ich." Der Krieger sagte: „Im Leben geht es um Macht oder Ohnmacht. Entweder ist man Hammer oder Amboss." Der Stoiker sagte: „Das Leben ist Leiden. Es lohnt sich nicht. Aber es ist nicht zu ändern. So wird man hart." Der Rätselrater sagte: „Das Leben bleibt rätselhaft. Mit vielen Methoden versucht man, hinter das Geheimnis zu kommen. Das hat aber alles seine Grenze." Die Ökologin sagte: „Das Leben wird in seiner Umwelt und in seinen Grundlagen in Frage gestellt. Ich sehe die Zerstörung der Netzwerke des Lebens und der Natur und schlage Alarm." Der Neo-Gnostiker sagte: „Das Leben ist immer noch die Hölle. Der Weg aus dieser Hölle, die Brücke zur Freiheit, das ist das Entscheidende."

Die wütenden Bürger sind keineswegs homogen. Auf dem langen Weg des philosophischen Cafés in 17 Jahren haben sich folgende Untertypen des Wutbürgertums herausgebildet: die Rebellin sagt: „Das Leben rechtfertigt jeden heroischen Aufstand gegen zerstörende und niederhaltende Mächte. Man hat keine Chance, aber man versucht alles, und alles immer wieder." Der Existentialist sagt: „Alles verfließt. Nur was man selbst erwählt, bleibt so für immer." Die Naturliebhaberin erklärt: „Die Erde ist unsere Heimat. Dieser Heimat gilt unser Leben." Der Evolutionist spricht: „Die erste Lebensschöpfung war mangelhaft. Heute geht es um einen zweiten Wurf durch den Menschen selbst." Die Globalistin sagt: „Global an das Welt-Wir denken und lokal die Rebellion vorantreiben, das ist die Hauptaufgabe."

Auf der Basis der Vielzahl der Lebenstypen entstand immer eine lang anhaltende Kontroverse, in der die Meinungen sich durchaus unterschiedlich präsentierten. Aber im Laufe der Diskussion wurde für alle Lebenstypen immer deutlicher: Das Grundproblem der Welt, in der wir leben, ist die Frage: Vertieft sich die Weltnacht oder zeigt sie schon die Morgenröte? Dabei ergab sich folgende Einschätzung:

Der neue Existentialismus muss heute die kosmologischen und biologischen Grundlagen des Lebens mehr berücksichtigen als seine existentiellen Vorläufer. In den letzten 70 Jahren hat sich viel getan. Bei der Betrachtung des Lebens als Grundlage menschlicher Existenz zeigen sich zwei Tendenzen. Diese zwei Tendenzen lauten: Wir leben in der Weltnacht, und wir sehen schon die Morgenröte. Leben erscheint als Bewegung, aber auch als Kampf. Leben erscheint als Widerstreit zweier Tendenzen: Leben und Tod, Lust und Schmerz, Macht und Ohnmacht, Siegen und Verlieren, Krieg und Frieden. Je nachdem, welchem Pol die Philosophie zuneigt, erkennt sie die Existenz in der Dunkelheit oder im Licht. Alles verändert sich im Leben. Alles geht auf und ab. Das Leben ist ein endloser Strom, in dem die Existenz höchste Aufschwünge und tiefste Abgrunderfahrungen erlebt. Alles Leben ist eine Folge von Gegensätzen. Existenz muss einen Weg finden, in diesen Gegensätzen zu existieren.

Die Situation der Weltnacht bezieht sich auf die Materie, die nach der kopernikanischen Wende als Angst vor dem leeren Universum erscheint. Dieses Universum hat mit dem Menschen nichts zu tun. Der Mensch ist dem Universum völlig gleichgültig. So schreibt Blaise Pascal: „Das ewige Schweigen dieser unendlichen Räume macht mich schaudern … Ich wundere mich, dass man in solcher elenden Lage nicht verzweifelt." (B. Pascal: Werke. Heidelberg 1978, Fragment 205, 206, 693) Die Angst vor der Weltnacht zeigt sich auch bei Nietzsche: „Irren wir nicht durch ein unendliches Nichts … Kommt nicht immerfort die Nacht und mehr Nacht?" (F. Nietzsche: Kritische Studienausgabe. München 1989, Bd. 3, S. 481) Der Mensch erscheint als Zigeuner am Rande des Universums. Die Welt ist unheimlich und ekelhaft. Albert Camus sagt: „In diesem Universum fühlt der Mensch sich fremd." (A. Camus: Der Mythos von Sisyphos. Reinbek 1975, S. 11)

Das Leben in der Weltnacht deutet die Existenz als Flucht vor dem Tod. Das Leben des Leibes ist eine Häufung von Bitterkeiten, Plagen, Sorgen, Furcht, Schmerz, vereitelter Hoffnung und Häufung von Irrtümern. Der Tod als Untergang des Ichs ist der Natur völlig egal. Das Leben ist Leiden. Besonders die Arbeit wird für viele Menschen zur Hölle. Das Leben der besten Menschen, schreibt Schopenhauer, „ist nur ein steter, langer, trostloser Kampf ohne Sieg" (A. Hübscher: Schopenhauer. Stuttgart 1972, S. 51). Auch Nietzsche sieht das Leben durch Arbeit deformiert. Die Arbeit diszipliniert und verformt das Leben. Auch die Erkenntnis bringt es nicht weiter. „In irgendeinem abgelegenen Winkel", schreibt Nietzsche, „des in zahllosen Sonnensystemen ausgegossenen Weltalls gab es einmal ein Gestirn, auf dem kluge Tiere das Erkennen erfanden. Es war die hochmütigste und verlogenste Minute der Weltgeschichte. Aber doch eine Minute. Nach wenigen Atemzügen der Natur erstarrte das Gestirn, und die klugen Tiere erfroren und mussten sterben." (F. Nietzsche: Werke in 3 Bänden. München 1960, Bd. 3, S. 309) Schreitet die Weltnacht fort, dann überfällt das Leben eine neue Gewalt: das Geld. Der Gott, lange tot, erscheint wieder als Geld. Kapitalismus wird zur Religion. War früher Gott das Zentrum der Welt, so ist es heute das Geld. Wurde früher noch Gott gejagt, so jagt man heute nach dem Gelde. Die Existenzen werden unter dem Diktat des Geldes fragwürdig. Sie heißen: der Geldgierige, der Geizige, der Verschwender, der Armutsprediger, der Zyniker, der Blasierte. Kaum sichtbar wird der Rebell, der das Geld und seine Religion abschaffen will. Das Leben in der Weltnacht gerät aber auch unter den Druck der ökologischen Katastrophen. Der Mensch rottet alle Tiere und Pflanzen aus, die er für schädlich hält. Mit Maschine und Landwirtschaft hat der Mensch den Zusammenhang von Mensch und Erde zerrissen. „Kein Zweifel, wir stehen im Zeitalter des Untergangs der Seele", schreibt Ludwig Klages (L. Klages: Mensch und Erde. Berlin 1920, S. 32). Das Leben erscheint als natürlicher Kreislauf. Das Leben ist ein Strom, der sich in einer dunklen Zukunft verliert. „Über diese Fläche hin ziehen die großen Kulturen ihre majestätischen Wellenkreise. Sie tauchen plötzlich auf, verbreiten sich in prachtvollen Linien, glätten sich, verschwinden, und der Spiegel der Flut liegt wieder einsam und schlafend da." (O. Spengler: Der Untergang des Abendlandes. München 1988, S. 143)

Die Weltgeschichte des Lebens und der Existenz schreitet von Katastrophe zu Katastrophe fort. Die Geschichte der Menschheit ist kurz, ein jeder Aufstieg und Fall einer Kultur ist etwas ganz Belangloses im Schicksal der Erde. Aber jede Existenz, an und für sich ein Nichts, ist für einen winzigen Augenblick, eine Lebensdauer, in dieses Gewimmel hineingeworfen, kein Wunder, dass das Leben als Sturz in den Tod erscheint. Das Leben kann also existenzlos scheitern und nicht einmal danach fragen, was es als Einzelnes ist und soll. „Mit dem Tod steht sich das Dasein selbst in seinem eigensten Seinkönnen bevor." (M. Heidegger: Sein und Zeit. Tübingen 1960, S. 254) Die Verdüsterung der Welt, die Flucht der Götter, die Zerstörung der Erde, die Vermassung des Menschen hat auf der Erde gigantische Ausmaße erreicht, stellt Heidegger in den 50er Jahren des letzten Jahrhunderts fest. (M. Heidegger: Einführung in die Metaphysik. Tübingen 1987, S. 29)

Der Kosmologe Theodor Lessing sieht die Lage weitaus dramatischer. Er erkennt das Leben und das Existieren im Banne des Kosmos und des Kommens und Gehens von Warm- und Eiszeiten. „Dem Menschengelalle von Geschichte und Gott, von Geist und Wert ... lauscht der große Pan ein paar Weltsekunden, von Eiszeit zu Eiszeit geduldig ... Das Eis rückt vor. Unser Gestirn zerkracht." (T. Lessing: Geschichte als Sinngebung des Sinnlosen. Hamburg 1962, S. 156) Die Geschichte des Lebens ist eine Kette von genialen Verbrechern, klugen Hochstaplern, Massenmördern, Bluthunden, Narren und immer wieder Narren. Die Staaten entstehen für Lessing aus Raub, Diebstahl, Betrug, Mord. Geschichte ist Zufall. Ein Lächeln, eine Träne entscheidet über das Ende von Epochen. Der Fortschritt mündet unweigerlich im Irrsinn der Menschheit. Die ganze Menschheit wird wahnsinnig und begeht mit A-, B-,

C-, D-, E-Waffen kollektiven Selbstmord, schreibt Lessing. So fragen sich viele, warum die Menschheit, anstatt in einen wahrhaft menschlichen Zustand einzutreten, in eine letzte Art von Barbarei versinkt. (M. Horkheimer, T. W. Adorno: Dialektik der Aufklärung. Frankfurt 2009, S. 1) Fortschritt schlägt in Rückschritt um: „Der Einzelne wird gegenüber den ökonomischen Mächten vollends annulliert." (M. Horkheimer, T. W. Adorno, a.a.O., S. 4) Indem der Einzelne vom Apparat, den er bedient, zerstört wird, wird er doch von ihm immer besser versorgt. Die Existenz wird prekärer für viele. Der Zustand der Gesellschaft wird immer absurder, weil die Macht über die Natur in die Gewalt des Menschen gegen den Menschen umschlägt. „Die vollends aufgeklärte Erde strahlt im Zeichen triumphalen Unheils." (M. Horkheimer, T. W. Adorno, a.a.O., S. 9) Die Chance für Existenzen und Existentialismus scheinen gegen Null zu tendieren. Das wäre auch so, gäbe es nicht die Tendenz der Morgenröte, die viele Existenz-Philosophen übersehen haben. So schreibt der US-Philosoph F. Capra: „Eines Nachmittags, im Spätsommer, saß ich am Meer, ich sah, wie die Wellen anrollten und fühlte den Rhythmus meines Atems, als mir plötzlich meine Umgebung als Teil eines gigantischen kosmischen Tanzes bewusst wurde. Ich sah die Atome und die Elemente und die meines Körpers als Teil dieses kosmischen Energietanzes. Ich fühlte seinen Rhythmus und hörte seinen Klang. Und in diesem Augenblick wusste ich, dass das der Tanz Shivas, des Gottes der Tänzer war, den die Hindus verehren." (F. Capra: Das neue Denken. München 1992, S. 33) Gegen das Leben in der Weltnacht wird so die Morgenröte sichtbar. Die Einheit von Mensch und Kosmos wird wieder entdeckt. Das Universum ist nicht mehr eine leere Steinwüste, sondern wird plötzlich als ein riesiger lebender Organismus erfahrbar.

Der Kosmos ist ein ewiges Werden und Vergehen. „Millionen Welten werden entstehen und wieder vergehen. Milliarden Seelen werden lieben und lächeln, sich sehnen und sterben und der eine Geschmack des Seins wird sie aber alle umschließen." (K. Wilber: Einfach das. Frankfurt 1999, S. 454) Das Leben auf der Erde, so wird nun erkannt, stammt aus dem All und ist Teil des Alls. Leben findet sich überall im All. Jeder Meteor transportiert Lebenskeime. „Mikroben im Inneren der interplanetaren Geschosse überleben ihre Reise durchs All." (F. Hoyle u.a.: Leben aus dem All. Frankfurt 2000, S. 242ff.)

Das Leben wird an vielen Orten in vielen Galaxien milliardenfach entstanden sein. Die Meinung der Weltnacht-Denker, dass wir allein im All sind, ist einfach grotesk. In 20 Milliarden Jahren seit dem Urknall wird auf Milliarden erdähnlichen Planeten Leben entstanden und wieder erloschen sein. Der Kosmos ist keine Klamottenwüste. Er ist dynamisch und kreativ, und der Mensch ist seine höchste Blüte. Das Leben wird heute mit den Methoden der Tiefenpsychologie, der Ökologie, der Ökonomie und der Kosmologie besser verstanden als im klassischen Existentialismus. Das Geheimnis des Lebens enthüllt sich am deutlichsten in der organischen Existenzweise des Organismus: der Zelle. Nicht im Atom, nicht im Molekül, nicht im Kristall, auch nicht in Planeten, Galaxien und Sonnen. Jedes Leben steht im Stoffwechsel mit der Natur. Das Leben ist von der Welt immer abhängig. Das menschliche Leben hat die Tendenz, sich immer auf die authentische und rebellische Existenz hin zu überschreiten. Das Leben entwickelt sich als Innerlichkeit in Kommunikation mit den äußeren Dingen. Das Leben unterliegt der Zeit. Das Leben blickt vorwärts. Jedes Leben hat ein Gedächtnis in subjektiver Form von seiner Identität in seiner Lebensdauer.

Die Menschheit hat kein Recht auf Selbstmord. Nachdem Gott in Auschwitz und Hiroshima gescheitert ist und die Metaphysik eine Pause machte, besteht immer die Gefahr des Nihilismus. Aber mit jedem neuen Kind fängt die Menschheit, im Angesicht ihres Endes, immer wieder mit neuer Hoffnung an.

Ein Teilnehmer des philosophischen Cafés sagte dazu:
„Mein Leben ist eine Folge von Stimmungen. Ich finde das Leben manchmal schrecklich. Manchmal aber ist es faszinierend. Meine Lebensreise kennt die zertrümmernde Stimmung des Nichts, das einem die Beine weghaut, die Kehle zuschnürt, den Angstschiss in die Hose fahren lässt. Aber meine Lebensweise kennt auch das Glück, die Ekstase, das Treiben im Strom des Erlebens. Es gibt den Strom ohne Ufer. Glaubt mir. Hört nicht auf die Leugner und Lügner der Lebenslust. Ihre Gründe sind nicht sehr exakt. Sie langweilen. Sie können die dunkle Materie und die Anti-Materie gar nicht messen, aus der der Geist und das Ich besteht."

Jeder Neuanfang, jede neue Existenz, kann sich auf „Gaia" stützen, der Vorstellung der olympischen Religion, dass die Erde und der Kosmos ein großer Organismus sind, der für das Überleben des Lebens und der Existenzen sorgt. Die Gaia-Theorie entwickelte der Engländer James Lovelock, der erkannte, dass Leben immer mehr Leben sein will. Diese Tendenz prägt die Evolution auf der Erde schon seit 3,5 Milliarden Jahren. Gaia hat konstante Prozesse entwickelt, die sicherstellten, dass das Leben auf der Erde niemals völlig scheiterte. Die Ozeane haben auf der Erde niemals gekocht oder waren gefroren, wie auf anderen Planeten. Die Großmut des Wassers hat das Leben niemals verraten. Auch ein Atomkrieg würde das Leben in den Tiefen der Ozeane nicht zerstören. Wer sich auf Gaia bezieht, wird merken, dass er im Hauptstrom des Lebens existiert. Mit Gaia eröffnet sich der Zugang zum transpersonalen Bewusstsein, das über das Unbewusste und das Ich im Menschen weit hinausreicht. Erst das Erlebnis von Gipfelerfahrungen und mystische Erlebnisse helfen dem menschlichen Leben, plötzliche Situationen der Zerstörung, der Kriege, des Todes und der Wirtschaftskrisen auszuhalten, die ansonsten unerträglich wären. Die Erfahrung der eigenen Unsterblichkeit bei der Entwicklung kosmischen Bewusstseins kann unsere tiefsten existentiellen Bedürfnisse befriedigen. „Jeder will Gott sein", schreibt J.-P. Sartre, und die Mystik hilft, etwas von der ersehnten Ewigkeit in der Endlichkeit der Existenz zu erleben. Der Blick auf die Geschichte des Lebens auf der Erde kann etwas von dieser Ewigkeit spürbar machen. „In zwei Milliarden Jahren erfanden die Bakterien alle für das Leben wichtigen Biotechnologien: Gärung, Photosynthese, Stickstoffbindung, Sauerstoffproduktion, Atmung." (F.Capra: Lebensnetz. Bern 1996, S. 259) Der Mensch ist in seinen Vorläufern vor 400 Millionen Jahren aus dem Meer gekommen. Aber das Meerwasser ist noch in uns, in unserem Blut, in unserem Schweiß und in unseren vielen Tränen. Die Evolution schafft das Ich durch Kooperation. Das Ich entsteht nicht durch Chemie und Physik im Gehirn, sondern durch die soziale Interaktion der menschlichen Individuen. Dem explosiven Wachstum der Technik wird ein gleichwertiges Wachstum von Weisheit und Bewusstsein als Morgenröte der Hoffnung folgen müssen.

Die Differenz von Technik und Spiritualität wird in Zukunft aufgehoben. Es gibt immer noch die Meinung, dass wir heute am Beginn eines neuen Zeitalters stehen. Immerhin sind auf der Welt 1 % der Weltbevölkerung Mystiker, 60 % sind bibelgläubig, an Geld glauben 10 %, ebenso viele an den Humanismus. An ihrem Ich, als Gott, sind auch 10 % orientiert. Aber im Unbewussten der Individuen weiß der Mensch von Erlebnissen der Trennung des Ichs vom Körper, der Ausdehnung des Bewusstseins über Raum und Zeit und von Erfahrungen der Verschmelzung des Ichs mit der Natur. Aus dem Leben im Uterus resultiert die Idee, das Leben ist eine kosmische Einheit. Aus der Abnabelung bei der Geburt stammt die Idee: Das Leben ist die Reise von der Nacht ins Licht.

Aber auch vom Ende der Existenz gibt es neue Erkenntnisse, die dem alten Existentialismus fremd waren. Die Nah-Todes-Erfahrungen von klinisch Toten, die reanimiert wurden, könnten besagen: Nach dem klinischen Tod verlassen die Menschen ihre Körper. Der Sterbende gelangt in einen Tunnel. Im Tunnel erscheinen andere Wesen. Der Sterbende vollzieht einen vollständigen Lebensrückblick. Der Sterbende trifft dann auf eine Grenze. Der Sterbende kehrt zurück, nachdem er das strahlende Licht gesehen hatte. Der Zurückgekehrte hatte dann keine Angst vor dem Tod mehr (R. Moody: Leben nach dem Tod. Stuttgart o.J., S. 29–120). Pim van Lommel schreibt: „Die Nah-Todes-Erfahrung verändert unsere gesamte Wissenschaft und unser Ich- und Menschbild." (P. v. Lommel: Endloses Bewusstsein. Neue medizinische Fakten zur Nahtoderfahrung, Düsseldorf 2011, S. 384) Das gibt doch immer wieder zu denken oder?

Das Leben wird aber seiner selbst bewusst, wenn es sein Leben als Wechsel von Gipfel- und Abgrunderfahrungen erkennt. Die Morgenröte und die Weltnacht leuchten in jedes Leben und stimulieren die Existenz, die sich von den Massen löst, um selbstbestimmt zu leben. Die Gipfelerfahrung umfasst die Verschmelzung von Ich und Wir, die Trennung des Körpers von der Seele, das meditative Leerwerden, die Stirb- und Werde-Erfahrungen nach schweren Krankheiten, spontane Ekstasen, den verschmelzenden Orgasmus mit der Geliebten, Tieftraumerlebnisse, imaginative Rückkehren oder Antizipationen an den Ursprung und das Ziel der Welt (A. Maslow: Psychologie des Seins. Frankfurt 1992, S. 85–107).

Die Abgrunderfahrungen umfassen die Konfrontation mit Katastrophen, die Konfrontation mit dem Nichts, den plötzlichen Ich-Verlust, Sterbe-Erfahrungen oder Werde-Aufschwung, Ich-Auflösung beim Denken des Seins, Albtraum-Erlebnisse, Erlebnisse der tötenden Vernichtung des Körpers und des Geistes (O. F. Bollnow: Das Wesen der Stimmungen. Frankfurt 1956, S. 83–97).

Eine Teilnehmerin des Cafés kommentierte:
„Leben ist im Ganzen immer Werden, Entwicklung, Veränderung. Die Lebenskraft ist unerschöpflich. Schließlich wird das Leben die Kraft finden, den Tod zu töten."

Ein anderer Teilnehmer, ein Ingenieur, entgegnete:
„Ich bin der, der immer an den Tod denken muss. Ich bin der, der alle Bezüge zur Welt verliert. Ich erkenne meine Angst, dass ich völlig einsam im Universum treibe. Ich ahne schon das große Irrenhaus der Welt. Ich sehe schon das Weltbordell. Ich fürchte schon die nächste Eiszeit. Ich denke, wir leben auf dem Grund der Hölle. Alle Wissenschftler werden verrückt. Sie unterstützen die Herren der Apokalypse."

Die erste Teilnehmerin entgegnete:
„Trotzdem gibt es den philosophischen Glauben."

Im Laufe des Lebens erschließt sich plötzlich das Wesen des Lebens als Weltnacht und Morgenröte. Erst in der Erfahrung der Morgenröte wächst die Kraft des Ichs in Richtung Hoffnung. Es geht um die Vertretung und um die Verteidigung des Existentialismus, jetzt!

Aber stellen wir uns der Grundfrage des heutigen existentialistischen Handelns: Welche gesellschaftlichen Chancen gibt es für Weltrebellion oder Weltuntergang?

2. Weltende oder Weltneuerung

„Friede muss gestiftet werden. Wenn Ausrottungskriege eskalieren,
dann ist ewiger Frieden nur auf dem großen Kirchhof
der Menschengattung zu finden.“
(Immanuel Kant)

Viele Bürger thematisierten im Cafe ihre Wut über die sinnlose Weltzerstörung. Ein Teilnehmer wies auf die Logik von 180 Apokalypse-Filmen aus Hollywood hin: „Das Desaster zeichnet sich langsam ab. Aber keiner beachtet die Anzeichen. Plötzlich ist das Weltende da. Panik bricht aus. Nur eine Gruppe kann sich der tödlichen Gefahr in den Weg stellen. Die Gruppe spaltet sich bald in Helden und Opfer. Die Helden retten die Welt. Die Opfer gehen schließlich grausam unter. Wenn die Helden die Welt gerettet haben, gibt es eine beeindruckende Solidarität der Überlebenden.“ Ein anderer Teilnehmer sagte: „Im Kalender der Mayas wird der 21. Dezember 2012 als Tag des Weltuntergangs genannt.“

Ein ärgerlicher Teilnehmer des Cafes wandte ein: „Jedes Jahr gibt es 100 Ankündigungen des Weltendes und das schon seit 3000 Jahren. Das ist doch alles unendlicher Quatsch.“ Dadurch provozierte er die Bürger, die im Grunde das „Prinzip Hoffnung“ vertreten.

Da sagte ein Teilnehmer: „Gäbe es nicht die beste aller möglichen Welten, so gäbe es überhaupt keine Welt.“ Ein anderer Rebell sagte: „Das Leben selbst ist eine ständige Neuschöpfung.“ Ein dynamischer Materialist erklärte: „Die Materie ist noch lange nicht am Ende. Schon gar nicht endet sie, als ungeheure Energie – im Nichts.“ Ein Lehrer unterstützte diese Position: „Der Mensch ist kein Mängelwesen. Alle Gefahren stimulieren doch nur seinen Widerstandsgeist. Das Heilige stellt sicher, dass Menschen immer wieder versuchen, das Unmögliche zu meistern.“

Ein Existentialist entwickelte dann folgende Thesen der Welterneuerung: „Der Mensch lebt in der Weltfremde. Das Weltende bedeutet eigentlich nur das Ende des Kapitalismus. Mit Marx werden wir uns von den äußeren Bedingungen des Weltendes befreien, mit Kierkegaard von den inneren Bedingungen.“

Aus diesem Streit entwickelte sich im Café dann folgende Argumentationslinie: Der Existentialismus stellt immer die Grundfragen der Philosophie. Für Camus hieß die Grundfrage: „Soll ich mich umbringen oder weiterleben?“ Für Heidegger hieß die Grundfrage: „Warum gibt es überhaupt etwas und nicht vielmehr Nichts?“ Ein R. D. Precht-Anhänger rief: „Die Frage lautet: Warum gibt es Alles und nicht Nichts?“ Diese Frage muss der moderne Existentialismus radikalisieren. Aus Weltmacht und Morgenröte ergibt sich

*folgende Schärfung der Frage: „Wird Menschheit weiterleben oder wird sie
sich umbringen?" und „Gibt es bald überhaupt nichts mehr? Auch keine
Frage nach Alles oder Nichts?"*

Über die dunkle Seite der Welt wurde im Umfeld des Existentialismus lebhaft
diskutiert. Arthur Schopenhauer hielt den Grund der Welt für blind und zufällig
und die Verneinung der Welt für eine ehrliche Option. Eduard von Hartmann
stellte in seiner „Philosophie des Unbewussten" als Ziel der Weltgeschichte
die Vernichtung der Menschheit dar, per kollektiven Gattungsselbstmord.
Philipp Mainländer gab in seiner „Philosophie der Erlösung" auch noch
einen metaphysischen Grund für den kollektiven Gattungsselbstmord an.
Gott habe einmal versucht sich zu verneinen. Dabei sei aber leider die Welt
entstanden. Um Gott bei seiner Verneinung zu helfen, sollte die Menschheit
die Welt vernichten. Dann wäre auch Gott an seinem Ziel: dem Nichts. Im
Existentialismus entwickelten solche Ideen eine gewisse Resonanz. Karl
Jaspers dachte über die „Atombombe und die Zukunft der Menschheit" nach.
Martin Heidegger erkannte in der Seinsvergessenheit der Menschheit, durch
die Entwicklung der Technik, ihren Weg in den Abgrund des Nichts. Neuere
existenzielle Philosophen sind konkreter. Der Philosoph Ullrich Horstmann
schrieb in seinem Werk „Das Untier": „Die Zündung aller ABC-Waffen, das
ist die endgültige Lösung für alles." Ludwig Lütkehaus, der oft im Feuille-
ton der „Zeit" schreibt, bat in seinem Buch „Nichts" die Menschheit um die
Umarmung des Nichts. Denn: Das macht doch nichts.

Für den neuen Existentialismus ist es nötig, sich der Wissenschaft vom
Weltuntergang zu vergewissern, wenn er die Welt verstehen will, wie sie heute
ist. In der Antike war die Apokalypse-Idee schon eine große Macht, obwohl
sie niemals Wahrheit wurde, oder sollte die Sinnflut der Bibel wahr sein?
Die Apokalypsen wurden das Zentrum des archaischen Mythos. Gott war
der Urheber des Weltunterganges. Der Prophet meldete nur den Zeitpunkt.
Die Priester nannten moralische Gründe. Die Herrscher profilierten sich als
Ordnungskraft gegen das Chaos. Die Verzweifelten sahen im Weltuntergang
ihre letzte Hoffnung. Apokalypse und Weltende sind also das geheime Denk-
und Glaubenszentrum der Religionen von Anfang an.

Im Mittelalter entwickelte sich in Europa ein Boom im apokalyptischen
Glauben, besonders in Deutschland. Gegen diesen Glauben erhob sich die
Wissenschaft, die zur Aufklärung führte. Außerdem wird das Weltende von
Thomas Müntzer, dem Gegner von Martin Luther in der Reformation, als Ende
des Feudalstaates interpretiert. Es entstehen die ersten Versuche, die Herren
der Apokalypse als weltliche Herren und Nutznießer der Weltzerstörung zu
entlarven. Messianische Bemühungen versuchten des Öfteren den Sturz dieser
Herren. Thomas Müntzer sagte z.B. im Bauerkrieg 1524: „Die Herren sind
selbst schuld, dass der gemeine Mann sie nicht länger dulden will."

In der Moderne gibt es drei Typen der Idee vom Weltende:
* Es gibt die **realistische Position**, die sagt, es geht trotz Weltkrisen immer so weiter. Ein Ende ist gar nicht in Sicht.
* Es gibt die **pessimistische Position**, die glaubt an eine baldige endgültige Weltzerstörung.
* Schließlich gibt es die **optimistische Position**, die über die Möglichkeit der Welterneuerung nachdenkt.

Die Ergebnisse aller drei Forschungsrichtungen musste der neue Existentialismus im philosophischen Café bedenken.

Die **realistische Position** sagt: „Die Fakten, die die Zerstörung des Planeten belegen sollen, lassen sich mit Trendaussagen nicht beweisen. Im Gegenteil: global gesehen, geht es der Erde und der Menschheit immer besser. Das heißt aber nicht, dass alles gut genug ist." (B. Lomberg: Apokalypse? No! Lüneburg 2002, S. 19) Für Lomberg ist klar: Es ist unmöglich alle Risiken zu beseitigen. Der Klimawandel ist sicher ein Problem, „aber bestimmt nicht das Ende der Welt". (B. Lomberg: Cool it! München 2009, S. 79) Lomberg glaubt, mit 50 Billionen Dollar lässt sich die Apokalypse verhindern. Die herrschende neoliberale Ökonomie glaubt, das global funktionierende Finanzkapital wird immer wieder große Krisen auslösen, aber auch große Chancen für kreative Geldanleger eröffnen. Der Kapitalismus hat immer eine Zukunft, wird mit Joseph Schumpeter argumentiert, der die schöpferische Zerstörung im Kapitalismus propagierte. Der Schlachtruf lautet: Der Kapitalismus ist ohne Alternative. Er wandelt sich nur ständig. Plötzlich ist Adam Smith out und alle sind wieder Keynesianer. Der Staat wird das Kapital immer retten. Toll! Das Weltende passt außerdem – als Medienspektakel durch Endzeitfilme und Bildzeitung-Schlagzeilen, wie „Die Erde verbrennt" oder „Die Erde ertrinkt" – gut zur Schockstarre der Massen, die, auf diese Art sichtlich erschüttert, Ruhe und Ordnung bewahren müssen.

Die **pessimistische Position** hält dagegen. Sie argumentiert: „Einzelne Personen oder kleine Gruppen haben Zugang zu immer fortgeschritteneren Technologien. Gäbe es eine Million von unabhängigen Fingern am Auslöseknopf einer Weltuntergangsmaschine, so könnte der irrationale Akt, sogar der Irrtum einer einzigen idiotischen Person, uns alle zu Grunde richten." (M. Rees: Unsere letzte Stunde, München 2005, S. 11) Das Weltende könnte also durch Wissenschaft passieren. Die Überbevölkerung, die Thomas Robert Malthus 1798 zur Grundlage des Weltendes nahm, wird heute breit vorgestellt. Es besteht die Gefahr, dass der weiterwachsende Bevölkerungsdruck unseren Planeten für immer ruiniert. (G. R. Taylor: Das Selbstmordprogramm, Frankfurt

1977, S. 223 ff) Mehr als die Hälfte der heutigen Menschheit hungert. „Man nimmt aber keine Rücksicht auf die herannahende Katastrophe, der sich der homo sapiens heute gegenübersieht." (P. R. Ehrlich: Die Bevölkerungsbombe, Frankfurt 1973, S. 128)

Der Zusammenbruch des Kapitalismus ist für den Ökonomen Ernest Mandel ziemlich sicher. Seine Gründe heißen: Automation verdrängt Arbeiter aus der Produktion. Globalisierte Märkte und gierige Anleger zerstören die Staaten. Die Kosten für technischen Fortschritt werden unbezahlbar." Selbst die Schrecken von Auschwitz und Hiroshima werden als gering erscheinen im Vergleich zu den Schrecken, mit denen ein fortgesetzter Verfall des kapitalistischen Systems die Menschheit konfrontieren wird." (E. Mandel: Kontroverse um das „Kapital", Berlin 1992, S. 295) Besonders ausgebaut wurde das Weltendeszenario durch die „Ökologie". Der „Club of Rome" gab 1972 die Stichworte: Die Ressourcen der Erde sind begrenzt. Der Kapitalismus plündert den Planeten. Die europäische Weltkultur ist auf ihrer Reise ins Nichts (D. Meadows u. a.: Grenzen des Wachstums, Reinbeck 1973). Verbreitet wurde nun ein stoischer Pessimismus. „Wir wurden von dem Willen zum Leben gezeugt und werden um das Leben kämpfend sterben." (H. Gruhl: Himmelfahrt ins Nichts, München 1992, S. 387) Eugen Drewermann, der aufgeklärte Theologe, wies daraufhin, dass das Christentum als ursprüngliche Sklavenreligion niemals eine annehmbare Ökologie besaß. Albert Einstein sah das Ende der Welt im atomaren 3. Weltkrieg. „Im Falle eines Weltkrieges werden Atombomben auf jeden Fall eingesetzt, und unsere Zivilisation wäre beendet." (A. Einstein: Über den Frieden, Neu Isenburg 2004, S. 405) Der Existentialist Karl Jaspers glaubt angesichts der Idee eines 3. Weltkrieges: „Die totale Bedrohung erzeugt auch die totale Rettung." (K. Jaspers: Die Atombombe und die Zukunft des Menschen, München 1958, S. 37) Der atomare Krieg könnte durch seine Drohung einen neuen Friedenssoldaten erzeugen, der im Besitz der Kriegsmittel den Krieg verhindert. Eine winzige und allgemein verachtete Elite des Entsetzens wird, für den Philosophen Günter Anders, die letzte Kraft gegen die ahnungslosen Herren der Apokalypse sein. (G. Anders: Endzeit und Zeitende, München 1972, S. 190)

Ein Cafehausbesucher bewegte diese pessimistische Weltansicht sehr. Er sagte:
„Versucht man der atomaren Gefahr ins Auge zu blicken, fühlt man sich sehr schlecht. Der Atomkrieg ist kaum anschaulich zu fassen. Er liegt in der Zukunft. Nur die Toten könnten diesen Krieg beschreiben, aber aus dieser Perspektive ist nichts mehr zu berichten. Es fehlen die Sender. Es fehlen die Empfänger. Es fehlt einfach alles."

Eine Frau entgegnete:
„Hiroshima ist doch ganz konkret. Die Toten waren Schatten an den Wänden.
Die Überlebenden waren stumpf und betäubt. Heute sind die Atombomben
1400 Mal stärker als die von Hiroshima. Eine einzige moderne Bombe würde
heute 30 Millionen Menschen, also ganz New York, in Staub verwandeln.
Kein Staat würde den Atomkrieg überstehen. Die Wirtschaft bricht sofort
zusammen. 85% des angegriffenen Staates sind sofort vernichtet. Der Rest
der Menschheit verhungert. Es gibt keinen Sieg im Atomkrieg – für niemand."

Ein Ingenieur warf ein: „Bei allen bisherigen Kriegen geht es um die Ver-
nichtung von Massenvernichtungswaffen schwacher Staaten. Doch die starken
Staaten werden immer atomarer."

Ein Schüler argumentierte: Die Herren der Apokalypse haben doch A-, B-, C-,
D-, E-Vernichtungswaffen. A= Atombombe, B= Biologische Waffen, wie den
Super-Killer-Virus, C= chemische Waffen, D= Drohnen und Kampfroboter,
E= elektrische Waffen, die alle Computernetze lahmlegen. Ihr Vernichtungs-
potenzial wird täglich stärker. Wo bleibt die Entwicklung der Anti A-, B-, C-,
D-, E-Waffen? Diese Waffen könnten die Erde retten und die Menschheit zu
Helden machen, nicht zu Selbstmördern."

Auch die Weltreligionen können durch ihre Konflikte miteinander das Weltende produzieren. Ihre Anhänger sehen sich oft nach dem jüngsten Gericht, der als Wunsch der Rückkehr in den Uterus leicht ganze Völker infizieren kann. Der Nationalsozialismus, aber auch der christliche und islamische Fundamentalismus der Gegenwart, glaubt: „Das kommende Reich der Glückseligkeit muss mit Feuer und Schwert, mit Zorn und Hass, mit Menschenverachtung und Menschenvernichtung herbeigekämpft werden." (V.u.V. Trimondi: Krieg der Religionen, München 2006, S. 22)

Sollte die Menschheit von der Erde verschwinden, würde folgendes passieren:
1. Zuerst würden alle U-Bahnen der Großstädte überflutet, weil die Pumpen ausfallen.
2. Alle 410 Atomkraftwerke auf der Welt würden nicht mehr gekühlt werden und bald explodieren.
3. Nach 3 Jahren platzen alle Heizungsrohre, und die großen Städte der Erde brennen.
4. Wohnhäuser sind in 100 Jahren zerfallen.
5. Nach 300 Jahren stürzen alle Brücken ein.
6. Nach 500 Jahren sind alle Städte überwaldet.
7. Nach 10 Millionen Jahren existieren nur noch Bronzestatuen von der menschlichen Zivilisation.

8. Nach 1 Milliarde Jahren wird die Sonne heißer, und höhere Lebewesen sterben auf der Erde aus.
9. Nach 2 Milliarden Jahren leben nur noch Mikroorganismen in der Tiefe der Steine.
10. Nach 5 Milliarden Jahren stürzt die Erde in die Sonne.
(A. Weisman: Die Welt ohne uns, München 2007)

Es ist sicher: Zu viele Krisen bündeln sich heute. Auf lange Sicht sind wir alle tot. Aber der Existentialist setzt auf die Hoffnung des philosophischen Glaubens.

Ein Philosophielehrer hielt nun im Café folgenden Vortrag:
„Die Hoffnung des Existentialisten blickt auf eine lange Tradition zurück, auf Utopisten, Rationalisten und Visionäre. Schon der Philosoph Leibniz schrieb: „Gäbe es nicht die beste aller möglichen Welten, dann hätte Gott überhaupt keine geschaffen." (G. Leibniz: Versuch über die Theodizee, Hamburg 1996, S. 96 f.) Friedrich Nietzsche hielt Pessimisten für Feiglinge vor dem Leben. Henri Bergson stellte fest: „Das Leben ist eine unendlich fortgesetzte Schöpfung." (H. Bergson: Schöpferische Entwicklung, Zürich 1964, S.195) Ernst Bloch sagt: „Die Materie ist noch lange nicht am Ende mit ihrer schöpferischen Kraft, schon gar nicht als ein großes Umsonst." (E. Bloch: Das Materialismusproblem, Frankfurt 1972) Peter Sloterdijk spricht den Grund des Optimismus aus, meint aber das gleiche wie Bloch. Sloterdijk meint: „Allein das Erhabene ist imstande zu bewirken, dass die Menschen Kurs auf das Unmögliche nehmen." (P. Sloterdijk: Du musst dein Leben ändern, Frankfurt 2009, S. 703) Jean Paul Sartre ist sich sicher, zur Freiheit verurteilt wird der Existentialist vor der Welt nicht fliehen und vor den Herren der Apokalypse erst recht nicht.

Die **optimistische Sicht** auf die Zukunft der Erde argumentiert: Alle Apokalyptiker sind Lügner. Der Weltgeschichte ist das Paradies versprochen. Die Utopie schlägt die Apokalypse. Die Apokalypse wird durch eine „Rettungshorde der Rebellen" gestoppt. (R. Bahro: Logik der Rettung, Berlin 1990) Diese Rebellen müssen sich, statt mit ihrem egoistischen Ich, mit der ganzen Erde identifizieren und von dorther denken und handeln. Die Herren der Apokalypse werden von den Rebellen gestoppt, weil sie ihr Ego und die kapitalistische Machtmaschine überwunden haben. Mystische Erfahrung schafft erst die Einheit von Mensch und Kosmos. Der Kapitalismus ist zwar allmächtig, aber für Meditierende ohne echte Attraktivität. Der Mensch hat den Kapitalismus nicht nur hervorgebracht, er kann ihn auch wieder abschaffen. Die meditative Welterneuerung überschreitet alle Kirchen, Religionsgrenzen und Dogmen. Es geht nicht um die Erringung der Macht im Staate, sondern um die Entwicklung der eigenen Existenz. An die Stelle des Staates treten neue Institutionen. Eine dezentrale spirituelle Globalisierung kann Gaia noch retten vor der Zerstörung. Nur die Subsistenzwirtschaft ohne Geld und Ware kann die Basis eines neuen Lebens, einer wahren Existenz sein. Welt-Ökotopia ist der Ort, der keine Apokalypse kennt. Andere reden vom Punkt Omega. Aber am Ende der Geschichte erscheint die Erlösung. Vielleicht kann auch der Zen-Kapitalismus eine neue Ökonomie entfalten. Sonnenenergie ist bestimmt die Grundlage der notwendigen Energiewende. Für Camus ist das Gattungsende unvorstellbar. Eine Revolte gegen das Absurde gibt dem Menschen seine Ehre zurück. Camus: „Am Ende dieser Finsternisse ist indessen ein Licht zu erwarten, das wir schon erraten und für das wir zu kämpfen haben, damit es sei." (A. Camus: Der Mensch in der Revolte, Hamburg 1963, S. 311) Das Absurde des drohenden Gattungstodes hat einen Sinn, wenn man sich mit diesem Ende nicht einverstanden erklärt. Sisyphus ist der Held der Revolte gegen das Absurde. Sisyphus rebelliert auch wie Prometheus gegen den Gattungstod. In dieser Revolte begründet sich Existenz, auch heute. Die Verwandlung der Technik ist Teil der optimistischen Weltsicht. Die Technik bringt nämlich neben der Wasserstoffbombe auch den Ackerbau hervor. Heidegger denkt, dass der Mensch die Technik bisher nicht verstanden hat. Die Technik ist immer perfekter als der Mensch, aber die Ankunft eines letzten Gottes aus dem Sein kann die Menschheit retten, denkt Heidegger. Er macht damit die größte Gefahr deutlich und auch die Größe der Hoffnung, die die Existierenden brauchen, um gegen die Absurdität der Weltzerstörung zu bestehen.

Die optimistische Weltsicht auf die gelingende Zukunft wird nur stabil, wenn die immer wieder auftauchenden apokalyptischen Bilder bekämpft werden. Es ist Aufgabe des Existierenden, diesen schlimmen Bildern stand zu halten. Er muss die Auslösesituation von Weltangstbildern klären, in seiner existenziellen Selbstanalyse. Der Existierende könnte utopische Bilder imaginieren, die die negativen Energien der Bilder der Weltangst relativieren. Er kann Entspannungstechniken einsetzen, um die psychosomatischen Folgen der apokalyptischen Weltangst zu mildern. Die Biographiearbeit von Apokalypse-ängsten muss sicherlich die Erfahrungen von Kriegen, Krisen, Arbeitslosigkeit und das Erleben von Systembrüchen, z.B. 1989, berücksichtigen.

Wenn heute viele Banker in stoischer Gleichgültigkeit die Staatskassen und die Steuerzahler auspressen, dann sollten die Existierenden sich empören und die schwarze oder vielfarbige Fahne der Revolte erheben. Sie können das, wenn sie in der Umwelt-, Friedens-, und Anti-Atomkriegsbewegung vom Ich zum Wir finden. Abgrunderfahrung wird dann Gipfelerfahrung. Das Café stellte sich deshalb der Alternative: Höllensturz oder die Himmelfahrt der Revolte?

3. Höllensturz oder revolutionäre Himmelfahrt

„Das Übel, welches ein Einzelner erlitt,
wird in der Weltkrise zur kollektiven Pest."
(A. Camus)

Die Bürger im Café, soweit sie aus Ost-Berlin kamen, waren noch geprägt vom Erlebnis des Zusammenbruchs der DDR. Sie brachten aber als erste die Idee einer neuen Revolution ein: die spirituelle Revolution. An diesem Entwurf entzündete sich eine lange Diskussion. Ein Bürger sagte ganz klar: „Mit Meditation ist das Kapital nicht zu beseitigen." Andere wiesen auf Osho, der erst Bhagwan hieß, hin. Sie sagten: „Osho hat die spirituelle Revolution als Kommune in den USA versucht. Dabei hat sich die Kommune in ein KZ verwandelt." Auch L. R. Hubbard mit seinem Versuch eine spirituelle Revolution als die neue Kirche „Scientology" zu entwickeln, geriet in den Fokus des Interesses. Aber ein Bürger erklärte: „Scientology wurde bald zu einer leninistische Kaderpartei. Sie besaß ein internes Spitzelsystem und Straflager für Abweichler. Sie benutzte brutale Methoden der Gehirnwäsche." Ein Lehrer warf ein: „Ihr müsst auf Rudolf Steiner und die Anthroposophie achten. Steiner wollte doch Freiheit für die Bildung, Gleichheit für die Menschen im Staat und Brüderlichkeit in der Arbeitswelt. Das ist doch ein ganzheitliches Konzept der spirituellen Revolution." Mit dieser Position kam der Lehrer allerdings nicht durch. Ein ehemaliger Steiner-Anhänger teilte mit: „Die revolutionären Impulse der Anthroposophie aus der Zeit nach 1917 sind doch schon lange verschwunden." Die Diskussion steigerte sich, als auch noch die Selbstmordsekten ins Gespräch kamen. Über die Sonnentempler, die 100 Mitglieder zwischen 1994–1997 ermordeten, wurde gesagt: „Ihre Revolution war doch nur Exekution. Ihre Führer waren entweder Geschäftemacher oder komplette Idioten." Ein anderer wies auf Jim Jones und den Volkstempel hin. „Da wurden 1977 über 900 Mitglieder vergiftet. Eine neue Gesellschaft endete in einem banalen Giftbad." „Auch die japanische Aum-Sekte endete als Terrortruppe", sagte ein Pfarrer. „Sie wollte 1995 ganz Tokio vergiften. 13 Menschen starben. 6252 Menschen wurden durch den Giftanschlag schwer verletzt. Mit Yoga und Tantra wird die Welt auch nicht besser."

Damit war klar, eine spirituelle Revolution muss ganz neu entwickelt werden. Zuerst waren die großen Revolutionen der Moderne und die Höllenstürze zu analysieren und dann die Umrisse einer wirklichen spirituellen Revolution zu klären. Das philosophische Café diskutierte deshalb „Höllensturz oder revolutionäre Himmelfahrt?" Was steht ins Haus?

Die Eingangsthese dieser Diskussion im Café hieß: Kapitalismus wird Religion und kann deshalb nur durch spirituelle Immaterialisten und Existentialisten gestürzt werden. Dabei muss der Sturz vom grundsätzlichen Scheitern aller bisherigen Revolutionen lernen. Die Geschichte der bisherigen Revolutionen ist eine einzige Höllenfahrt in Unfreiheit, Terror und immer mehr Staat. Deshalb sahen wir uns im Café die wichtigsten Höllenfahrten an.

Die **amerikanische Revolution** (1763–1787) konnte die Befreiung der Sklaven nicht erreichen. Auch im Bürgerkrieg zwischen den Nord- und den Südstaaten (1861–1865) wurden die Sklaven nur formell und nicht praktisch befreit. Die Indianer wurden nach der Revolution erst recht ausgerottet. Die Trennung von Staat und Religion fand gar nicht statt. Die Staatsfrage – Staatenbund oder Bundesstaat – fand keine Lösung. Die Unterdrückung der Unter- und Mittelschichten dauert in den USA bis heute an. Die reiche Elite herrscht bis heute mit allen Mitteln, unberührt. Kapital und Tea-Party-Religion machen gemeinsam die Herrschaft des Kapitals als Religion perfekt. Die bürgerlichen Revolutionen haben bis heute die Herrschaft des Geldes und des Kapitals nicht angetastet. Die Religionen können aber die Entwertung aller Werte, außer dem Geld, nicht aufhalten. Die Religionen, auch in den USA, können das Unbekannte und Rätselhafte des Kosmos auch heute nicht erklären.

Die **französische Revolution** (1789–1799) scheiterte am Kult des höchsten Wesens, der am 8. Juni 1794 eingeführt wurde. Mit sterilen Feiern konnte der Hunger nicht gestillt, eine solidarische Wirtschaft nicht entwickelt werden. Die Ernennung der Schriften von Jean-Jacques Rousseau zu heiligen Schriften, löste nicht die Fragen des demokratischen Staatsaufbaus. Bis heute ist Frankreich immer noch kein Land, das von Freiheit, Gleichheit und Brüderlichkeit geprägt ist, den Forderungen der Revolution von 1789.

Die **proletarischen Revolutionen** haben den Höllensturz nur gesteigert. Marx' dialektische Theorie der Aufhebung des Kapitals wurde nicht Realität. Es gab noch kein Ende der profitablen Arbeit. Die Verelendung der Arbeiter in den Metropolen wurde durch die Verelendung der Arbeiter in der 3. Welt verhindert. Der Fall der Profitrate wurde aus den 6 Gründen, die im 3. Band des „Kapitals" von Karl Marx stehen, abgeschwächt. Weltkriege brachten keine siegreichen Revolutionen der unteren Schichten hervor. Die Naturzerstörung konnte bis heute verschleiert werden. Alle proletarischen Revolutionen mussten als Strategie der Staatsmachtergreifung agieren, die keine neuen Menschen schuf, sondern nur totalitäre Megamaschinen der Unterdrückung. Die November-Revolution in Deutschland (1918) blieb eine Farce. Die russische Revolution im Oktober 1917 geriet in die Hände des politischen Hochstaplers W. I. Lenin, der sich als Marxist ausgab, aber schnell als neuer schlechter Zar agierte. An die Stelle der Adelselite trat die sogenannte Parteielite der Proleten. Lenins Schriften wurden zum billigen und banalen Religionsersatz. Der Leninkult geriet zum Messiasspektakel. Mit der Abschaffung des Geldes hatte das gar nichts zu tun. Lenin kritisierte den bürgerlichen Staat, um ihn in einen stinkenden KGB-Staat zu verwandeln. Der Geist der Revolution wurde in der Parteidogmatik und der banalen Textexegese blauer und brauner Schriften der neuen Heiligen Marx, Lenin, Stalin zerstört. Die Intellektuellen wurden alberne Hofpoeten des Terrors. Stalin wurde der wahre Herrscher der Hölle. Er wurde zum Meister des Massenmordes, der sich mit Hitler, dem Herrn von Auschwitz, verbündet hat. Die 2. russische Revolution, unter Gorbatschow in den 80er Jahren des 20. Jahrhunderts, wurde zur Reprivatisierung des Staatseigentums, zur Oligarchen-Bereicherung, zur Wiederkehr der Religion des großen Geldes und der neuen Geheimpolizei. Da das Resultat der russischen Revolution des Systems Putin ist, waren die Revolutionen in der Sowjetunion völlig umsonst. Statt dem Geist der Utopie wucherte im Ostblock 70 Jahre lang verlogene Rhetorik.

Der chinesische Weg führt unter Mao Tse-Tung noch tiefer in die Hölle. Mao als der Chef der KPCH äußerte einmal: „Wir sind bereit, 30 Millionen Chinesen für den Sieg der Weltrevolution in einem Atomkrieg zu opfern." Als Mao 1976 starb, waren seine Opferzahlen doppelt so hoch wie in der Sowjetunion. 70 Millionen Leichen pflasterten seinen Weg. Aber die chinesische Revolution ist noch nicht zu Ende. Kein Mensch kann heute sagen, wie viele Opfer die neue Politik, die Diktatur mit Markt verbindet, noch fordern wird. Die Abschaffung des Geldes steht nicht auf dem Programm der neuen Weltmacht China, eher die atomare Konkurrenz mit den USA bis zum Abwinken. Alle Versuche, den Sozialismus mit Gewalt durchzusetzen, scheiterten auch in den Metropolen und in Lateinamerika. Che Guevara wurde durch Subkommandante Markos abgelöst. Die RAF und ihre europäischen Ableger, die „Roten Brigaden" oder die „Bewaffnete Linke", endeten im Hochsicherheitstrakt oder im Selbstmord. Was die Zukunft auch bringt: Die Idee, mit Geistlosigkeit und Gewalt eine staatenlose Gesellschaft zu entwickeln, ist auf leninistische, stalinistische, maoistische, terroristische Weise total gescheitert. Hoffentlich für alle Zeiten. Die neue Gesellschaft jenseits des Geldes und der Ware ist immer noch ein Projekt, „das noch völlig im Nebel der Zukunft liegt", sagte Rosa Luxemburg. Fragend und meditierend schreiten wir Existentialisten voran.

Aber es gab im Café 8 Aspekte einer Alternative zur gescheiterten Revolution. Diese 8 Aspekte sind für uns Existentialisten wie 8 Stufen einer Himmelfahrt.

Der 1. Aspekt: Postproletarische Revolution

Es gab einen bitteren Abschied vom Proletariat als revolutionärem Subjekt der Geschichte. Der Gegensatz von Lohnarbeit und Kapital wurde zu einem schwächeren Element der Revolution. Das neue revolutionäre Subjekt erhielt verschiedene Namen, deren schönster „Multitude" (Mehrheit) hieß, oder „Nicht-Klasse der Nicht-Arbeiter". Als Kern der neuen revolutionären Mehrheit wurden die immateriellen Spirituellen und die neue subversive Intelligenz ausgemacht. Das neue revolutionäre Subjekt ist Schwarm, Netz, Facebook-Haufen, aber keine Partei. Dieses neue Subjekt erhebt sich gegen die Herren der Apokalypse, die mit Atombomben, giftigem Essen, Medienverblödung, Finanzkrisen, Naturzerstörung die Menschheit abschaffen wollen. Dabei wissen die herrschenden Apokalyptiker nicht einmal, was sie eigentlich tun. Die psychischen und spirituellen Anforderungen an die rebellischen Existentialisten sind deshalb hoch. Führerkult ist out. Die kommende Revolution wird dezentral sein oder sie wird nicht sein. Ohne neue Technik und Ökonomie, die die entfremdete Arbeit weiter einschränkt, wird sich keine neue spirituelle Gesellschaft bilden können.

Der 2. Aspekt: Utopischer Sozialismus

Je länger das kapitalistische Weltsystem besteht, umso mehr Utopien entstanden und entstehen. Diese Utopien entstammen den Tagträumen der Existentialisten, die von einem „Sein wie Utopie", wie Ernst Bloch sagte, träumen. In den Jenseits- und Paradiesbildern der großen Weltreligionen, wird das „Sein wie Utopie" schon ziemlich plastisch dargestellt. Diese Jenseitsbilder müssen von den spirituellen Existentialisten nur im Diesseits mit der Mehrheit realisiert werden. Diese Träume scheitern nicht, wenn sie am Traum einer guten nächsten Phase der Weltgeschichte festhalten.

Die Basis der spirituellen Träume wird das Ich, das sich im Wir entwickelt. Das spirituelle Wir arbeitet auf der Basis der solidarischen Ökonomie. Diese alternative Ökonomie wird die letzte Krise des kapitalistischen Weltsystems überwinden. Die Basis dieser Ökonomie für die nächsten 500 Jahre entsteht schon heute. Solidarische Ökonomie wird heute von 800 Millionen Menschen weltweit in den Genossenschaften praktiziert.

Der 3. Aspekt: Anarchie ist machbar

Die bisherigen Revolutionen haben den Staat vernachlässigt. Der Staat ist als Megamaschine von den Herren der Apokalypse besetzt. Er verfügt über die größten Waffen-, Kontroll- und medialen Bewusstseinsmanipulations-Organe.

Er schreibt dem Individuum die Form seines Ichs und seiner Identität vor und verfolgt die Abnormen und Abweichler. Er besitzt Regionen, in denen die Abweichler abgeschoben werden: Krankenhäuser, Gefängnisse, Psychiatrien, Altenheime usw. Der Staat zelebriert die Religion des Geldes und organisiert die Gesellschaft des Spektakels. Eine Übernahme des Staates wird immer nur das Scheitern der Weltwende bedeuten. Die spirituellen Existentialisten müssen eine neue Demokratie der Freiheit von unten aufbauen. Die solidarische Produktion sollte diese Demokratie von unten festigen. Es geht für Existentialisten um die Überwindung der vom Staat aufgezwungenen Individualität und um die Befreiung der existentiellen und spirituellen Potenzen der Individuen. Die völlig traumatisierten unteren Schichten müssen dem Einfluss der eindimensionalen Medien, der Religion des Geldes entzogen werden. Die Ausgrenzung der Anormalen wird in den sich bildenden befreiten Gebieten aufgehoben. Selbstkontrolle der Ichs wird durch Verbreitung von spiritueller Technik gesteigert. Die befreiten Gebiete leben eine dionysische Spiritualität. Sie ist im Internet präsent. Die kommende Revolution wird die schönste Epoche der langen Geschichte der Menschheit werden, auch wenn sie nicht ewig dauert. 500 Jahre wären für Existentialisten in 25 Generationen schon genug.

Der Lehrer O. sagte im philosophischen Café:
„Rebellion ist nichts für schwache Nerven. Sie ist etwas für echte Ungeheuer. Ich werde verlieren, was ich bisher war, nur um zu werden, was ich eigentlich bin. Ich werde mein Eigentum los, aber ich besitze mich. Alle werden zu Fürsten ihres Lebens. Friedlich ohne Mollis. Ein Rebell ist nicht traurig, er lacht. Wir werden das viele Geld der Reichen durch das Gelächter der Ich-Besitzer begraben."

Eine Lehrerin verbesserte hier:
„Die Rebellion ist nicht wie 10 Tage, die die Welt veränderten'". Nach 10 Tagen ist nichts anders, außer den herrschenden Charaktermasken. Erst wenn die alte Staatselite ihre Legitimation verliert, überschreiten wir eine Schwelle, an die wir vielleicht bisher noch gar nicht gedacht haben."

Der 4. Aspekt: Gewaltfreiheit

Die Megamaschine des Empire wird jeden gewalttätigen Aufstand blitzschnell mit Superdrohnen zerschlagen. Es gibt nur noch die Gewaltfreiheit als Methode der revolutionären Himmelfahrt. Marx & Co. wurden von Gandhi & Thoreau ausgetrickst. Die sich weiter ausbreitenden Kriege dieses Empires werden zahlreiche gewaltlose Kämpfer produzieren. Gewaltloser Widerstand muss spirituelle Wurzeln haben, sonst wird sich Hass nicht in

Liebe verwandeln. Diese Spiritualität gehört keiner Religion an, sondern sie erwächst in jedem, der die Erde liebt. Der gewaltlose Widerstand wird die Rassenschande beseitigen (M. L. King). Er wird den 3. Weltkrieg verhindern (J. Schell). Die atomar bewaffneten Drohnen werden aber durch die Trojaner der immateriellen Intelligenz auf der ganzen Welt am Fliegen gehindert. Die Zerstörung des Geistes durch das Kapital wird zur Wiederauferstehung des Geistes führen. Diese Dialektik stimmt.

Versprochen? Versprochen! Aber Hallo!

Der 5. Aspekt: Spirituelle Revolution

Der globalisierte Kapitalismus ist die jüngste und mächtigste Weltreligion. Ihr Prophet ist Adam Smith, der noch als Priester vom alten Glauben abfiel. Die Transformation der Geld-Mega-Maschine ist ohne eine Gegenreligion nicht möglich. Diese Gegenreligion ist der philosophische Glaube, der sich gewaltfrei, mystisch, solidarisch-ökonomisch entwickelt. 90% des Gehirns des Menschen wird bisher nicht genutzt. Da ist viel Platz für neues Denken. Je mehr revolutionäre Existentialisten ihr Bewusstsein erweitern, die Welt aus kosmischer Perspektive sehen und ihren „inneren Zeugen" erkennen, umso mehr schwindet die auratische Macht des Geldes. Die Weltreligionen, wenn sie sich endlich vom Geld befreien, das sie feiern, könnten ihr mystisches Potenzial erheblich ausbauen. Sie könnten zu Förderbändern des mythischen Bewusstseins der Massen, dem heute noch 60% der Weltbevölkerung anhängen, zum mystischen Bewusstsein werden, das bisher nur 1% der Weltbevölkerung besitzt.

Alle Tröstungen der Leiden am Leben, die heute noch vom Geld-Empire übernommen werden, werden dann vom philosophischen Glauben als Religion noch in dieser Welt eingelöst. Es gibt neue innere Wege ins Paradies, die zur Bewältigung des Traumas der Geburt, des mythischen Dualismus und zur Transformation vom Egoismus zum Altruismus beitragen. Die Ersetzung des Antisemitismus und Rassismus, wie im Faschismus, durch Antiislamismus und Fremdenhass, wie im Neopopulismus, klappt dann nicht mehr. Sarazin schafft sich endlich selber ab. Die Kreuzritter und Neopopulisten sind dann überholt. Diese neuen Wege ins Paradies werden erst gangbar, wenn solidarische Ökonomie, Evolutionstheorie, nachhaltige Ökologie mit Tiefenpsychologie und progressive Gehirnforschung am spirituellen Erwachen der „Multitude" mitarbeiten. Die existentiellen Bettler ohne Gier, ganz gelassen, werden die Welt retten und den Neoliberalismus ganz sanft begraben.

Eine Sozialarbeiterin sprach diese These im Café an: „Es gibt 4 Vordenker der spirituellen Revolution. Sie heißen Buddha, Meister Eckhart, Marx und

Freud. Jeder hat zu seiner Zeit den großen Umbruch vorgearbeitet. Wer ihnen folgt wird sich weigern, das Todesspiel mitzuspielen."
Bei diesen Worten wurde im Café geklatscht.

Meditierend, nicht marschierend, gehen wir voran, oder der atomare Holocaust verschlingt uns alle. Auf den Spuren eines atheistischen Franz von Assisi. Denn: Nur ein Atheist kann ein richtiger Christ sein. Nur ein Christ kann ein echter Atheist sein, sagte Bloch.

Der 6. Aspekt: Neuer Existentialismus

Die Vielen sind heute in Weltfremdheit und Weltgleichgültigkeit befangen. Sie leben, als wenn die Existenz der Welt und ihre eigene Existenz sie nichts angehen. Albert Camus hat diese absurde Situation in seinem Roman „Der Fremde" genau umrissen. Der Held in diesem Roman fällt durch den Tod seiner Mutter in völlige Gleichgültigkeit. Er begeht einen Mord. Er wird zum Tode verurteilt. Es ist ihm alles egal. Er kann sich weder für sein Leben noch für die Welt engagieren. Er wird Nihilist, ehe er kurz vor seiner Hinrichtung die doch noch „zärtliche Gleichgültigkeit des Kosmos" entdeckt.

Dagegen erwägt Heidegger, ob der Mensch nicht erst aus der Weltvergessenheit als Seinsvergessenheit zurückkehren muss, um sich für die Welt zu engagieren. Albert Camus fordert vom Existierenden die Teilnahme an der gewaltlosen Revolution, die den privaten Weltreichtum von 98% der Erdoberfläche vergesellschaftet. Camus rebelliert gegen alle, die den Weltuntergang hinter revolutionären Phrasen verschleiern. Mit Sartre wird deutlich, dass der Existentialist für die Freiheit kämpft und nicht für eine Diktatur. Diese Freiheit, die in jeder Situation errungen werden kann, muss durch die existentielle Psychoanalyse begleitet werden. Der existentielle Rebell geht in die sozialen Brennpunkte der Städte. Er macht spirituelle Gemeinwesen- und Kiezarbeit. Er eröffnet philosophische Cafés für den philosophischen Glauben. Jeder kann seine Existenz in der Revolution gewinnen, besonders die Jugend aller Schichten, die für ihr Leben eine intakte Welt braucht. Der alte Berufsrevolutionär ist völlig überflüssig. Der Parteianhänger der Linken ist ein Fossil, denn die Existenz aller ist bedroht, wenn die Erde kollabiert. Deshalb muss die Rebellion auch von allen geschürt werden. Jeder muss den Mörder in sich überwinden. Die neue Revolution darf kein üblicher Massenmord à la Mao werden. Neues spirituelles Denken braucht die Entschlossenheit der Individuen, der vielen Namenlosen, denen die Existenz der Erde am Herzen liegt. Die existentielle Revolution beginnt jetzt beim Einzelnen. Ihr Start ist jederzeit möglich. Aus einem einfachen Husten kann ein Sandsturm werden, sagte schon Mao.

Der 7. Aspekt: Solidarische Ökonomie

Die Reichen werden die Welt bestimmt nicht retten. Sie sind der Religion des Geldes verfallen und werden eher atomaren Selbstmord begehen, als vom Geld lassen. Das Teilen des Geldes ist ihnen ein Gräuel. Der Untergang vieler Empire hat die Wahrheit dieser Einsicht schon gezeigt. Die Vielen müssen als Wir die alternative Gesellschaftsökonomie aufbauen. Denn nach dem Fall des Kapitals erhält sich nur das am Leben, was im Kapitalismus und schon gegen ihn entstanden ist. Der alte proletarische Sozialismus hatte nur die Verstaatlichung der Produktion, die am Leben der Einzelnen nicht nur nichts änderte, sondern nur alles verschlimmerte, im Sinn. Solidarische Ökonomie muss das Wir-Gefühl fördern, das sich für die Welt engagiert und die Welt zur Heimat machen will. Menschen, die nur nach Geld und Macht streben, werden zu Zombies. Sie werden in den kommenden Krisen untergehen. Sie haben keinen Geist der Utopie. Die Umwandlung vom Ich zum Wir erfordert die Entdeckung der eigenen Minderwertigkeit, die Aktivierung des Willens zur Macht, die Solidarität mit Welt und Kosmos. Die solidarische Ökonomie hat eine mystische Basis und nicht die Religion des Geldes zur Grundlage.

Der 8. Aspekt: Philosophischer Glauben

Der philosophische Glauben stützt sich auf Wissen. Er kennt keine Priester, keine Kirche, keine Rituale. Er ist als Netzwerk der Spirituellen existent. Der Inhalt des Glaubens heißt: die Materie entwickelt neue Visionen des Geistes der Utopie und der Geist wird in weiteren Stufen der Evolution neue Methoden der Realisierung der Utopie erfinden. Ernst Blochs Materialismus bekommt durch Ken Wilbers Idealismus Flügel. Der philosophische Glaube vertraut auf die ewige Philosophie, die noch besteht, wenn alle Weltreligionen gescheitert sind. Der philosophische Glaube in Aktion versetzt Berge: die blutigen Berge des Kapitalismus.

Das Kennenlernen der Welt hatte den Existentialisten im Café viel gebracht. Nämlich die Erkenntnis der Alternative: Weltnacht oder Morgenröte, Weltuntergang oder Weltzerstörung, Staatsterrorismus oder Freiheit. Die Lage der Welt macht deutlich: „Existentialismus jetzt!" ist die Wahl am Abgrund. Das ist der allgemeine Rahmen. Die speziellen Künste der Wahl der je eigenen Existenz für alle Zeiten, die im Café diskutiert wurden, soll in den folgenden Kapiteln dargestellt werden. Wir Existentialisten sind die wahren Bettler, die die Welt retten, mit Hilfe der Multitude. Wir, das sind die Namenlosen, die in der Weltnacht die Morgenröte sehen, die letzten Menschen, die den „großen Mittag" erkennen, an dem die Gattung auf dem Spiel steht. Wir, das sind die existentiellen Wähler, die am Abgrund den Staatsterrorismus abwählen und die Freiheit ergreifen. Zum ersten Mal in der Geschichte der Menschheit.

*Nach dem Café kamen immer Teilnehmer zum Leiter des Cafés, um Fragen zu klären. Der **Lehrer O.** hat sich mir besonders eingeprägt. Ich habe viele Gespräche mit ihm geführt. Sein Gespräch über die Welt am Abgrund will ich hier sehr verkürzt mitteilen.*

Lehrer O.:
„Es wundert mich nicht, dass über den Abgrund gesprochen wird, die Zeichen mehren sich."

Meine Antwort:
„Das ist das Signal, dass sich Philosophie vom Ursprungsproblem zum Zukunftsproblem der Welt umwenden muss."

Lehrer O.:
„Die Ursprungsspekulationen waren doch schon sehr unsicher, werden die Zukunftsspekulationen sicherer sein?"

Meine Antwort:
„Bei Ursprung und Zukunft der Welt bleibt die Unsicherheit, aber das Nachdenken über die Zukunft vermittelt dem Nachdenken seine Bedeutung."

Lehrer O.:
„Man hat also den Eindruck, dass Denken und Sein übereinstimmt. Ich habe den Eindruck, dass das Sein ist und bleibt und das Nichts nicht ist und nicht durchkommt, wie Parmenides sagt."

Meine Antwort:
„Vielleicht kann man Parmenides als Urvater des Existentialismus bezeichnen, Marx als seinen Urenkel und Antonio Negri als den Zukunftsapostel der Welt."

Lehrer O.:
„Ich will mich nicht festlegen. Ich will mein Denken offen halten. Solange ich denke, bin ich. Solange es in mir denkt, ist nicht Nichts."

Meine Antwort:
„Der Existentialismus ist die Philosophie, die mit dem Denken über Evolution, Revolution und Emanzipation eine Hoffnung des philosophischen Glaubens fördern kann in dürftigen Zeiten. In Zeiten der Weltnacht."

Der Lehrer O. versprach:
„Ich werde darüber weiter nachdenken."

Aber wie soll das Ich zum Träger der Rebellion werden, die jeder Revolution vorher geht?

So musste der neue Existentialismus im Café weiter fragen.

„Es kann nichts wachsen und nichts so tief vergehen, wie der Mensch.
Mit der Nacht des Abgrunds vergleicht er oft seine Leiden
und mit der Gipfelerfahrung seine Seeligkeit.
Aber wie wenig ist dadurch gesagt?"
(F. Hölderlin)

Teil B

Das Ich in der Rebellion

Einleitung

Das Überleben des Ichs und seine Wahlmöglichkeiten in einer absurden Welt mussten im Café breiter ausgeführt werden. Es musste geklärt werden, wie gegen die Tendenz des Ichs, schwach zu werden, sich das Ich stark machen kann. Es sollte deutlich werden, wie das Ich ein richtiges Leben im falschen Leben wählen kann.

Ob es den kleinen oder den großen Tod wählt, muss das Ich für sich klären. Tief berührt wird es zwischen den dunklen und den hellen Seiten der Liebe wählen. Bei vielen Grenzsituation bleibt dem Ich nur die Wahl zwischen dem schwarzen Humor und dem fröhlichen Lachen. Das Ich steht in dieser Weltnacht immer zwischen der Wahl, zwischen Verzweiflung oder den Augenblick des Glücks. Um das starke Ich zu fördern, muss das Ich seine existentielle Selbsttherapie voran treiben. Schließlich wird es klären, welche Formen der existentiellen Alltagsheldenreise sein Leben angenommen hat, und es muss wählen, welche sie in der Zukunft annehmen kann.

Damit sind die wichtigsten Felder der Rebellion des Ichs als Kern des neuen Existentialismus, die im Café heftig diskutiert wurden, umrissen.

1. Das schwache oder das starke Ich

„Mein eigen bin ich erst, wenn mich nicht Fremde
in Gewalt haben, sondern ich selbst."
(M. Stirner)

Als wir uns im philosophischem Café dem Thema „ Ich"zuwandten, zeigten sich spezifische Positionen.

Ein Spiritueller sagte: „Wenn wir die weltweite Krise richtig deuten, stehen wir vor einer grundlegenden Transformation unseres Ich-Models."
Dagegen opponierte ein Anhänger von Ken Wilber: „Das neue Ich wird erst in einem Jahrtausend andauernden Prozess entstehen." „Aber", sagte ein Meditationslehrer, „durch Bewusstseinstechnologien, durch Meditation, Atemtechniken und Körperarbeit kann der Mensch sein Ich erweitern." Damit stieß er auf den Protest eines Hirnforschers. Der meinte: „Das Ich gibt es gar nicht. Das Ich lässt sich im Gehirn nicht finden. Wir suchen schon lange nach ihm. Das Gehirn macht das Ich, nicht umgekehrt." Ein Philosoph wagte einen Einspruch: „Das Gehirn ist doch ein besonderes Organ. Es ist ein Beziehungsorgan im Austausch mit der Umwelt. Ohne Kultur, Sprache, Umwelt kein Gehirn. Und ohne Gesellschaft auch kein Ich." Eine Feministin warf ein: „Besonders den Frauen wird von den Männern ein selbstständiges Ich abgesprochen. Das ist aber pure Ideologie." Ein anderer Gehirnforscher sagte: „Das Ich ist ein Märchen. Unser Geist ist pure Chemie. Es gibt keinen freien Willen." Das regte einen Biologen mächtig an: „Die Biologie entlarvt den Ich-Kult. Das Gehirn prodiziert Gedanken, wie die Nieren Urin." Ein Theologe rief: „Die Wissenschaft ist verrückt geworden, Die Wissenschaft endet im Wahnsinn."Damit der Streit nicht endlos fort ging, wandte sich das Café der prinzipiellen Frage des Existentialismus zu: Wollen wir ein schwaches oder wollen wir ein starkes Ich?

Wer heute von Revolte reden will, muss vom neuen Menschen reden. Alle Versuche, mit den alten Menschen Revolution zu machen, sind in der Moderne gescheitert. Die Eliten, die Systeme, die Staatsformen wechselten in der Revolution, der Mensch blieb der alte. Schade.

Wir Existentialisten müssen also wieder bei Null beginnen.

Der Mensch ist erst dabei sein Ich zu definieren. Es ist nur im Horizont der Zukunft zu verstehen. Der Existentialismus hat die Selbstschöpfungsidee des Menschen neu belebt und sich gegen den Nihilismus, dass es mit dem Menschen nie etwas wird, gestellt. Beim Ich muss begonnen werden, den neuen Menschen zu entwickeln, sonst erweist sich der sogenannte neue Mensch bald wieder als der alte Adam. Beim Ich beginnt die Revolte. Erst ein Ich, das weiß, was es ist, erst ein Ich, das seine Existenz versteht, erst ein Ich, das gegen die Herren der Apokalypse rebellieren kann, kann als Subjekt der wirklichen Revolution in Erscheinung treten. Revolution auf der Basis neuer Ichs ist ein Prozess von Generationen und zugleich die höchste Aufgabe im Hier und Jetzt, wenn die Menschheit überhaupt überleben will. Der Existentialismus ist der Wegweiser auf der Suche des Ichs nach dem Anfang der Rettung **in sich selbst**.

Beim Beginn der Moderne gibt es zwischen Karl Marx und Friedrich Nietzsche den Streit um den neuen Menschen. Beide Philosophen denken schon existentiell, aber mit völlig unterschiedlichen Resultaten. Das Café merkte auf.

Marx stellte fest: Die Gesellschaft ist den Ichs übergeordnet. Die Gesellschaft entsteht aus den Beziehungen und Verhältnissen der Ichs in ihrem wechselseitigen Handeln. Die Gesellschaft entsteht aus den materiellen Produktionen und dem Austausch der Produkte. Das produzierende Ich besteht immer in einem gesellschaftlichem System. Die bürgerliche Gesellschaft besteht aus vereinzelten einzelnen Ichs, weil das einzelne Ich durch sein Privateigentum und durch die allgemeine Konkurrenz definiert wird (Marx-Engels-Werke (MEW) 13, S. 615f.). Wenn aber das Ich von den Umständen gebildet wird, so muss das Ich aber auch die Umstände menschlich bilden können (MEW 2, S. 138). Die Ichs machen ihre Geschichte selbst, aber auf Grundlage ökonomischer und politischer Verhältnisse, die sie vorfinden (MEW 39, S. 206). Das Ich kann sich nur in der Gesellschaft vereinzeln und zugleich maßlos reduzieren. Aber die Krisen der kapitalistischen Produktion drängen die Ichs zum Zusammenschluss. Durch ihren Zusammenschluss entwickeln sich neue Ichs. Das egoistische, unabhängige Ich eignet sich im Zusammenschluss die Qualität des allseitigen Menschen an. Das allseitige, starke Ich entsteht aus der Aufhebung des Privateigentums und der Ersetzung der kapitalistischen Konkurrenz durch Solidarität (MEW 7, S. 43).

Dagegen argumentiert **Nietzsche**: Das Ich ist Leib. Das Ich ist schaffend, wollend und wertend. „Das Ich gibt den Dingen Maß und Wert der Dinge." (F. Nietzsche: Werke in 3 Bänden, München, 1963, Bd. 2, S. 298) Das Ich kann sich nur im Kontext von Leib und Erde entwickeln, in dem es sich von der Masse und den „letzten Menschen" absondert. Der Leib wird von einem Trieb beherrscht: dem Willen zur Macht. Der Wille zur Macht fordert eine ständige Willenssteigerung des Ichs. Durch die Unterdrückung des Leibes durch das Christentum, ist der Wille zur Macht krank geworden. Erst wenn das Ich die moralischen und die metaphysischen Ketten durchbricht, wird es ein starker Körper und ein starkes Ich werden. Der Weg zum starken Ich führt bei Nietzsche über die Zerstörung der unterdrückenden Gottesidee. Das Ich gerät aber bei der Erkenntnis des Todes Gottes in eine Krise: „Irren wir nicht durch ein unendliches Nichts … kommt nicht Nacht und immer wieder Nacht … wie trösten wir uns, die Mörder aller Mörder?" (F. Nietzsche: Werke, Bd. 2, S.127) Schließlich aber erscheint der Tod Gottes als Befreier des Ichs. Das Ich erkennt: Der Wille zur Macht im Körper ist auch der Wille zur Macht im Kosmos. Der kosmische Wille zur Macht äußert sich auch im Bewusstsein und im Leib des Ichs, besonders in der Sexualität. Der Nihilismus, der mit dem Tod Gottes entsteht, fordert vom Ich zur Überwindung des Nihilismus eine Moral der absoluten Lebenssteigerung. An die Stelle der schwachen, christlichen Nächstenliebe soll beim Ich die Liebe zum Übermenschen und seinem starken Ich treten. Nietzsche glaubt, dass sich nihilismusresistente „Groß-Ichs" züchten lassen. Die Änderung der wirtschaftlichen Eigentumsverhältnisse verbessert das Ich nicht. Es kommt darauf an, im einzelnen Ich den Willen zur Höherentwicklung des Ichs zu stimulieren. Dieses „neue Über-Ich" des Übermenschen folgt dem höchsten moralischen Maßstab: der Lehre von der ewigen Wiederkehr. Ich und Leib werden in Nietzsches kosmologischem Kreislauf-Konzept immer wiederkehren, als „gleiches selbiges Leben" (F. Nietzsche: Werke, Band 2, S.466). Erst wenn der Staat nach dem Tod des Ichs, als Unterdrücker des Ichs aufgelöst wird, entsteht das Ich, das nicht überflüssig ist. Im „großen Mittag" erkennt das Ich, dass es die verbleibende Lebenszeit nützen muss, um ein starkes Ich zu werden, das immer wiederkehren will. Herrschsucht, Wollust und Selbstsucht machen das starke Ich aus (F. Nietzsche: Werke, Bd. 2, S. 436). Nietzsches starkes Ich, der neue Mensch, ist elitär, eine Herrennatur, die in der Gesellschaft von Herren die schwachen Ichs unterdrückt.

Aus dem Konflikt Marx–Nietzsche ergaben sich im Café folgende Konsequenzen: Marx überbewertet die ökonomischen Verhältnisse und erkennt nur ein schwaches Ich. Nietzsche negiert die ökonomischen Verhältnisse und erkennt die leiblichen, sexuellen und ökonomischen Grundlagen für ein starkes Ich. Erst ein nietzscheanischer Marxismus kann Grundlage des existentialistischen Ichs werden. Ohne starkes Ich gibt es keinen neuen Menschen und ohne neuen Menschen keine Revolution und ohne Revolution keine wirkliche Freiheit. Der alte Existentialismus hat sich mit der Aufgabe der Entwicklung eines starken Ichs schwergetan. Der alte Existentialismus spaltete sich in Vertreter des schwachen und des starken Ichs.

Nun nahm das Café Fahrt auf.

Vom schwachen Ich

Der Starphilosoph des alten Existentialismus **Martin Heidegger** erkennt in seinen Frühschriften im Ich nur den Sturz in den Tod. Das schwache Ich ist disponiert für Abgrundserfahrungen aller Art. Das Ich ist den Dingen der Welt gleich, die im ständigen Verfall sind. Das Ich ist, in Heideggers Hauptwerk „Sein und Zeit" (zuerst 1926), mit anderen Ichs in die Welt geworfen. Im Alltag unterliegt das Ich der Sprache als geredetes Man: der durchschnittlichen Alltäglichkeit. Das Man errichtet unauffällig und nicht feststellbar seine Diktatur über die Ichs. Die Differenzen zwischen den Ichs werden verdurchschnittlicht und auf einen Scheinabstand der Konkurrenz gehalten. Das Man ist aber niemand. Dieses Niemand macht trotzdem aus den Ichs das beliebige „Man-Selbst", das nur ein schwaches Ich ist. Das Ich ist niemals ohne die Anderen. Die Anderen sind mit dem Ich immer schon da. Das Ich ist keine Synthese von Leib und Seele, wie der Platonismus dachte, sondern das Mit-Sein mit Anderen. Das Ich ist immer in Sorge auf die Welt bezogen, in der sich das Ich gerade aufhält. Jeder ist der Andere und keiner ist er selbst. „Zunächst bin ich nicht Ich im Sinne des eigenen Selbst, sondern die Anderen in der Weise des Man." (M. Heidegger: Sein und Zeit, Tübingen 1963, S.129) Aber in der Erfahrung der Angst und des kommenden Todes fragt das Ich: „Warum das alltägliche Dasein gerade nicht wie ich selbst bin." (M. Heidegger, a.a.O., S.115) Das Ich erkennt, entweder bin ich eigentlich ich selbst oder ich bin nicht ich selbst. Entweder bin ich Massendasein oder individuelle Existenz mit Je-Meinigkeit, Sich-Vorweg-Sein d. h. Zukunft haben, Transzendenz haben d.h. Möglichkeiten der Ich-Überschreitung in der Zukunft und Freiheit d.h. Wahlfreiheit des eigentlichen Selbstseins zu haben. Das Ich erkennt, im Sterben kann ich mich nicht vertreten lassen. „Das Ich muss, als es selbst, was es noch nicht ist, werden." (M. Heidegger, a.a.O., S. 243) Die Todesangst enthüllt die Geworfenheit des Ichs in die Welt. Das Ich wird vom Man negiert. Das Ich ist, in dem es den Tod nicht wahrnimmt, auf der ständigen Flucht vor ihm. Das Ich stirbt, angesichts des verdeckten Todes, ständig. Aber der Tod ist zugleich eine ausgezeichnete Möglichkeit des Ichs. Das Ich kann den Vorlauf zum Tode vollziehen. Das Vorlaufen zum Tod „vereinzelt das Ich auf es selbst" (M. Heidegger, a.a.O., S. 263). Der Tod erschließt dem Ich als äußerste Möglichkeit die Selbstverwirklichung und zerbricht so jede Versteifung auf die je erreichte Existenz. Damit wird der Tod ein „je mir eigener" (M. Heidegger a.a.O., S. 265). Die Begegnung mit dem Tod ruft das Ich auf, aus der Verlorenheit in das Man auszubrechen. Das Ich wird durch seinen Entschluss zu sich selbst „kein freischwebendes Ich" (M. Heidegger, a.a.O., S. 298). Es erfährt die Welt nun aber als unheimlich, wenn die Welt sie sich im Vorlauf zum Tode als Nichts, als Abgrund, enthüllt.

Die Begegnung mit dem Nichts erzwingt vom Ich die Frage nach dem Sein und seinem Sinn. Das Nichts ist niemals nichts, es ist ebensowenig ein Etwas im Sinne eines Gegenstandes. Es ist das Sein selbst, wenn das Ich das Sein sich nicht mehr als Objekt eines Subjekts vorstellt. Das Sein ist es selbst. Es ist vor jedem Ich, Du und Wir. Da das Sein göttert, kann das Ich nur auf die Ankunft des „letzten Gottes" warten (M. Heidegger: Beiträge zur Philosophie, Frankfurt, 2003, S. 303). Das Ich wird bei Heidegger von der Unterwerfung unter Gott nicht befreit.

Mit Heidegger erfahren wir ein schwaches Ich, das zwischen Tod und Nichts auf den letzten Gott wartet, der das Ich erlösen soll. Heidegger war sich seines eigenen Ichs leider auch nicht sehr sicher. Ab 1933 folgte Heidegger dem Nazi Adolf Hitler. Für Heidegger „ein Halbgott". Er wollte Hitler die archaische Seins-Auslegung der Griechen vermitteln. Sicher kein Zeichen für ein wirklich starkes Ich. Heideggers Ich kann nicht das Ich des neuen Menschen sein, das gegen die Herren der Apokalypse rebelliert.

Längere Zeit waren Martin Heidegger und Karl Jaspers, die wichtigen Vertreter des Existentialismus in Deutschland, Freunde. Seit 1933 gingen sie getrennte Wege im Denken des Ichs. Die kamen im Café zur Sprache

Karl Jaspers hat in seiner dreibändigen „Philosophie" von 1932 erkannt, dass das Ich als Subjekt der Welt als Objekt gegenübersteht. Das Ich steht sich aber auch selbst als Objekt gegenüber. Das Ich erfährt sich selbst 1. als vitaler Trieb des Köpers, 2. als Spiegel-Ich im Reflex der sozialen Umwelt, 3. als Bewusstsein von Welt, 4. als höheres Bewusstsein, das seinen metaphysischen Ursprung und sein existentielles Ziel im Sein findet. Das Ich will auf jeden Fall seine Identität wissen (K. Jaspers: Philosophie. Berlin 1956, Bd. 1, S. 19). Als Ich vor sich selbst, in der Ich-Spaltung, sieht das Ich, dass es aus einem Ursprung lebt, den es selbst nicht verursacht hat. Das Ich hat deshalb ein metaphysisches Bedürfnis nach dem Sein jenseits von Subjekt (Ich) und Objekt (Welt). Als Bewusstsein von Welt erlebt das Ich Grenzsituationen wie Tod, Leiden, Kampf und Schuld. Diese Grenzsituationen sind unausweichlich und unaufhebbar. Sie können nicht erklärt werden. Grenzsituationen machen nicht nur Angst vor Wahnsinn und Scheitern, sie zwingen das Ich auch zur Annahme seiner Existenz. Das Ich weiß nun: „Ich bin das Sein, das sich um sich selbst kümmert und im Sich-Verhalten noch entscheidet, was es ist." (K. Jaspers: Philosophie. Bd. 2, S. 35) Das Ich vollzieht die Selbstwahl. „Diese Wahl ist der Entschluss im Dasein ich selbst zu sein." (K. Jasper: Philosophie. Bd. 2, S. 180 f.) Dieses Selbstsein kann nur in der Kommunikation mit einem Du realisiert werden. Außerdem braucht das Ich seine metaphysische Begründung, die nur im Lesen der Chiffren des Seins, das niemals Gegenstand wird, erfahren werden kann. Das Ich liest die Chiffren der Natur, der

Geschichte, der Menschen und der Kunst. Das Ich fasst also den Gedanken: „Es ist denkbar, dass es das Sein gibt, das nicht denkbar ist." (K. Jaspers: Philosophie. Bd. 3, S. 38) Für Jaspers bezieht das Ich aus der Transzendenz jenseits von Subjekt (Ich) und Objekt (Welt) die Kraft, sich in der Politik zu engagieren. Für Jaspers dreht sich heute in der Politik alles um die Selbstvernichtung des Ichs im Atomkrieg oder im totalitären Weltstaat (K. Jaspers: Die Atombombe und die Zukunft der Menschheit. München 1972). Gegen die Gewalt der Herren der Apokalypse ist Gewalt zwar nicht gesetzlich, aber politisch gerechtfertigt (K. Jaspers: Wohin treibt die Bundesrepublik? München 1966, S. 139). Zur Stärkung des schwachen Ichs gibt Jaspers auch Techniken an, die das Ich im politischen Engagement stärken können. Dazu gehören: Chiffren lesen, Existenzerhellung, Weltorientierung, aber auch Techniken der mystischen Versenkungen, asketische Übungen, die Selbstprüfung, Yoga und stoische Lebensregulierung umfassen. Schließlich sollte das Ich sich mit den maßgeblichen Menschen – Konfuzius, Buddha, Laotse und Jesus – auseinandersetzen. Hier geht es dem Ich nicht um „unwahre Vergötterung", sondern um Hilfe bei der existentiellen Wahl des Ich-Ideals. Jaspers spricht gegenüber Heidegger schon mehr vom stärkeren Ich, das zu Gipfelerfahrungen fähig ist und das so den Herren der Apokalypse auch gewachsen ist. Jaspers lebte von 1883–1969, ging zu Hitler auf Distanz, erhielt Lehrverbot, setze sich mit der Kollektivschuld der Deutschen an Auschwitz auseinander und stellte sich dem drohenden Atomkrieg. Sein existentielles Ich spricht schon von einem Ich, das zum neuen Menschen werden kann, der der Grenzsituation „atomarer Holocaust" gewachsen ist. Kommen wir deshalb zur Konzeption des starken Ichs, wie sie im Café diskutiert wurde.

Vom starken Ich

Die gewichtigeren Beiträge zum starken Ich kommen einmal von Max Stirner und dann aus dem französischen Existentialismus, der während der deutschen Besatzung im 2. Weltkrieg in Frankreich entstanden ist. Jean-Paul Sartre und Albert Camus, als Hauptvertreter des Existentialismus, waren aktive Mitglieder der Résistance, die gegen den Hitlerismus und den Totalitarismus kämpfte. Ihr starker Ich-Begriff hat sich durch diese Kampfpraxis geprägt.

Aber wir diskutierten im Café erst das starke Ich bei dem Berliner **Max Stirner**. Der gottlose und gesetzlose Egoist und Berliner Max Stirner stellt das Ich in seinem Buch „Der Einzige und sein Ich" (zuerst 1844) in radikaler Wucht dar. „Stell Ich auf Mich, den Einzigen, Meine Sache, dann steht sie auf dem vergänglichen, dem sterblichen Schöpfer seiner Selbst, der sich selbst verzehrt und Ich darf sagen: Ich hab' meine Sach' auf Nichts gestellt." (M.

Stirner: Der Einzige und sein Eigentum. Stuttgart 1972, S. 412) Das starke Ich
ist bei Stirner weder ein Gedanke, noch besteht es im Denken. Der Einzige ist
eine Aussage, von welcher in aller Offenheit und Ehrlichkeit gesagt wird, dass
sie nicht viel aussagt, außer dem, was das Ich als sein Eigentum reklamieren
kann. Natürlich erkennt Stirner an, dass das Ich der Gesellschaft unterworfen
ist, aber für sein Ich fordert er: „Ich werde der Feind jeder höheren Macht sein,
während die Religion lehrt, sie uns zur Freundin zu machen und demütig gegen
sie zu sein." (M. Stirner, a.a.O., S. 202) Das starke Ich des Einzelnen, ist nur,
indem es sich erhebt; es ist nur, indem es nicht bleibt, was es ist, sonst wäre
es fertig, tot (M. Stirner, a.a.O., S. 200). Also sucht euch selbst und werdet
ein „allmächtiges Ich". (M. Stirner, a.a.O., S. 181)
   Das starke Ich versteht sich als Teil der untersten Kultur der Gesellschaft.
Das starke Ich gehört zur Klasse der „Unsteten, Ruhelosen, Veränderlichen und
heißen ... unruhige Köpfe." (M. Stirner, a.a.O., S. 123) Das starke Ich strebt
nach Aufhebung des Staates und der Verfassung. „Verfassungslos zu werden,
bestrebt sich der Empörer." (M. Stirner, a.a.O., S. 354f.) Die herrschenden
Gesetze „umgehe Ich bis Ich Kraft gesammelt habe sie zu stürzen." (M. Stirner,
a.a.O., S. 183) Denn die herrschende Gesellschaft ist nur die Herrschaft des
Geldes. „Über der Pforte unserer Zeit steht nicht jenes Apollinische ‚Erkenne
dich selbst', sonders ein ‚verwerte dich selbst'." (M. Stirner, a.a.O., S. 353)
Mach dein Ich also zu Geld, das fordert die bestehende Gesellschaft. Das
starke Ich hat also nur seine nicht austauschbare Existenz zu seinem Eigentum.
Das starke Ich ist unbezahlbar und nicht in Geld auszudrücken. Das starke
Ich ist ein endliches Ich, das durch seine Geburt und sein Sterben begrenzt
ist. Nur das endliche Ich ist wirklich Ich. „Die Philosophen sprachen oft vom
absoluten Ich", schreibt Stirner, „ich aber spreche von Mir dem vergänglichen
Ich." Das starke Ich ist der Schöpfer seiner selbst. Im Tod kehrt dieses starke
Ich „in sein schöpferisches Nichts zurück, aus welchem es geboren wurde".
Der Tod zeigt nur, dass das starke Ich sich selbst verzehrt hat. Das starke Ich
kann also im Tod einfach sagen: „Ich hab' mein Sach' auf Nichts gestellt."
(M. Stirner, a.a.O., S. 412) Der Tod ist das letzte Faktum des starken Ichs.
Aber das starke Ich überlässt den Tod nicht der Kirche oder dem Staat, son-
dern verwandelt deren Gewalt in die eigene Gewalt. Das starke Ich ist kein
Untertan, auch nicht der Todesangst. Das starke Ich hat auch keine Angst
vor dem Weltuntergang. „Morgen trägt man die deutsche Nation zu Grabe",
schreibt Stirner, „bald werden deine Schwestern, die Völker, dir folgen. Sind
sie aber alle gefolgt, so ist – die Menschheit begraben und Ich bin mein eigen,
Ich bin der lachende Erbe." (M. Stirner, a.a.O., S. 239) Wenn alles zerfällt,
bleibt zuletzt das starke Ich, ehe es auch zerfällt. Denn auch das starke Ich ist
zuletzt „Staub oder ein Madensack" (M. Stirner, a.a.O., S. 411). Das starke
Ich bleibt der „nie aufhörende Verbrecher im Staat". (M. Stirner, a.a.O., S.

219) Dieses starke Ich akzeptiert allenfalls einen „Verein freier Egoisten", die kein höheres Wesen, keinen Gott und keinen Menschen über sich akzeptieren. „Darum sind Wir beide, der Staat und Ich, Feinde … Ich opfere dem Staat nichts … Ich werde den Staat vernichten und bilde an seiner Stelle den Verein von Egoisten." (M. Stirner, a.a.O., S. 196) Damit wird schon 1844 in Deutschland das starke Ich propagiert. 100 Jahre später wird dieses Ich Max Stirners, das auch auf Nietzsches Übermenschen Eindruck macht, von den französischen Existentialisten begeistert adoptiert.

Für Jean Paul Sartre (1905–1980) gibt es nach dem Tod Gottes kein besonderes Sein hinter den Erscheinungen der Welt. Das materielle Sein ist ein Ansich. Das Sein ist also, was es ist. Das Sein ist weder von Möglichkeiten ableitbar, noch auf das Notwendige reduzierbar. Das Ich mit seinem Bewusstsein lässt sich nicht aus dem Sein ableiten, auch nicht aus Gott. „Das Bewusstsein des Ichs existiert nur durch sich selbst", schreibt Sartre in seinem Hauptwerk: „Das Sein und das Nichts" (Hamburg 1962, S. 21). Das Ich liegt dem Bewusstsein vom Ich in jedem Fall voraus. Dass das Ich vorhanden ist, liegt daran, dass es einen Körper hat und sich selbst als Körper wahrnehmen kann. Dadurch, dass ich ein Ich bin, grenze ich mich von anderen Ichs ab. Ich negiere die Nicht-Ichs. Das menschliche Ich ist deshalb für Sartre das Sein „durch das das Nichts zur Welt kommt." (J. P. Sartre: Das Sein oder das Nichts, a.a.O., S. 81) Der Andere ist für Sartre die Voraussetzung, dass Ich Ich ist. Ich kann nur Ich sein, wenn ich mich einem anderen Ich entgegengesetzt habe und so mithilfe des Anderen meiner selbst bewusst geworden bin.

Die gegenseitige Vermittlung der Ichs vollzieht sich als Kampf um Anerkennung und Macht. Hier ereignet sich die hegelsche Dialektik von Herr und Knecht. Herrisches und starkes Ich wird, wer todesbewusst und todesbereit sein Leben dran setzt, um sich zu behaupten, knechtiges schwaches Ich wird, wer das Überleben für wichtiger hält, als den Tod im Kampf, findet Jean-Paul Sartre. Im Kontext der französischen Zeitgeschichte zeigt sich: der faschistische Herr (Hitler) blieb von der Anerkennung der Knechte abhängig und verlor, während die Knechte nach der universellen gegenseitigen Anerkennung strebten und als revolutionäres Wir 1945 den Untergang des Hitlerismus mit herbei geführt haben.

Das Ich und die Anderen sind alle frei. Sie haben keinen anderen Grund als ihr Ich. „Tatsächlich sind wir eine Freiheit, die wählt, aber wir wählen nicht frei zu sein: wir sind zur Freiheit verurteilt." (J. P. Sartre: Das Sein und das Nichts, a.a.O., S. 838) Aber durch die Anderen ist das Ich immer in sozialen Situationen positioniert. Diese Situationen eröffnen dem Ich die Wahlmöglichkeit um der Situation zu genügen. Allerdings ist jede Situation von weit her durch die Geburt bestimmt, durch den Lebensplan, durch die Nächsten, durch den Tod. Allerdings bleibt die Freiheit des Ichs dennoch bestehen. In jeder Situation kann das Ich authentisch Richtung Gipfel oder nichtauthentisch Richtung Abgrund handeln. Diese Freiheit macht das Ich oft schwindelig. So gibt es viele Versuche, die existentielle Freiheit des Ichs zu leugnen. Da werden die göttlichen Gebote, das allgemeine Gesetz, das Triebleben, die Ordnung des Kapitals, die Struktur der Gene und die Übermacht der Geschichte und des Geldes angeführt, um die Freiheit zu leugnen. Aber die Freiheit besteht, indem das Ich die totale Verantwortung für sein Ich übernehmen muss und bejaht, dass dieses Ich nicht aus fremden Ursprüngen zu rechtfertigen ist. (J. P. Sartre: Das Sein und das Nichts, a.a.O., S. 179)

An dieser Stelle hatte natürlich die neuere Hirnforschung ihre Einwände. Im Café sagte ein Naturwissenschaftler:
„Das wir uns selbst erleben, das halten wir dann für unser Ich. Aber das ist doch nur Schein. Das Gehirn produzierte ein billiges Schein-Ich."

Eine Studentin rief: „Es gibt kein Ich, es gibt nur mich!"

Ein Sartre Anhänger machte dann aber klar:
„Das Ich erlebt sich nicht selbst, es entscheidet und verantwortet sich selbst. Das ist etwas ganz anderes. Das ist kein Schein, sondern die Arbeit des Ichs, das sich immer wieder neu wählt und sich in seiner Freiheit bewährt. Die Ich-Leugner sind Faschisten. Schon Hitler sagte: Dein Ich ist Nichts. Dein Volk und Dein Führer ist alles."

Man hatte im Café niemals den Eindruck, dass Hirnforschung und Existentialisten sich jemals richtig verstanden hätten. Die Stimmung war hitzig.

Seine Authentizität muss das Ich nicht nur gegenüber den Anderen, sondern auch gegenüber der Welt wahren. Das Ich ist nicht nur für sich und Andere, sondern auch für alle Menschen verantwortlich, denn nur dann kann das Ich selbst frei sein.

In seinem Vortrag: „Ist der Existentialismus ein Humanismus?" von 1946 sagte Sartre: „Das Ich ist für alle Menschen verantwortlich." (J. P. Sartre: Drei Essays. Frankfurt 1960, S. 12) Diese Verantwortung versetzt das Ich in eine ständige Spannung von Masochismus und Sadismus. Diese Spannung ist unaufhebbar und verweist auf die Angst, dass die Herren der Apokalypse ihre Freiheit sadistisch missbrauchen können, indem sie die Menschheit durch einen angezettelten Atomkrieg vernichten. Das Ich muss sich selber erfinden, und selbst Gott (wenn es ihn gäbe) kann dem Ich die Ich-Erfindung nicht abnehmen. Weder Gott noch die Natur, noch das Gehirn, noch die Vernunft können das Ich von seiner Freiheit befreien. Das Ich ist schlichtweg nichts anderes als wozu es als Gipfelerfahrung sich selbst macht. Indem das Ich sich wählt, wählt es auch das Schicksal der Menschengattung. Sartre entdeckte die Welt der Intersubjektivität, „die Zwischen-Ichheit" und „in dieser Welt entscheidet der Mensch, was er ist und was die Anderen sind". (J. P. Sartre: Drei Essays, a.a.O., S. 26) Wenn sich also die Ichs der Herren der Apokalypse für das Nichts entschließen, entschließen sie sich dafür, dass die ganze Welt in den Abgrund des Nichts befördert wird. Niemand wird sie daran hindern, wenn nicht die Knechte sich gegenseitig anerkennen und ein Wir bilden, das die Herren entmachtet. Sartre entwickelt also ein starkes Ich, das den Herausforderungen des neuen Menschen gewachsen ist. Dieses starke Ich, sollte es allgemein werden, würde als Gipfelerfahrung die Angst vor der Freiheit und vor dem Tod im solidarischen Wir der Knechte überwinden. Jean Paul Sartre und Albert Camus, die großen französischen Existentialisten, waren zerstritten. Aber die Idee der Wichtigkeit eines starkes Ichs war ihnen trotzdem gemeinsam. Das Café liebte Albert Camus.

Albert Camus (1913-1960) stellte fest, dass das Ich nach dem Sinn der Welt fragt und die Welt nicht antwortet. Die Folge der fehlenden Antwort ist die Erfahrung des Absurden. Das Ich erfährt die Unheimlichkeit, Fremdartigkeit und Bedeutungslosigkeit des Ichs. „Die Welt entgleitet uns, sie wird wieder sie selbst." (A. Camus: Der Mythos von Sisyphos. Reinbek 1959, S. 18) In seinem Roman „Der Fremde" zeichnet Camus ein Ich, das von der Sehnsucht nach dem Absoluten geprägt ist und im Leben nur die Erfahrung des Todes und der Vergänglichkeit macht. Die absurde Vergänglichkeit kann das Ich akzeptieren, weil es gegen das Absurde rebellieren kann. In der Rebellion gewinnt das Ich seine Selbstgegenwart, seinen Stolz und seine Redlichkeit zurück. Das Ich sollte also alle Gipfelerfahrungen ausschöpfen und so intensiv wie möglich leben. In seinem Hauptwerk „Der Mensch in der Revolte" (von 1953) entwickelt Camus ein Konzept der kollektiven Revolte, in der das revoltierende Ich mit anderen zum Wir wird. Das Wir wird aber nur möglich, wenn es in der Revolte auf Gewalt und Massentötungen verzichtet. In seinem Roman „Die Pest" (von 1947) beschreibt Camus am Beispiel der Helden – des Arztes Rieux und seines Freundes Torrau –, dass es die Aufgabe des Ichs in einer Zeit der Bedrohung der Welt und der Menschheit ist, ein starkes Ich zu werden, also ein Heiliger ohne Gott zu sein, der das Leben einfach liebt. Die Heiligen ohne Gott sind aber die Namenlosen, die die Herren der Apokalypse stürzen. Der französische Existentialismus hat das starke Ich entwickelt, das den Weg zum neuen Menschen mit seinen Gipfelerfahrungen vorzeichnet. Damit wurden die Impulse von Marx, Stirner und Nietzsche weiter getrieben. Auf dieser Grundlage erweist sich der Existentialismus als ein wichtiger

Schritt zum neuen Menschen. Eine besondere Rolle beim Sturz der Herren der Apokalypse spielen für die Existentialistin **Simone de Beauvoir** die Frauen. Sie werden von den Männern an der Entwicklung eines starken weiblichen Ichs gehindert. Die Frauen werden zur Passivität, Stagnation, Wiederholung und Unproduktivität verurteilt. Sie werden aber zugleich gezwungen, um die Gleichstellung ihres Ichs mit den Männern zu kämpfen. Das weibliche Ich muss die von den Männern aufgezwungene Passivität ablehnen. Das umso mehr, wenn Frauen erkennen, dass Elite-Männer im Besitz von Massenvernichtungswaffen sind, über die Chancen der Anzettelung eines Atomkrieges verfügen, und damit jede Frauenemanzipation total bedrohen. Das starke Ich wird deshalb mehrheitlich weiblich sein. Der neue Mensch ist androgyn. Denn männliche und weibliche Revolte sind auf dem gleichen Weg. Das eine ist ohne das andere nicht zu entwickeln. Die Idee des starken Wir findet sich auch bei Ernst Bloch.

Vom starken Ich zum revolutionären Wir

Ernst Bloch hat die Losung ausgegeben: „Ich bin, aber ich habe mich nicht, darum werden **wir** erst." Bei Bloch lichtet der Tagtraum des Ichs das Dunkel des gelebten Augenblicks und eröffnet die Einheit der Tagträume im Wir, um den großen Tagtraum des Seins wie Utopie zu realisieren. Das starke Ich hat also starke Träume, Gipfelträume. Von den Existentialisten lernten wir im Café, wie das starke Ich des neuen Menschen entstehen kann. Der neue Mensch protestiert gegen alle, die den Weltuntergang mit Phrasen vom ewigen Wachstum betreiben. Das starke Ich übt sich in Gewaltlosigkeit. Es übernimmt die Verantwortung für die ganze Welt und bekämpft die, die diese Verantwortung durch Weltfremdheit und Weltgleichgültigkeit missachten. Das starke Ich kämpft für die Freiheit nicht für die Diktatur. Diese Freiheit muss durch die existentielle Selbstanalyse des Rebellen unterstützt werden. Kein Rebell darf dem infantilen Traum folgen, Gott werden zu wollen. Dieser falsche infantile Lebensplan, aus Minderwertigkeitserfahrungen in der Kindheit geboren, muss jeder Rebell durch ein revolutionäres Wir-Gefühl ersetzen. Der Kampf um wirkliche Existenz muss von allen Männern wie Frauen geführt werden. Jeder muss auch den Mörder und Gewalttäter in sich überwinden. Das starke Ich ist die Entschlossenheit der Individuen, der Namenlosen, die den Gipfel erreichen.

Das starke Ich muss aber vorerst im Kapitalismus überleben. Wie sieht es mit der Ethik des falschen und des richtigen Lebens für das starke Ich aus? Das fragte das Café.

2. Die Ethik des falschen oder des richtigen Lebens

„Die entfesselte Marktwirtschaft war zugleich die
aktuelle Gestalt der Vernunft und die Macht,
an der die Ethik zuschanden wurde."
(M. Horkheimer, T.W. Adorno)

Mit dem Thema Ethik hat sich das philosophische Café schwer getan. Als ein
Zyniker sagt: „Jeder Mensch muss heute 50mal am Tag lügen!", gab es hastige
Einsprüche. Ein Pfarrer wies auf die 10 Gebote hin. Eine SPD-Frau nannte
die Menschenrechte. Die UNO wurde erwähnt und die Friedensmissionen. Die
Atomenergiebehörde der UNO gilt doch als „Wächter" der Apokalypse". Ein
Philosoph machte auf Kants kategorischen Imperativ aufmerksam. „Handle
so, dass jede Maxime deines Handelns als allgemeines Gesetz gelten kann."
Das wurde nicht von allen gleich verstanden. So entgegnete ein Student:
„Ist es nicht besser so zu handeln, dass die meisten glücklich werden?" Ein
Anhänger von Jürgen Habermas sagte: „Ethik ist Situationsethik. Sie ist
immer das Resultat eines herrschaftsfreien Diskurses." Viele meinten nun,
man müsse doch mal fragen, warum es denn so viele Ethikkommissionen
gäbe und so wenig Ethik im Alltag. Es war die Aufgabe des philosophischen
Cafés im Sinne des Existentialismus die Klarheit in der Ethikfrage zu suchen.

Ethik, als philosophisches Nachdenken über das Ethische, ist die Antwort auf
eine historische Situation, in der die Vorstellungen vom richtigen Leben sich
entwertet vorfinden. Das war für den Existentialismus der Fall. Hatte Kant
schon nach dem Ursprung des radikal Bösen gefragt, so fand der Existentialismus das Böse in extremster Form als Entwertung jeder Ethik vor. Die
Folgen des 1. Weltkrieges mit Millionen Toten waren durch den 2. Weltkrieg
mit 50 Millionen Toten innerhalb von kaum mehr als 20 Jahren, noch grausam
überboten worden. Auschwitz hatte in einzigartiger Weise gezeigt, welche
Form des Völkermordes möglich sind, und Hiroshima hatte gezeigt, dass ein
Herr Truman 150 000 Menschen in vier Sekunden durch 1 Million Grad Hitze
zu Schatten auf den Wänden und auf den Straßen verwandeln konnte und das
alles bei bester Gesundheit, weil er gerade den 2. Weltkrieg gewonnen hatte.
Japan wurde dann bis Fukushima traumatisiert. In dieser Situation musste
sich der Existentialismus die ethische Frage stellen, welches die Grundlagen
für ein richtiges Leben für den Einzelnen und die Gesellschaft sein können,

nachdem klar war, dass Gott als ethische Autorität tot war. Es überrascht nicht, dass der alte Existentialismus von der Frage, ob es ein richtiges Leben im falschem gibt, völlig überfordert war. Für den Existentialismus wurde Ethik kaum ein Thema. Sartres Ethik erscheint gerade heute als Fragment aus dem Nachlass. Jaspers und Heidegger haben sich geweigert eine systematische Ethik zu schreiben. Sie fragten, wie ethische Normen im Leben des Ichs überhaupt Geltung gewinnen und wie das Ich in seiner konkreten Situation ethisch, d.h. richtig und gut, handeln kann. Søren Kierkegaard hatte 1844, 100 Jahre vorher, in seiner Schrift „Furcht und Zittern" darauf hingewiesen, dass der moralische Nihilismus christlichen Ursprungs ist. Die heilige Schrift ist in der Geschichte von der Sintflut, von Hiob, von Abraham und seinem Sohn Isaak ganz eindeutig. Das göttliche Tötungsverbot wird durch Gott selbst außer Kraft gesetzt. Der Glaube an den christlichen Gott ist paradox, weil er den Mordvorsatz von Abraham an Isaak in eine „heilige und Gott wohlgefällige Handlung zu verkehren mag" (W. Schröder: Moralischer Nihilismus, Stuttgart, 2005, S. 108). Für Kierkegaard war aber klar, dass der Gehorsam gegenüber Gottes Willen die Bereitschaft zum Mord einschließt. Diese Einsicht wurde über Jahrhunderte dadurch bestätigt, dass christliche Priester die Waffen segneten und alle Kriegsteilnehmer glaubten, im Auftrag Gottes einfach ohne Grenzen morden zu dürfen.

Ethik des falschen Lebens

Es waren Max Horkheimer und Theodor W. Adorno, die in ihrer „Dialektik der Aufklärung" (von 1944), die Moral des **Marquis de Sade** vorstellten. Sie waren der Meinung, angesichts von Auschwitz kann es Hinweise geben, was ein falsches Handeln im falschen Leben sein kann. Für Adorno und Horkheimer war der Marquis de Sade ein Hinweis für eine Ethik des radikalen Bösen. De Sade beginnt seine Ethik des Lustmordes mit der These: die Existenz Gottes ist eine Schimäre. Alles ist Materie. Alles Gute und Böse ist relativ. Deshalb ist alles erlaubt. Die höchste Lust ist der Rausch der Vernichtung von möglichst vielen Menschen, wie es der Faschismus und der Stalinismus dann auch systematisch organisierte, Gewissensbisse – völlige Fehlanzeige. In de Sades „Philosophie im Boudoir" wird die Idee des radikalen Bösen möglichst viele zu töten, zur Handlungsnorm. „Grausamkeit ist kein Laster, sondern der erste Instinkt, den die Natur uns eingeprägt hat ... wir alle kommen grausam zur Welt ... Grausamkeit ist die Antriebskraft des noch nicht von den Zivilisationen verfälschten Menschen." (Marquis de Sade: Philosophie im Boudoir, Gifkendorf, 1995, S. 124) Da die Natur als Triebkraft des Universums bisher Milliarden Menschen ganz natürlich ermordet, bedarf sie also der Morde. Selbst die völlige Zerstörung der Menschheit würde die Natur nicht kränken. „Man wäre nach der völligen Vernichtung der menschlichen Gattung sehr erstaunt, wenn man sehe, dass sich die Natur nicht ändert. Und dass sich der Lauf der Sterne deshalb nicht verzögert." (M. de Sade, a.a.O., S. 262f.) „Je mehr ein Volk also den Mord schätzt, umso freier ist es. Unendlich viele Nationen dulden den öffentlichen Mord. Kurz: Mord ist eine notwenige Gräueltat." (M. de Sade, a.a.O., S. 270) Der Himmel kümmert sich bei Mord „um keinen Arsch" (M. de Sade, a.a.O., S. 305). De Sade hatte die Ethik der Nazis vorgedacht.

Theodor W. Adorno hält die Kritik am Massenmord des 2.Weltkrieg für die einzig mögliche Ethik. „Die Soldaten wurden zu Schauspielern in einem Monsterdokumentarfilm." (T. W. Adorno: Minima Moralia, Frankfurt, 1964, S.64) Der Tod und der Mord wird so normal, wie der Tod der Moral. Das ganze faschistische und stalinistische System ist das „Unwahre". „Es gibt deshalb kein richtiges Leben im falschen." (T. W. Adorno, a.a.O., S. 42) Man lebt im Krieg mit der Bereitschaft alles Leben auszulöschen. Die Lüge ist universell. „Keiner glaubt mehr, alle wissen Bescheid." (T. W. Adorno, a.a.O., S. 28) Der Barbar wird ein neues Lebensideal. Die irdische Hölle wird das Himmelreich der Barbaren. In Deutschland leben viele Spießbürger ganz gelassen als blonde Bestien. Gut und Böse wird eine Frage von Arm und Reich. Das Kapital ist gut, die Armut ist böse. Die Technik der KZs „lief darauf hinaus, die Gefangen wie ihre Wächter zu machen, die Ermordeten zu Mördern." (T. W. Adorno, a.a.O., S. 130) In den KZs und im Gulag wurde lustlos gefoltert und gemordet. Statt der Moral der Vernunft herrschte der pure Wahnsinn. Alle Moral wurde zu Müll. Am Ende des 2.Weltkrieges, schreibt Adorno, werden die Menschen fortleben, wie Gespenster. Auch nach 1945 erweist sich Kants „kategorischer Imperativ" nur noch gültig für die Familie und Teile der Zivilgesellschaft. „Die Realität hat heute eine solche Übermacht, dass sie Wendigkeit, Beweglichkeit und Anpassung verlangt, wodurch das Handeln nach moralischen Grundsätzen unmöglich wird." (T. W. Adorno: Probleme der Moralphilosophie, Frankfurt, 1996, S. 84) Ein Banker, der heute nach dem kategorischen Imperativ handelt, würde ganz schnell bankrott machen. Ein Feldherr, der Kant im Tornister hat, würde den Atomkrieg glatt verlieren. Hieß das radikal Böse bei Kant noch egoistische Borniertheit, so heißt es heute Auschwitz oder Hiroshima, als Symbole für das Ende der Menschheit. Kants Pflichtenethik wurde die Pflicht zum Heldentod und zum Heldenmord. In dieser Situation, schrieb Adorno 1963, stört Moral nur noch die superschnellen Anlagen der Fonds, Anleihen und Wetten auf Lebensmittel. Es bleibt nur noch der Zynismus der Privatethik, die totale Anpassung an den Weltlauf ist, indem die Starken siegen, die Schwachen ermordet werden.

Ein Ethiker war im philosophischen Café mit Adornos These vom Müll der Ethik nach Auschwitz nicht zufrieden. Er sagte:
„Überall regt sich die Ethik. Überall gibt es Manifeste für anständiges Wirtschaften. Überall wacht die UNO über den Weltfrieden. Überall gilt der Atomwaffensperrvertrag. Überall gibt es Wächter der Apokalypse."

Ein Skeptiker fühlte sich provoziert durch diese Meinung. Er sagte:
„Sie reden sich die Welt schön. Sie sollten aber lieber Realist sein. Die Reichweiten von Ethiken sind sehr begrenzt. Ethisch denkt heute der, der über diese Begrenzung empört ist."

Eine Hausfrau sagte dann noch:
„Wir dürfen die Ethik nicht überfordern. Sie ist für jeden Einzelnen schon schwierig genug."

Das „Radikal Böse" als Planung der Vernichtung der Menschheit, ist die nackte Gewalt, die sich heute immer noch als „Schwert Gottes" ausgibt. Es gibt in der spätkapitalistischen Welt keine Ethik, außer der Kritik an ihrem Verschwinden. Moral besteht in der Suche nach einer Welt, in der Moral wieder real ist. 1966 bekannte Adorno: „Hitler hat den Menschen im Stande ihrer Unfreiheit einen neuen kategorischen Imperativ aufgezwungen: ihr Denken und Handeln so einzurichten, dass Auschwitz sich nicht wiederhole, nichts Ähnliches geschehe." (T. W. Adorno: Negative Dialektik, Frankfurt, 1966, S. 356) Alle andere Moral nach Auschwitz ist Müll, samt der dringlichen Kritik daran. Aber der Weltlauf ist noch nicht absolut zu Ende. Deshalb gilt nicht die Verzweiflung des moralischen Nihilismus, sondern die Hoffnung, die immer wieder zu einer neuen moralischen Welt aufbricht.

Ethik des richtigen Lebens

Ohne die Überlebenden des Holocausts gäbe es keine Ansätze einer Ethik des richtigen Lebens. Es war Hannah Arendt, die das absolut Böse als erste Philosophin im Umfeld des Existentialismus begriff. Sie erkannte in Auschwitz den Fakt, dass „durch menschliches Verhalten die Existenz der Menschheit als ganzes aufs Spiel gesetzt werden kann". Sie begriff, dass dies das moderne absolut Böse ist. „Und dass das Überleben der Welt und der menschlichen Spezies das höchste Gut sei." (H. Arendt: Über das Böse, München, 2006, S. 13) Schon Kant hatte mal lapidar festgestellt: „Wenn die Gerechtigkeit untergeht, hat es keinen Wert, dass Menschen auf Erden leben." (H. Arendt, a.a.O., S. 13) Hannah Arendt ist sich sicher: Auschwitz wird wieder passieren. Das Böse-Tun kennt keine Grenzen. Es stirbt erst mit der Menschheit. Aber es gibt immer Helden, die das staatlich sanktionierte Töten verweigern. Von 11 Millionen deutschen Soldaten waren es 100, die den Feinden das Leben schenkten, statt sie zu ermorden. Diese Helden haben sich in ihrem inneren Dialog ihres Gewissens für die Verweigerung des Mordens entschieden. Diese Helden waren meist vor dem Zusammenbruch der Moral sowieso nicht von der Objektivität der Moral überzeugt. Sie besaßen Vorbilder des Widerstandes gegen die A-Moral, wie z.b. Hiob, der Gott anklagt, weil er so böse ist. Solche Vorbilder sind „die Wegweiser allen moralischen Denkens" (H. Arendt, a.a.O., S.147). Die Helden und Heldinnen sagen: Ich kann nicht. Ich will lieber sterben, als töten. Diese Helden widerstehen der Banalität des Bösen.

Auschwitz musste „alle Theorien beiseite schieben, die nach Auschwitz den Namen einer Ethik beansprucht haben" schreibt auch Giorgio Agamben in „Was von Auschwitz bleibt" (Frankfurt, 2003, S. 59). Es war Daniel Jonah Goldhagen, der als Vorstufe einer Zerstörung der Welt, den Ursachen von Auschwitz in seinem Buch „Hitlers willige Verstrecker" (München, 1996) nachgegangen ist. Er stellte fest, schon im 19. Jahrhundert diskutierten viele Deutsche, wie man alle Juden ermorden könnte. Der Hitlerismus machte aus dem mörderischen Antisemitismus dann eine perverse Staatsmoral. Sie lautet: „Juden sind keine Menschen. Tiere kann man umbringen. Tiere jedoch, die die Welt bedrohen, muss man umbringen." In seinem zweiten Buch „Schlimmer als Krieg" (München, 2009) untersucht Goldhagen acht Massenmorde nach Auschwitz. Er stellt fest: „Massenmord beginnt in der Vorstellung der Menschen. Gern einmal träumen ... ganz gewöhnliche Leute, den Feind in ihrer Mitte ... auszumerzen und in einer Gesellschaft zu leben, die frei von menschlichen Schadstoffen ist." (D. J. Goldhagen: Schlimmer als Krieg, München, 2009, S. 515) Bei den acht Massenmorden nach Auschwitz (in Chinas Kulturrevolution, bei der Teilung Indiens, bei dem Massenmord an Kommunisten in Indonesien, bei der Ermordung der Indianer in Brasilien, bei den Massenmorden in Bangladesch, in Nigeria, in China durch die Japaner, bei den Massenmorden von Hutus an Tutsis) wurden 175 Millionen Menschen getötet. Als äußere Ursache gilt Armut, ökonomische Krise, asoziale Folgen der Deregulierung des Weltfinanzmarktes. Als innere Ursache gilt, dass der Staat den Mord rechtfertigt, Massentötungsinstitutionen schafft, Tötungsmethoden einüben lässt und fanatische Mörder organisiert. Goldhagen fordert, als Ethik des richtigen Lebens in der Gegenwart: Prävention, Intervention und Gerechtigkeit.

Prävention heißt: bessere Weltgesetze zur Verhinderung des Massenmords müssen erlassen werden.

Intervention heißt: Staaten greifen in Massenmordstaaten ein und zerstören das Regime.

Gerechtigkeit heißt: Massenmörder kommen vor einen Weltgerichtshof oder die Chefs von Völkermorden werden außergerichtlich liquidiert, wie z.b. Osama Bin Laden oder Gaddafi.

Eine Ethik nach Auschwitz hat es schwierig. Sehr schnell kehren Ideen wieder, die mit Massenmord Massenmord verhindern wollen. Krieg dem Krieg wird gefordert, statt radikalem Pazifismus. R. Zimmermann ist in seinem Buch: „Philosophie nach Auschwitz" (Reinbek, 2005) und „Moral als Macht" (Reinbek, 2008) sehr viel vorsichtiger. Er fordert als Ethik des richtigen Lebens: eine revolutionäre Moral, den Kampf für eine Gesellschaft, die wieder moralisch ist. Generationsübergreifend muss die revolutionäre Moral, die das Überleben der Gattung Mensch als höchstes Gut verteidigt und die kapitalistischen Mächte der Erdzerstörung bekämpft, die Kontinuität der permanenten Aufklärungen durchhalten. Sie muss Teil des Schulunterrichts, der Medien, der Abrüstung, des Trainings in Gewaltlosigkeit werden. Die revolutionäre Moral kritisiert die Moral der herrschenden Eliten, die durch die dauernde Produktion von Massenvernichtungswaffen nicht mehr nur die Existenz eines Volkes, sondern die Existenz aller Völker aufs Spiel setzt. Unstrittig ist: „Kernwaffen haben die Welt nicht sicherer gemacht und doch investieren wir immer weiter große Summen, Pläne und Rohstoffe in sie." (S. Cooke: Atom, Die Geschichte des nuklearen Irrtums, Köln, 2011, S. 481f.) In der Frage des Atomkrieges „können wir uns dabei nicht auf die Götter verlassen, sondern nur auf uns selbst. Er liegt in den schwachen Händen von uns Sterblichen." (S. Cooke, a.a.O., S. 509) Deshalb gilt: die universellen Menschenrechte müssen überall: in Industrie, Banken, Markt, Politik, Staaten und Familien – praktisch werden. Die Macht der Machtlosen, der Namenlosen, der Multitude wird die Wiederkehr sozial darwinistischer Sendungsmoral, die sagt: die Fremden sind Tiere und Tiere darf man ermorden, verhindern. Besonders in Deutschland – dem Exportweltmeister in mörderischer Sendungsmoral und Waffen – ist eine revolutionäre Moral im Sinne der Aufklärung erforderlich.

Dann ging das Café von Auschwitz nach Hiroshima. **Hiroshima** hat nach Auschwitz auch in die Philosophie der Ethik eingeschlagen. Als der US Präsident Truman vom Abwurf der Atombombe auf Hiroshima erfuhr, hat er vor Glück geweint. Für Günther Anders, der als Schüler Martin Heideggers dem Existentialismus nahe stand, ist aber mit Hiroshima der Sieg der Moral des Nihilismus

festzustellen. Die Herren der Bombe sind die Herren der Apokalypse, denkt
Günther Anders. Der Mensch ist zum Anhängsel der Atombombentechnik
geworden. Der Mensch leidet „an Apokalypse-Blindheit oder Apokalypse-
Gleichgültigkeit". (G. Anders: Die Antiquiertheit des Menschen, München,
1987, Band 1, S. 299ff.) Deshalb glaubt Anders, alle Ethiken sind in Hiroshima
mit der Bombe explodiert. Wenn Auschwitz 5 Millionen willige Verstrecker
brauchte, wurde Hiroshima durch eine achtköpfige Flugzeugbesatzung und
einen durchgeknallten Präsidenten möglich (L. Lütkehaus: Philosophie nach
Hiroshima, Frankfurt, 1992, S. 81ff.). Während Auschwitz ein harmloses
Museum ist, gibt es heute 30 000 mörderische Atombomben auf der Welt,
die neun Nationen gehören. Doch die Anti-Hiroshima-Ethik ist nur in kleinen
verleumdeten und belächelten Widerstandsgruppen des Friedens auf dem Weg.

Günther Anders fordert als Weltrettungsethik folgendes:
• Stelle dich der Atomkriegsindustrie in den Weg: Streike!
• Bekämpfe alle Atomkriegsvorbereitungen: Geh auf die Straße!
• Wähle alle Politiker ab, die den Atomkrieg nicht bekämpfen: Wähle!
• Das Drohen mit Atomwaffen muss verboten werden: Empöre dich!
• Das Atomwaffenrüstungsbudget muss bei allen Nationen gestrichen
  werden: Engagiere dich!

Jonathan Schell fordert: „Wir müssen aufstehen, um sämtliche Atomwaffen und ihre Herren vom Antlitz der Erde hinwegzufegen." (J. Schell: Das
Schicksal der Erde, München, 1982, S.261) Wenn der Aufstand einer revolutionären Ethik gegen die Herren der Apokalypse nicht gelingt, bleibt nur die
melancholische-nihilistische Ethik von Ullrich Horstmann. Sie heißt: „Lasst
uns alle Bomben zugleich zünden und die Not hat für immer ein Ende." (U.
Horstmann: Das Untier, Frankfurt, 1998, S.136) Statt einer Atombombe hat
2008 die **2. Weltwirtschaftskrise** eingeschlagen. Die Ethik des neuen Existentialismus sieht sich vor die Frage gestellt: Gibt es in einem Weltfinanzmarkt,
der alles bestimmt, ein richtiges Leben im falschen? Sie fragt: Wo bleibt die
Moral des großen Geldes? **Radikale Wirtschaftsliberale** verbieten sich solche
blöden Fragen. Moral stört nur die Wirtschaft, weil sie nichts mit Wirtschaft zu
tun hat, behaupten sie. Ökonomie ist ein System von Sachzwängen, bei dem
ethisches Handeln in Krisen nur zu Nachteilen für den Unternehmer führt.
„Es gibt Ökonomie und es gibt Ethik, aber es gibt keine Wirtschaftsethik",
sagen sie. Den Ökonomen fehlen die moralischen Kenntnisse, dem Ethiker die
ökonomischen Kenntnisse. Kein Wunder, dass es in der Wirtschaftsethik oft zu
Missverständnissen kommt. Ökonomie und Ethik sind eigenständige Bereiche,
die höchstens in Ethikkommissionen kooperieren können. Oder auch nicht!

Theoretiker der sozialen Marktwirtschaft fordern dagegen: Moral soll in Krisen die Wirtschaft leiten. Ökonomie und Ethik sind sich wechselseitig durchdringende und sich korrigierende Systeme. Es bedarf der Ethik, um Wirtschaftskrisen zu lösen. Ethik fordert bei der Krisenbewältigung von der Ökonomie Chancengerechtigkeit. Wirtschaft ist nur ein Teilbereich des Lebens und muss sich in Krisen der Ethik unterordnen. Ökonomie muss in Krisen einem humanen Leitbild folgen. Die Anwendung des Profitprinzips ist in Krisen immer nur im Rahmen ethischer Zielsetzungen erlaubt.

So geht der Streit hin und her, und die Folgen der 2. Weltwirtschaftskrise nähern sich den Folgen der 1. Weltwirtschaftskrise 1929. Die damaligen Folgen hießen bis 1949: Faschismus, 2. Weltkrieg, Hiroshima, Auschwitz, Kalter Krieg. Welche Folgen wird die 2. Weltwirtschaftskrise in 20 Jahren haben? Sicher keine moralisch akzeptablen! Denn der französische Philosoph André Comte – Sponville stell fest: In der kapitalistischen Ökonomie ist nichts moralisch. Der Kapitalismus ist total a-moralisch (A. Comte-Sponville: Kann Kapitalismus moralisch sein?, Zürich, 2009, S.209) Im ökonomischen Sektor kommt Geld zu Geld und nicht zu denen die Geld benötigen. „Ein Unternehmer hat keine Gefühle, keine Ethik, keine Liebe." (A. Comte-Sponville, a.a.O., S. 134) Da der Kapitalismus a-moralisch ist und der Staat meist auch, ist es die Aufgabe des Ichs moralisch zu sein. Aber das Ich, das die Liebe als höchsten Wert hat, ist gegen Staat und Kapital, die Macht und Geld als höchsten religiösen Wert pflegen, völlig unterlegen. Besonders Theologen sehen sich angesichts der ethischen Tragik des Ichs zur moralischen Unterstützung des Ichs aufgerufen. So fordert der katholische Bischoff Reinhard Marx aus München, der gerne mit seinem kommunistischen Namen spielt, in seinem Buch „Das Kapital" (München, 2008), dass „Banker und Spekulanten dereinst vor Gott Rechenschaft für das von ihnen begangene Unrecht werden ablegen müssen." (K. Marx: Das Kapital, München, 2008, S.141) Das ist starker Tobak!

Hans Küng, der Weltethiker, schreibt ein Manifest über „Globales Wirtschafts-ethos", das er in seinem Buch: „Anständig Wirtschaften. Warum Ökonomie Moral braucht" (München, 2010) veröffentlichte. Hier lesen wir: Der Staat soll die Wirtschaft moralisch machen. Aber diese Forderung kommt zu spät. Die Wirtschaft und die Banken zwingen den Staat gerade zur Abschaffung der Moral der sozialen Marktwirtschaft, trotz vieler Manifeste von Gutmenschen. Aber es gibt dennoch die Schaffung einer **solidarischen Ethik in der Revolte**. Die Revolte schafft neue Werte. Sie kämpft für nicht-egoistische Werte. Sie schafft auch Bewusstsein. „Lieber aufrecht sterben, als auf Knien leben.", sagte Albert Camus. Die Revolte zielt über das Egoistische hinaus. Sie schafft Gemeinschaft. Sie fördert die Identifizierung mit Anderen, die auch unterdrückt sind. Es entsteht Solidarität, aber auch Tatkraft und Mut eines Wir. Es geht in der Revolte um Achtung und Integrität. Revolte will das durchsetzen, was im Menschen stets verteidigt werden muss. Revolte kann sich nur auf den philosophischen Glauben stützen in einer entheiligten Gesellschaft. Revolte wird ein Abenteuer für alle. Das Übel, das erst einzelne erleben, wird nun zur kollektiven Erfahrung. Diese Erfahrung befreit das Individuum aus seiner Einsamkeit. Der erste ethische Wert ist die Erhaltung und Schonung aller Menschen. „Ich lehne mich auf, also sind Wir", sagt Camus (A. Camus: Der Mensch in der Revolte, Reinbek, 1953, S. 27) Auf der Basis der Ethik der Revolte, zeigt sich eine weitere Hoffnung der Weltrettungsethik, „die **solidarische Ökonomie**, die auf Geld, Ware, Markt und Profit verzichtet." Solidarische Ökonomie bietet ein richtiges Leben im falschen. „Die Ethik der solidarischen Ökonomie fordert: Solidarität, Vielfalt, Ausgewogenheit, Selbstverwaltung und Effizienz." (M. Albert: Parecon, Grafenau, 2006) Eine moralische Wirtschaft und eine Ethik der Weltrettung gibt es bisher nur außerhalb des Kapitalismus. Sie kennt nur einen ethischen Imperativ. Dieser lautet: „ Handle so, dass dein Handeln die Welt nicht zerstört." Dieser Imperativ gilt in Genossenschaften, die weltweit aber schon heute 800 Millionen Teilnehmer aufweisen. Die solidarische Ökonomie basiert auf Altruismus, nicht wie die Marktwirtschaft auf Egoismus. Die solidarische Ökonomie bezieht ihre Stärke aus der Schwäche des Neoliberalismus und aus seiner Unfähigkeit innerhalb seines ökonomischen Rahmens ein moralisches Leben in Frieden, Freiheit und Sicherheit zu leben. (E. Altvater: Das Ende des Kapitalismus, wie wir ihn kennen, Münster, 2006, S.209) Die solidarische Ökonomie wird entwickelt von den anonymen Helden, die der Kampf gegen die Monster des radikalen Bösen braucht, denn die Monster vermehren sich. Viele Helden mit einem starken Ich, viele neue Existentialisten werden für die Weltrettung gebraucht. Aber alles hat seine Zeit und am Ende wartet die Grube. Wie soll das starke Ich, das existentialistische Ich, mit dem individuellen Tod umgehen? Das war die nächste Frage im Café.

3. Der kleine oder der große Tod

„Erst in der Anstrengung zur Gewinnung des großen Todes
erhebt sich der Mensch von der Uneigentlichkeit
zur Eigentlichkeit seiner Existenz."
(O. F. Bollnow)

Beim Thema Tod war das philosophische Café immer gut besucht. Natürlich kamen die Nah-Tod-Erfahrungen schnell zur Sprache. Dabei wurde darüber diskutiert, ob diese Erfahrungen die transmortale Existenz der Seele beweist. Es schien nicht zu stimmen, dass der Tod ein Tabu in unserer Gesellschaft ist. Ein Pfarrer sagte: „Es gibt viele Menschen, die lange vor ihrem Sterben ihren Tod schon akzeptiert haben." Aber gerade der Pfarrer wurde von vielen Teilnehmern des philosophischen Cafés bestürmt. Man fragte: „Haben Sie denn Trostbilder gegen den Tod?" Er bejahte und wies auf Hölderlin hin. Diese haben den Tod, als Rückkehr ins All bezeichnet. „Das ist der Gipfel der Freude, das ist die heilige Berghöhe, der Ort der ewigen Ruhe." Ein Student der Philosophie ergänzte. „Für mich ist die Todesstunde die Geburt zur Ewigkeit. Denn das Universum ist Leben und wird mich nach dem Tod im ewigen Strom des Lebens aufnehmen." Ein Mystiker rief den alten Satz in Erinnerung: „Wer stirbt, ehe er stirbt, stirbt nicht, wenn er stirbt." Ein anderer Student wies auf das „Tibetanische Totenbuch" hin. „Am Ende des Sterbeprozesses kann ein klares Licht erscheinen, das vom Jenseits von Subjekt und Objekt stammt, wo es weder Leben noch Tod gibt." Eine Hausfrau sagte: „Nicht der Tod ist schlimm, sondern, die Gedanken, die wir uns über ihn machen." Ein Esoteriker meinte: „Wenn die Seele ewig wiederkehrt, verliert der einzelne Tod an Bedeutung." Ein Großstadtmagiker gab zu bedenken: „Wenn das Leben viel schlimmer als der Tod ist, brauchen wir den Tod doch nicht fürchten." Ein Metaphysiker wandte ein: „Immer daran denken: im Sein ist kein Platz für den Tod. Das Sein ist wie eine Kugel. Sein Mittelpunkt ist überall und die Kugel hat keine Grenzen." Da schaltete der Pfarrer sich wieder ein und sagte: „Es gibt doch den Glauben. Der Weltuntergang rettet die Gerechten. Er tötet die Ungerechten. Zu diesen wollen Sie doch sicherlich nicht gehören." Ein grüner Fundamentalist meinte: „Die Kraft der Erde ist zu fördern, durch Beschränkung der Naturzerstörung. Alle Dienste an der Atombombe sind zu verweigern. So stirbt der Einzelne groß, weil er sich für die größte Sache: die Existenz der Erde eingesetzt hat." Ein Kantianer wandte ein: „Der Blick auf den bestirnten Himmel über mir, vernichtet doch jeden Hochmut des Ichs. Denn ich muss im Tod meine Materie der Erde wiedergeben. Aber ich weiß auch, dass die kosmische Kraft, die die Erde geschaffen hat, noch unendlich viele Erden schaffen wird." Damit wurde deutlich, der Kampf um den Erhalt der Erde ist völlig im Sinn des Kosmos, der niemals das Projekt Erde aufgibt, auch wenn der Kosmos beim Verlust der alten eine neue Erde schaffen muss. Damit waren viele Anregungen zum Philosophieren über den Tod gegeben, die im philosophischen Café über 14 Sitzungen lang intensiv vertieft wurden. Der weitere Verlauf des Cafés stellte einige existentialistische Erkenntnisse über den kleinen und den großen Tod zur Diskussion.

Sofort stand im Café fest: der eigene Tod kann niemals Gegenstand der eigenen Erfahrungen werden. Den Tod hätte nur der erfahren, der gestorben wäre und dennoch lebte, um über die Todeserfahrung zu berichten und zu erklären. Der Tod besitzt somit keine anschauliche, empirische Qualität. Die Leiche sagt überhaupt nichts. Sie schweigt. Das Wesen des Todes besteht darin, dass sich sein erfahrbares Wesen, wie das Wesen des Geburt, entzieht. Die Sonne und den Tod kann man nicht direkt anschauen. Trotzdem schreibt der Existentialismus über den Tod des Einzelnen und der Gattung. Denn der Tod ist die Quelle aller Angst. „Die Angst ist notwendig, um den Menschen aus dem Gleichmäßigen seines gedankenlosen, alltäglichen Dahinlebens aufzuscheuchen" (O. F. Bollnow: Existenzphilosophie, Köln, 1978, S. 69). Søren Kierkegaard lobt sogar die rechtzeitige Angst vor dem Tod: „Wer Angst zu haben gelernt hat, kann wie im Tanz dahingehen, wenn die Ängste der Endlichkeit aufbrechen und die Lehrlinge der Ewigkeit, Verstand und Mut, verlieren." (S. Kierkegaard: Werke, Düsseldorf, 1955, Band V, S. 62)
    Von dem Dichter Rainer Maria Rilke (1875-1926) stammt die existentialistische Unterscheidung des kleinen und des großen Todes. Der kleine Tod ist Massenware. Er wird am Fließband in den Krankenhäusern und Hospizen produziert. „Jetzt wird in 559 Betten gestorben. Natürlich fabrikmäßig … Die Masse macht es. Der Wunsch, einen eigenen Tod zu haben, wird immer seltener." (R. M. Rilke: Die Aufzeichnungen des Malte Laurids Brigge, Frankfurt, 1987, S. 322) Der kleine Tod basiert auf der Verdrängung des großen Todes. Der Tod ist in unserer Gesellschaft des Jugendwahnes scheinbar doch ein Tabu.

Ein Besucher des philosophischen Cafés drückte die Verdrängung des Todes so aus:

> *„Vor unserer Geburt war nichts.*
> *Nach unserer Geburt ist nichts.*
> *Warum fürchten wir uns?*
> *Weil wir es vielleicht versäumt haben,*
> *eine bessere Lösung zu finden?"*

Der **kleine Tod** produziert ganz natürlich eine Leiche, die entschlief, verschied, für immer von uns gegangen ist, plötzlich und unerwartet, eine große Lücke gerissen hat und immer erinnert wird. Im kleinen Tod wird eine Naturgewalt gesehen. Jeder Mensch muss sterben, so wie jedem Frühling der Herbst folgt. Man verschwindet im Abgrund. Das ist alles. Der Rest ist Schweigen. Ruhe in Frieden! Der große Tod ist bei Rilke dagegen in einem Leben präsent, das sich ständig steigert, die Welt überschreitet, sich für das Ganze der Welt engagiert.

> *„Denn wir sind nur die Schale und das Blatt.*
> *Der große Tod, den jeder in sich hat,*
> *das ist die Furcht, um die sich alles dreht!"*
> *(R. M. Rilke: Gedichte, Frankfurt, 1987, S. 293)*

Der **große Tod** kann in der Trauer erlebt werden um den Verluste eines großen Menschen. Der Verstorbene begegnet dem Leben im großen Traum und im großen Tagtraum. Davon berichtet Ernst Bloch nach dem Tod seiner ersten Frau Else von Stritzk. „Ich gehe umher, wie ein alter Mann, träum mich in den Tod hinein, bin unaufhörlich vom Tod, von Gesprächen mit ihr umleuchtet: es brausen die Wasser, die Feuerströme meiner Philosophie" (E. Bloch: Ergänzungsband zur Gesamtausgabe. Tendenz – Latenz – Utopie, Frankfurt, 1978, S. 46). Der große Tod ist dionysische Ekstase: die dionysische Ekstase bedeutet vor allem die Überschreitung des menschlichen Endes. In der Ekstase wird so etwas spürbar, wie die Unsterblichkeit der Erde, wie Sein als Utopie.

So berichtet schon ein Teilnehmer der eleusinischen Mysterien in der Antike von der Erfahrung des großen Todes:

> *„Ich durchschritt die Pforten des Todes,*
> *betrat die Schwelle der Proserpina,*
> *und nachdem ich durch alle Elemente gedrungen war,*
> *sah ich in der Mitte der Nacht*
> *die Sonne in ihrem hellsten Schein."*

Das Café staunte. Über den kleinen Tod gibt es viele Einsichten. Der österreichische Philosoph Ludwig Wittgenstein (1889-1951) stellte einmal fest: „Der Tod ist kein Ereignis des Lebens. Den Tod erlebt man nicht" (L. Wittgenstein: Tractatus Logico-Philosophicus, Frankfurt, 1963, S. 113). Der kleine Tod bleibt scheinbar ein Rätsel: „Wird denn dadurch ein Rätsel gelöst, dass ich ewig fortlebe?" (L. Wittgenstein, a.a.O., S. 113) Die Lösung des Rätsels des Todes „in Raum und Zeit liegt außerhalb von Raum und Zeit." (L. Wittgenstein, a.a.O., S. 113) Das Rätsel des Todes gibt es gar nicht. „Wenn sich eine Frage zum Tod stellen ließe, so könnte sie auch beantwortet werden" (L. Wittgenstein, a.a.O., S. 114).

Wovon man nicht sprechen kann; darüber muss man schweigen, sagt Wittgenstein und verordnet das Schweigen auch über den kleinen Tod. Diesem verordneten Schweigen sind natürlich nicht viele Philosophen gefolgt. Viele haben sich lange vor Wittgenstein so ihre Gedanken über den Tod gemacht.

Seneca, der römische Philosoph, wies darauf hin: „Täglich sterben wir, jeder Tag rückt den Tod näher, jeden Tag gehen wir den Todesweg, der Tod kommt nur einmal. Wir sterben nur einmal. Wenn wir sterben, ist es das letzte Mal" (Seneca: Briefe an Lucilius, Reinbek. 1965, Band 2, S. 62). Seneca riet: „Denke stets an den Tod, um ihn nie zu fürchten. Der Sterbetag ist auch der Geburtstag für die Ewigkeit. Der sollte gefeiert und nicht betrauert werden. Denn alles Körperliche st wie ein Fluss. Die Seele ist nur ein Traum Das Leben ist ein Kampf, ein Verweilen in der Fremde. Der Nachruf ist Vergessenheit." So unterstützte der Stoiker Marc Aurel, der römische Kaiser, auch Seneca, den reichsten Mann im antiken Rom (vgl. M. Aurel: Selbstbetrachtungen, Leipzig, 1910, Kapitel VI, Nr. 13). Wenn die Gewinne des Lebens gering sind, dann können die Verluste durch den Tod auch nicht so groß sin. Es könnte sein, dass jedermann stirbt, wie wenn er eben erst geboren wäre.

Über die Zeiten hinweg antwortet Michel de Montaigne (1532–1592): „Es ist gleich sinnlos zu weinen, weil wir in 100 Jahren nicht mehr leben werden, wie darüber zu weinen, dass wir vor 100 Jahren noch nicht am Leben waren" (M. d. Montaigne: Die Essays, Stuttgart, 1996, S. 59). Wie man gelebt hat, so wird man auch sterben. Wer ruhig gelebt hat, wir auch ruhig sterben. Das Nichts vor der Geburt ist doch nicht schlimmer, als das Nichts nach dem Tod.

Der Zeitgenosse Emile M. Cioran (1919–1996) setzte ganz auf eine rücklaufende Todesmeditation: das Rücklaufen in den Gedanken vor die eigene Geburt. Nicht geboren zu werden, war für Cioran, nach vielen Rückläufen vor die Geburt, das Beste, aber er wusste, dass leider keiner sich dessen rühmen kann, Man sollte die Geburt als Niederlage betrachten, dann wird die menschliche Existenz erträglicher. Denken Sie an den Fötus, der Sie waren. „Schon der Gedanke daran – welches Glück, welche Freiheit, welche Weite" (E. M. Cioran: Vom Nachteil geboren zu werden, Frankfurt, 1979, S. 22). Noch besser als die Fötus-Meditation, ist die Meditation, vor den Menschen gelebt zu haben: "Wäre man doch vor dem Menschen geboren." (E. M. Cioran, a.a.O., S. 45) Wer vor seine Geburt zurückläuft, schreibt Cioran, stößt auf die Gipfelerfahrung, auf ein großes Licht. „Diese Spur von Licht in jedem von uns, die vom Jenseits vor unserer Geburt herrührt, vom jenseits aller Geburten, sie gilt es zu bewahren, wenn wir uns mit jener fernen Klarheit wieder verbinden wollen, von der wir nie wissen, wodurch wir von ihr getrennt wurden" (E. M. Cioran, a.a.O., S. 125). Erleben Sie das, dann ist es Ihnen, als flögen Sie auf einen Gipfel außerhalb des Universums. Dann erleben Sie, dass der Tod der Tod des Todes ist. Damit endet dann der kleine Tod, wenn wir hierüber überhaupt etwas sagen dürfen – angesichts des strengen Herrn Wittgenstein.

Über den großen Tod ist der Existentialismus heillos zerstritten, obwohl schon der deutsche Philosoph J. G. Fichte (1762–1814) die Einsicht in die Unsterblichkeit des Ichs im großen Tod angemahnt hatte. Fichte hatte festgestellt: „Wenn unter den Millionen Sonnen, die über meinem Haupt leuchten, die jüngst Geborene ihren letzten Lichtfunken längst ausgeströmt hat, dann werde ich noch unversehrt und unverwandelt der selbe sein, der ich jetzt bin" (J. G. Fichte: Werke, Berlin, 1845, Band V, S. 237). Der Tod ist für Fichte der Eingang des endlichen Ichs in die ewige Idee der Menschheit, die keineswegs an die Erde gebunden ist, sondern auch auf anderen Galaxien sich realisieren kann, konnte oder wird. Nach dem Tod „lebe ich, bin ich, bin ich unveränderlich, fest und vollendet für alle Ewigkeit: denn dieses Sein ist kein von außen angeborenes, es ist mein eigenes, wahres Sein und Wesen" (J. G. Fichte: Die Bestimmung des Menschen, Stuttgart, 1993, S. 191f.). Auch Arthur Schopenhauers Todesmeditation hätte den Existentialisten über den großen Tod zu denken geben müssen. Schopenhauer hielt die Welt für ein Werk des unsterblichen Willens und der vergänglichen Vorstellung des Ichs von ihr. Das bewusste Ich ist vergänglich. Das unbewusste Ich ist aber als Teilnehmer des unbewussten Willens, der sich ewig will, unvergänglich. Im Tod verschwindet die Welt als Erscheinung, hingegen der Kern des Ichs, der als Wille jede Vorstellung von der Welt produziert hat, beharrt. Der unbewusste Wille im Ich überlebt das Ich. Der Tod ist die Gelegenheit nicht mehr bewusstes Ich zu sein, wohl aber wird das unbewussten Ich Teil des ewigen Willens, es sei denn, es hat sich schon zu Lebzeiten vom Willen zu leben getrennt und ist ins Nirwana gelangt. Ins Nirwana gelangt das unbewusste Ich für Schopenhauer durch Askese, Liebe, Meditation und Kunstgenuss. Der achtfache Pfad des Buddha ist hier europäisiert. Da staunte wieder so mancher im Café.

Es war dann Friedrich Nietzsche, der die Idee des großen Tod im Existentialismus deutlich umriss. Nietzsche ging vom ewigen Willen Schopenhauers aus, der die Welt will. Er entwickelte dann aber die kosmologische Lehre von der ewigen Wiederkehr aller Dinge. Ewig läuft das Rad des Seins. Alles stirbt, aber alles blüht wieder auf. Das Wesen der Welt ist dionysisch. Dionysos ist der griechische Gott, der tanzt, stirbt und wieder aufersteht. Wenn die Welt sich ewig erneuert, müssen wir dann nicht auch ewig wiederkommen, fragt Nietzsches „Zarathustra". Jeder kann also sagen: „Ich komme wieder zu diesem gleichen und selben Leben. Im größten und auch kleinsten" (F. Nietzsche: Werke in drei Bänden, München, Band 2, S. 467). Das verbleibende Leben

muss sich also zum größten Leben machen, damit der größte Tod beim nächsten
Leben wieder ganz groß wird. „Man soll aus seinem Tod ein Fest machen.
Und sei es nur aus Bosheit gegen das Leben ... gegen dieses Weib, das uns
verlassen will" (F. Nietzsche, a.a.O., S. 498). Das Sterben ist ein Fest, denn
die Wiedergeburt passiert schnell. „Der Tod ist schnell wie ein Blitzschlag
vorbei, wenn es auch lebende Geschöpfe nach Jahrbillionen messen könnten"
(F. Nietzsche, a.a.O., S. 498). Den Tod sollte man, nach Nietzsche, mit den
Worten begrüßen: „War das das Leben? Wohlan! Noch einmal" (F. Nietzsche,
a.a.O., S. 498). Nach Nietzsche kommt das Ich wieder, nicht zu einem neuen
oder besseren oder ähnlichen Leben, sondern zu diesem gleichen und selbigen
Leben. Das hat dann den Willen zur Macht als starkes Ich völlig ausgelebt.

Jean Paul Sartre (1905–1980), als Haupt des französischen Existentialismus,
hält den Tod für das Absurde und macht ihn möglichst klein. „Man hat uns oft
gesagt, wir befinden uns in der Situation eines Verurteilten unter Verurteilten,
der den Tag der Hinrichtung nicht kennt, aber sieht, wie täglich Mitgefangene
hingerichtet werden. Das stimmt nicht ganz. Man müsste uns eher mit dem
zum Tode Verurteilten vergleichen, der sich tapfer auf die Hinrichtung vor-
bereitet, alle Sorgfalt darauf verwendet, auf dem Schafott eine gute Figur zu
machen und unterdessen von einer Grippeepidemie dahingerafft wird" (J. P.
Sartre: Das Sein und das Nichts, Reinbek, 1995, S. 917). Es ist also absurd,
dass wir geboren werden, es ist absurd, dass wir sterben. Der Tod kommt
von außerhalb der Gesellschaft und aus der Natur und schleudert uns aus der
Gesellschaft in die Natur. „Im Grunde unterscheidet sich der Tod in keiner
Weise von der Geburt" (J. P. Sartre, a.a.O., S. 937). Der Tod ist für die eigene
Lebenserfüllung bei Sartre ohne jede Bedeutung. Wenn wir sterben, hat unser
Leben keinen Sinn, weil seine Probleme ungelöst bleiben. Man muss endlich
aufhören, sagt Sartre, den Tod als Luke zum „Absoluten" zu betrachten. Der
Tod enthüllt uns nur unsere Endlichkeit und sonst nichts. Kleiner kann man
den Tod nicht machen. Im Café diskutierten wir deshalb Albert Camus.

Albert Camus (1913-1960), Sartres Antipode, erkennt im Tod auch das Absurde. Aber er entwickelt das Gegenteil vom fatalistischen Sartre. Für Camus
ist das Leben so absurd wie der Tod. Da der Mensch aber auch angesichts des
absurden Lebens seinem Leben einen Sinn geben kann, muss er in ständiger
Revolte gegen den Tod kämpfen, um ihm einen Sinn zu verleihen, obwohl
schließlich jeder Sinn getötet wird. Der Tod befreit den Menschen nämlich
in seinem Leben von allen Fesseln. Der Tod ist letztlich verächtlich. „Was
zuletzt kommt, das Ende, erwartet aber nie gewünscht, das endgültige Letzte
ist verächtlich" (A. Camus: Der Mythos von Sisyphos, Reinbek, 1959, S. 67).
Camus liebt die Menschen, die einen großen Tod als Gipfelerfahrung anstreben,

in dem sie den Tod herausfordern. „Der letzte Fürst der Stadt Padua, das von
der Pest entvölkert und von den Venezianern belagert wurde, lief brüllend
durch die Säle seines verödeten Palastes: er rief den Teufel an und forderte
von ihm den Tod. Das war seine Art den Tod zu überwinden." (A. Camus
a.a.O., S. 76) Der Held des Absurden, der den großen Tod sucht, sagt: „Ja,
ohne Schatten gibt es kein Licht, man muss auch die Nacht kennenlernen.
Der absurde Mensch sagt Ja zur Nacht und sein Mühsal hat kein Ende mehr"
(A. Camus a.a.O., S. 101). Aber in der Mühsal des Kampfes gegen den Tod
ist der absurde Mensch glücklich. Er kämpft nämlich um den großen Tod für
eine große Sache. Wie den deutschen Existentialisten ist der große Tod für die
französischen Existentialsten ein wichtiges Thema. Karl Jaspers (1883–1969)
weiß, als Existenzphilosoph, dass sich die Sterblichkeit des Menschen leicht
beweisen lässt. Aber die Idee des großen Todes gibt ihm Kraft: „Es graut mir
vor dem Tode als dem Nichts; wenn ich aber als Existenz im Aufschwung
des ewigen Seins gewiss bin, kann ich vom endlichen Leben absehen, ohne
vor dem Nichts zu erstarren" (K. Jaspers: Philosophie, Berlin, 1956, Band III,
S. 92 f.). Für Jaspers wird in der Nah-Todeserfahrung, in Grenzsituationen als
Gipfel des Lebens, das ewige Leben sichtbar. Ein Ausblick über die Todes-
grenze auf das Sein ergibt sich für Jaspers aber nicht. Der große Tod bleibt
aber gespannt auf das Sein, das ist, aber nicht zu denken ist. Der große Tod
scheitert im Tod an Nichts. Aber in der Erfahrung des Nichts wird deutlich,
was trotz allen verschwindenden Weltseins doch eigentlich unaussprechlich
ist. Die Verzweiflung über den Tod weist das Ich schon über die Welt hinaus.
Karl Jaspers hatte eine „Luke", die Jean Paul Sartre strikt ablehnte. Diese
„Luke" ist für Jaspers eine große Hilfe gegen den Gattungstod. Angesichts
der Atombombe „besteht die Gefahr des Untergangs der Menschen" (K.
Jaspers: Die Atombombe und die Zukunft des Menschen, München, 1958,
S. 20). Die Benutzung des „Luke" eröffnet Jaspers die Einsicht: „Wenn die
Wissenschaft die Gattung in Gefahr gebracht hat, wird sie auch die Rettung
bringen" (K. Jaspers a.a.O., S. 277). Der Einsatz für eine Wissenschaft der
Weltrettung kann ein Leben mit Tod sinnvoll machen und einen großen Tod
anvisieren. Natürlich will Heidegger Jaspers überbieten. Das hatten viele im
Café schon erwartet.

Martin Heidegger (1889–1976) gilt als Papst der existentiellen Todesphilosophie. Der Tod ist für ihn durch den „Vorlauf zum Tode" durchaus erfahrbar.
(M. Heidegger: Sein und Zeit, Tübingen, 1969, S. 262) Im Vorlauf zum un-
bestimmten aber gewissen Tod öffnet sich das Leben für die Angst vor dem
Nichts. Die Erfahrung des Nichts verhilft aber zur Freiheit der Existenz. Denn
die Konfrontation mit dem Nichts führt zur Lichtung des Seins: „Der Tod ist
als Schrein des Nichts das Gebirg des Seins … Die Sterblichen sind, die sie

sind, wesend im Gebirg des Seins. Sie sind das Verhältnis zum Sein als Sein" (M. Heidegger: Vorträge und Aufsätze, Pfullingen, 1954, S. 177). Das könnte heißen: im Vorlauf zum Tod erfährt der Mensch in der Angst das Nichts und erkennt, dass es nicht nur viele Dinge gibt, die er im Tod verliert, sondern auch, dass Existenz ein Gewinn als Differenz zu allen Dingen ist, die dann im Tod bleibt. Aus dem Platzhalter des Nichts wird Existenz so zum „Hüter des Seins" (M. Heidegger: Was ist Metaphysik?, Frankfurt, 1960, S.41) Als Hüter des Seins wird die Existenz groß. Als Wächter des Apokalypse stirbt die Existenz gegen das atomare Nichts einen großen Tod.

Im philosophischen Café haben wir erfahren: Die höchste Form der Bewältigung der Todesangst gelingt angesichts der Grenzen der Erkenntnis und der philosophischen Sprache im Gedicht. Die Idee der Erlösung von der Todesangst, nicht vom Tode, durch das Gedicht rückte im Café immer mehr in den Mittelpunkt der existentialistischen Todesphilosophie. So entstand folgendes Gedicht vom **kleinen Tod:**

Das Verschwinden des Todes
„Vom Tod wird in der Hölle geschwiegen.
Vom Tod wird in der Zeitung gelogen.
Vom Tod wird in der Philosophie nur gedacht.
Vom Tod wissen wir, letztlich,
wenig."

Eine Definition des kleinen Todes versuchte folgendes Gedicht eines Teilnehmers:

Definition
„Der Tod ist nur ein Mantel, den wir
weggeben, am Ende der Reise.
Der Tod ist nur ein Arzt für unsere letzte Krankheit.
Der Tod ist nur ein Predigen jenseits der Wüste.
Der Tod ist nur ein Heiliger ohne Kloster.
Der Tod ist nur ein Pfahl in unserem Fleisch.
Der Tod ist ein Licht am Ende unseres Menschentunnels."

Über den **großen Tod** als Gipfelerfahrung wurden folgende Gedichte im Café geschrieben und vorgelesen:

Geschichte der Erde
„Die Erde war rund
und rollte durchs Universum.
Sie war auf Besuch in fremden Galaxien.
Sie bekam Leben, Wasser und Luft.
Auf ihr tanzten Menschen, ehe sie groß starben.
Und was bleibt nach 10 Milliarden Jahren
von ihr erhalten?
Ein Lächeln im Sternenbild des Orion."

Der große Tod wird im „großen Buch" stehen, sagt folgendes Gedicht aus dem Café:

Das große Buch
„Die Erde, auf der ich lebte,
gibt es nicht mehr.
Die Sonne, die uns wärmte, hat sich aufgelöst.
Die Sternennebel, die wir durchfuhren,
fielen ins schwarze Loch.
Meiner erinnert sich keiner.
Aber im Buch des Universums steht noch
auf der 100-billionsten Seite
mein Vorname."

Der große Tod wurde auch in den zwei folgenden Gedichten im Café beschworen:

Das Ende der Nacht
„Wenn auch die Sonne stirbt,
die Planeten erstarren,
die Sterne im Weltraum erlöschen,
die Milchstraßen weiterziehen im Sternenstaub,
bleibt doch die Nacht.
Und am Ende der Nacht,
ob ihr's glaubt oder nicht,
geht die Sonne neu auf."

Auf großer Fahrt
„Wir fliegen mit großer Geschwindigkeit
durch die Galaxis.
Wir tauchen aus dem Licht des Tages
in die Dunkelheit der Nacht.
Wir sehen die Wolken am Himmel
und den Regen am Abend.
Wir denken mit Heidegger,
dass das Sein etwas bedeutet.
Und die Erde hat ein ganz gelöstes Gesicht,
wenn sie als Seifenblase im All verschwindet.“

Wenn man den Tod als „Vorlauf vor die Geburt" entlastet und dort in Musik aufgehen lässt, dann ist der antike Sänger Orpheus unser Führer zum großen Sterben. „Wie Orpheus weiß ich auf der Seite des Todes das Leben" (I. Bachmann).

Zwei Teilnehmer im philosophischen Café schrieben deshalb folgende Gedichte über Orpheus als Sterbehelfer. Denn es war klar: Das Sein göttert, und Orpheus erscheint oft als Stimme des Seins.

Der **Lehrer O.**, Stammgast im Café, geschieden, keine Kinder, schrieb:

Wenn
„Wenn alles zerfällt
Orpheus Lied vom Rande der Welt.
Wenn alles bricht,
Orpheus im Dunkel voller Licht.
Am Schluss, wenn alles schweigt,
Orpheus aus der Tiefe steigt.
Wenn schließlich alles fällt ins Nichts,
ersteht Orpheus Jenseits des Lichts.
Höre nur, wenn alles zerfällt,
Orpheus Lied vom Jenseits der Welt.“

Übung: Schreiben Sie auch mal ein „Wenn-Gedicht" auf Orpheus.

Eine Kauffrau, 28 Jahre, verheiratet, 3 Kinder, gab folgende Definition von
Orpheus:

Definition

„Orpheus, das ist Phantasie,
du hast sie oder erlebst sie nie.
Orpheus, das ist der Gesang,
der in Träumen singt
Einen Augenblick lang.
Orpheus, das ist die Rückkehr zuletzt,
wenn alles am Leben sich völlig zersetzt.
Orpheus ist Rosenwasser und Asphodelenduft,
Orpheus, das ist der Hasser jeder Gruft.
Orpheus, ist ein Ruf aus unbekanntem Licht,
er wird ganz Stimme im letzten Gedicht."

**Übung: Schreiben Sie mal eine gereimte „Zwei-Zeilen-Definition" auf
Orpheus, mehrmals.**

Der Existentialismus stellt, trotz seiner Streitereien über den kleinen und den
großen Tod, letztlich fest: Entscheide dich für den kleinen oder den großen
Tod und dein Leben wir klein oder groß werden. Dein Leben wird klein wie
dein Tod, wenn du nur für dich gelebt hast. Dein Leben wird groß, wie dein
Tod, wenn du für den Erhalt und die Rettung der Erde gelebt hast, die dich
lange überlebt in der Sternenflut. Der Existentialismus sagt auch: Schreibe
Poesie gegen den Gattungstod und du wirst in der Anti-Atombombenbewegung
ein richtiger Alltagsheld. Die Welt ist nur durch Liebe zu retten, sagen die
Heiligen ohne Gott. Doch wie ist es, fragte man im Café, mit der Liebe in
der absurden Welt bestellt?

4. Die dunkle oder die helle Seite der Liebe

„Die Frau kann der patriarchalischen Liebe entfliehen
als Prostituierte, Narzisstin, Lesbierin, Mystikerin
oder emanzipierte Frau."
(Simone de Beauvoir)

Zum Thema Liebe kamen mehr Frauen ins philosophische Café, als sonst üblich. Die erste Frage, die gestellt wurde, lautete: „Weshalb gibt es so vielen schlechten Sex? Wieso gibt es so viel Gewalt statt Sex?" Viele Antworten deuteten in eine Richtung: „Die Männer haben es oft eilig. Das wirkt oft wie Gewalt. Männer und Frauen sind sehr unterschiedlich. Das liegt daran, dass der Mann seit 1,5 Millionen Jahren nur jagt und die Frau die ganze Zeit nur gesammelt hat." Aber es wurde auch widersprochen. Eine Frau erzählte von einer intensiven Begegnung mit einem Sexualmagier: „Er kam in den geheimen Stunden der Nacht unerwartet zu mir und fordert mich zu intensiven Atemübungen auf, die sehr schnell in meinem Körper eine feurige Energie erzeugten. Während er mich dann sehr langsam und bewusst liebte, wies er mich an, diese feurige Energie in den Bereich des Herzens zu lenken. Nach einiger Zeit hatte ich intensive Visionen. Ich saß in einer Höhle in seliger Wonne versunken für lange Zeit. Es war sehr befriedigend." Eine Studentin war durch diese kleine Geschichte so angeregt, dass sie sagte: „Guter Sex ist, wie wenn man wie ein Segelflugzeug still durch die Weiten des Himmels gleitet." Eine Sexualpädagogin widersprach ihr heftig: „Der Weg ins Licht führt oft durch die Nacht des Todes. Im sexuellen Orgasmus können auch spirituelle Krisen, kleine Anfälle von Verwirrung ausgelöst werden." „Viele Lieben enden oft in Gewalt", sagte eine Frau, „Denken Sie nur an die vielen Sadisten und Masochisten weiblichen und männlichen Geschlechts, die im Internet auf Partnersuche unterwegs sind. Man kann sich gar nicht vorstellen, wie viel Gewalt tagtäglich höchste Lust bereitet." Jeder Liebende ist aufgefordert gegen Gewalt in der Liebe Widerstand zu leisten, das war die Meinung vieler. Das philosophische Café erarbeitete dann folgende Ergebnisse über die dunkle und die helle Seite der Liebe, über die der alte Existentialismus meistens schweigt.

Das Café war sich schnell einig: der Mensch ist Teil der Natur und doch kann er die Natur übersteigen. Die menschliche Existenz ist durch den fundamentalen Widerspruch zur Natur geprägt. Aus den Widersprüchen der Natur stammt dann eine ganze Reihe weiterer Widersprüche, wie wir schon gesehen haben. Der Widerspruch von Leben und Tod ist nie auflösbar. Der Widerspruch zwischen der Entfaltungsmöglichkeit des Ichs und der Kürze des Lebens ist nicht zu überwinden. Aus diesen Widersprüchen entstehen dann auch die geschichtlichen Widersprüche z.b. der Widerspruch zwischen Reichtum und Armut, zwischen dem entwickelten Norden der Welt und dem verarmten Süden. In den Gefühlen des Menschen zeigt sich die Dichotomie des Unbewussten. Das Unbewusste wird vom Lebenstrieb und vom Todestrieb beherrscht. Eros und Thanatos kämpfen um die Herrschaft im Ich. Da ist es kein Wunder, dass die Liebe als besondere Fähigkeit des Ichs eine dunkle und eine helle Seite hat – einen Abgrund und einen Gipfel. Die Liebe könnte ich als Liebe zum Abgrund erfahren in der Destruktion, im Sadismus, im Masochismus, in der Liebe zum Toten. Sie kann auch als Liebe in Gipfelerfahrungen, als Liebe zum Leben, zur Produktivität, zur Kreativität und zur Sozialität sich entwickeln, lehrten schon Sigmund Freud, Erich Fromm, Wilhelm Reich und viele andere.

Deshalb überrascht es nicht, dass die Liebe, wenn man sie als neuer Existentialist verstehen will, als Ausdruck des Todestriebes oder des Lebenstriebes gesehen werden kann. Der Todestrieb zeigt sich nicht nur in den Philosophien der dunklen Seite der Liebe, sondern auch in der Vorbereitung des 3. Weltkrieges. Die Atommächte können alles Leben auf der Welt zerstören, trotzdem zerstören die Menschen ihre Atomwaffen nicht. Das ist perverse Nekrophilie, das heißt Liebe zum Töten und zum globalen Tod. Die leblose Welt der totalen Technisierung ist nur eine andere Form der Welt des Todes und des Verfalls, schreibt Erich Fromm (E. Fromm: Anatomie der menschlichen Destruktivität, Stuttgart, 1974, S. 319). Deshalb sahen wir uns im Café zuerst die dunklen Seiten der Liebe an. Die Verschattung der Liebe beginnt mit der narzisstischen Liebe.

Die **narzisstische Liebe** ist nicht Liebe zu anderen, sondern nur Selbstliebe. „Die wahre Liebe ist wie ein Gespenst, alle Welt spricht davon, aber wenige haben sie gesehen" (F. de La Rochefoucauld: Reflexionen und Maximen, Stuttgart, 2000, S. 13). Liebe ist für die narzisstische Liebe ein Herrschafts- und Besitzverhältnis. Der Orgasmus ist näher der Onanie, als der Befriedigung des Partners. Das Glück in der Liebe „liegt mehr in der Leidenschaft, die man fühlt, als in der, die man erregt" (F. de La Rochefoucauld, a.a.O., S. 39.). Die narzisstische Verliebtheit dauert nicht lange. Der Glanz der ersten Begegnungen vergeht rasch und kehrt niemals wieder. Die Liebe ist wie ein Fieber, das uns machtlos überrennt. Die narzisstische Liebe idealisiert den Anderen nach dem Modell des eigenen Ichs. Narzisstische Liebe besteht aus zwei Selbstdarstellern. Die narzisstische Liebe wird ständig von Eifersucht gequält. Narzisstische Liebe steht immer kurz davor, in Hass auf den Partner

umzuschlagen. Die Probleme der narzisstischen Liebe verschwinden auch
nicht im Alltag. Die Probleme der narzisstischen Liebe sind nicht in einer
Gesellschaft der kapitalistischen Konkurrenz zu lösen.

Eine Studentin sagte im Café:
„Eigenliebe ist Liebe zu sich selbst. Sie macht die Menschen zum Anbeter
ihrer selbst. Ihre Abgründe und Dunkelheiten sind schwer zu verstehen. Ich
habe das Buch „Liebe dich selbst, und dann heirate, wen Du willst". Ich
kenne das Buch „Suche einen impotenten Mann fürs Leben". Das ist doch
alles bloß purer Narzissmus. Ich bin so verwirrt. "

Die Verdunklung der Liebe steigert sich in der **sadistischen Liebe**. Der
Marquis de Sade (1740-1814) hat den Todestrieb als Kern der sadistischen
Liebe enthüllt. Im 20. Jahrhundert mit seinen sadistischen Exzessen in zwei
Weltkriegen, im Holocaust und in Hiroshima, Abu-Ghraib und Guantanamo
erscheinen de Sades Thesen zum sadistisch-sexuellen Todestrieb durchaus
sehr aktuell. Was de Sade geschrieben hat, hat er auch während seiner Zeit,
als er noch in Freiheit lebte, praktiziert. Er untersuchte den Zusammenhang
von Sexualität und Schmerz in allen Abgründen. In der Bastille von Paris, wo
er zur Strafe für seine sexuellen Exzesse eingesperrt wurde, stellte er dann als
Strafgefangener fest: „Alle Moral ist historisch. Gott gibt es nicht, weil ein
Allmächtiger die Übel der Welt nicht zulassen könnte. Wenn es einen Gott gibt,
dann ist er ein Teufel. Das menschliche Wissen kann als Erziehungsprodukt
schnell gelöscht werden. Das zeigt jeder Krieg. Die Natur zerstört immer wieder
jedes einzelne Wesen, also kann auch die sexuelle Gewalt kein Verbrechen
sein. Das ganze Menschengeschlecht könnte im Nichts versinken, ohne dass
die Lüfte deswegen weniger rein, die Gestirne weniger leuchtend, der Gang
des Universums weniger exakt wäre." (F. de Sade: Philosophie im Boudoir,
Gifkendorf, 1995, S. 262) Der Sadismus der Natur arbeitet im Menschen und
zeigt sich im Koitus als Wut- und Herrschaftstriumph. „Was beim Koitus ge-
fällt, ist das Grausige, Schmutzige und Abscheuliche.", sagt de Sade. Sexualität
reicht bei ihm von der Vergewaltigung bis zum Sexualmord. „Mord ist das
wichtigste Naturgesetz, das die Natur geschaffen hat", sagt de Sade. Es gibt
für de Sade keine echte Liebe. „Der Mitmensch ist für mich nichts. Ich kenne
keine Beziehung." Damit zeigt die Liebe ihre dunkelste Seite. Das enthüllte
ein Adliger, der 28 Jahre im Gefängnis oder im Irrenhaus verbrachte. Er war
vielleicht der freieste Mensch, der je in unserer absurden Welt gelebt hat. An
die Seite der sadistischen Liebe tritt die **masochistische Liebe**. Die Frau ist
nun die Herrin, der Mann ihr Sklave. Der Mann sucht in der Liebe nur Leiden.
Die Frau will die Zerstörung des Mannes ,und der Mann, vom Todestrieb
beherrscht, hat daran noch seine Lust. Je mehr der Mann misshandelt wird,

umso mehr Lust erlebt er, schreibt Leopold von Sacher-Masoch (1836-1995) in seinem Roman „Venus im Pelz" (Köln, 1996, S. 83) Der Mann geht so weit, dass er die Ermordung durch seine Geliebte herbeisehnt. Die Frau kann nur die Herrin des Mannes sein, niemals die Gefährtin.

Die **verhasste Liebe** wird von Friedrich Nietzsche enthüllt. In der Ehe soll nach Nietzsche der Mann die Frau besitzen. Die große Liebe des Mannes zur Frau ist nur Mitleid. Beim Koitus entdeckt die Frau, dass der Mann ein Tier ist. Die Liebe zerstört eher, als dass sie rettet. Nietzsche träumt davon, die Frauen auszupeitschen. Ganz praktisch! Die Frauen wollen die Herrschaft über den Mann. Die Liebe wird von Seiten der Frau mit den Mitteln des Krieges geführt. Liebe beruht für Nietzsche auf dem Todeshass der Geschlechter. Das Café war über die dunklen Seiten der Liebe entsetzt. Einige Teilnehmer blieben weg. Andere sagten: „Das gibt es nicht. Das ist Perversion." Die Stimmung besserte sich ein wenig bei Sigmund Freud.

Die **Ambivalenz der Liebe** zwischen Lebens- und Todestrieb ist für Sigmund Freud Grundlage seiner Liebesphilosophie: „Das Lieben an sich, als Sehnen, Entbehren, setzt das Selbstgefühl herab, das Geliebt-Werden, Gegenliebe finden, Besitz des geliebten Objekts hebt es wieder." (S. Freud: Gesammelte Werke, Frankfurt, 1962, Band X, S.167) Die Ambivalenz der Liebe beruht auf der Dualität der unbewussten Triebe: Eros und Thanatos. Eros fügt zusammen. Thanatos trennt (S. Freud: Gesammelte Werke, Band XVII, S.71). Der Höhepunkt der Liebe führt zur Auflösung der Dualität von Ich und Du im ozeanischen Gefühl. Dieses Gefühl zielt für Freud auf die „Wiederherstellung des uneingeschränkten Narzissmus der frühen Kindheit" (S. Freud: Gesammelte Werke, Band IV, S.430). Das ozeanisch-mystische Gefühl der Liebe ist für Freud schlicht nur infantil. Freud, als militanter Atheist, muss die metaphysische Qualität, die helle Seite der Liebe, glatt übersehen haben.

Die **existentielle Liebe** erscheint mit einem Paukenschlag. Simone de Beauvoir (1908-1986) ist die erste Philosophin, die die Liebe nicht vom männlichen Standpunkt untersucht. Vom weiblichen Standpunkt, in feministisch-existentieller Sicht, erscheint die Liebe aber auch eindeutig als eine Welt der Gewalt und der Unterdrückung der Frau. Während für ihren Lebensgefährten Jean-Paul Sartre die Liebe die absolute Freiheit ist, ist für Simone de Beauvoir der männliche Sexualakt „immer ein Akt der Vergewaltigung" (S. de Beauvoir: Das andere Geschlecht, Reinbek, 1997, S. 453). Der Mann spielt im Akt die aggressive Rolle und die Frau leidet. Im Bett ist die Frau Sexobjekt, und der Mann stellt sich gar nicht die Frage, ob die Frau den Koitus will oder ihn nur über sich ergehen lässt. Jede Penetration ist für die Frau wie ein chirurgischer

Eingriff. Der Mann agiert mit einem äußerem Organ, dem Penis, während die Frau ihr inneres, ihre Vagina, betroffen sieht. Die Frauen sind beim Koitus benachteiligt. Sie brauchen länger. Frauen lehnen den klitoralen Orgasmus ab, weil er ihnen noch manipulativer erscheit als der vaginale Orgasmus. Viele Frauen ängstigt die Hand des Mannes, weil seine Hand als Werkzeug arbeitet, das an der erzeugten Lust gar nicht teilhat. Für den Mann ist mit der Ejakulation plötzlich alles vorbei. Die Frauen sind aber multiorgasmisch. Für die Frauen ist der Koitus eigentlich nie zu Ende. Die Lust der Frauen beschränkt sich nicht auf die Genitalzone, sondern überzieht mit anschwellenden Wellen den ganzen Körper. Die Frau ist beim Mann nie vollständig befriedigt, schreibt Simone de Beauvoir. Jeder Versuch des Mannes, den Orgasmus bei der Frau zu erzwingen, scheitert kläglich. Die Frau sucht im Orgasmus die existentielle Liebe. Diese Liebe soll die Trennung aufheben, die den Mann ihr gegenüberstellt. Der Mann sucht dagegen im Orgasmus einen Triumph seiner Stimulierungstechnik und seiner physischen Gewalt. Die Liebe wird für den Mann das Feld des Geschlechterkampfes. „Die Ehe ermutigt den Mann zu einem dauernden sexuellen Imperialismus" (S. de Beauvoir a.a.O., S. 583). Die Frauen reagieren auf diese männliche Gewalt mit Frigidität. Angesichts dieser Gewalt, kann die von der Frau angestrebte existentialistische Liebe nur außerehelich verwirklicht werden. Als Prostituierte, Narzisstin, Lesbierin, Mystikerin. Simone de Beauvoir erkennt in der **lesbischen** die wahre existentielle **Liebe** und ihre Gipfelerfahrung. In der lesbischen Liebe ist die Trennung der Menschen aufgehoben. „Die Dualität der Liebenden ist immer Einvernehmen." (S. de Beauvoir, a.a.O., S. 506) Die Lesben erleben existentielle Liebe als stille Wonne, die sich außerhalb des Bettes leise fortsetzt. Simone de Beauvoir bewundert den Marquis de Sade, weil er die Gewalt als Wesen der gegengeschlechtlichen Liebe enthüllt hat. Im Alter spielt die Liebe ihre Rolle weiter. Mann und Frau bleiben sexuell aktiv. Allerdings häufen sich bei heterosexuellen Paaren nun die Eifersucht und entsprechende Quälereien. Die sexuellen Einschränkungen des Alters können Angstneurosen und Hypochondrien auslösen. Wenn das genitale Lustgefühl beim älteren Mann geschwächt ist, nehmen bei ihm Fetischismus, Sadomasochismus oder Voyeurismus zu. Simone de Beauvoir hat ein existentialistisches Modell der Liebe gelebt, die Monogamie und Unmoral weitgehend aufgab. Im Café betrachteten wir dann die helle Seite der Liebe. Das war gut so, denn viele Teilnehmer waren über den Anteil des Todestriebes an der Liebe sehr erregt. Sie hofften auf die wirklich helle Seite der Liebe.

Die **helle Seite der Liebe** muss auch für Existentialisten hinter das Christentum zurückgreifen. Das Christentum mit Augustinus und Thomas von Aquin hat die Liebe zur Zeugung degradiert, die Frau abgewertet, die Lust verteufelt.

Sexualität und schlechtes Gewissen wurden eins. Das war in der Antike ganz anders. Bei Platon (427 v. Chr.-347 v. Chr.) wurde die **homosexuellen Liebe** als Rausch gefeiert. Die Seele neigt in der Liebe zum Rausch, weil sie unsterblich ist. Sie ist unsterblich, weil sie aus dem rauschhaften Urgrunde der Welt stammt. Wenn die verliebte Seele im Körper des Knaben Schönheit sieht, erinnert sie sich an das Schöne des Urgrundes. „Wer diesem Schönheitsrausch in der Knabenliebe verfällt, den nennt man wahnsinnig." (Platon: Phaidros, Stuttgart, 1998, S. 48) Die homosexuellen Liebe verteilt göttliche Geschenke an das Liebespaar, das sich gegenseitig total idealisiert. Geht aber diese Liebe zu Ende „wendet sich der ehemalige Liebhaber zur Flucht. Wie Wölfe das Lamm, so lieben Verliebte den Knaben." (Platon, a.a.O., S. 34 f.)

Die Knabenliebe, die 120 n. Chr. im Abendland verboten wurde, wurde im „Symposium" des Platon in fünf Stufen dargestellt:

Stufe 1:
Der Liebende wird vom schönen Körper des Knaben angezogen.

Stufe 2:
Der Liebende erkennt, der einzelne Körper ist nur ein Beispiel für die Idee der Schönheit.

Stufe 3:
Der Liebende begreift: Die seelische Schönheit ist wichtiger als die körperliche Schönheit.

Stufe 4:
Der Liebende entdeckt, dass das gemeinsame Philosophieren des Liebhabers mit dem Knaben zur Idee der Schönheit führen kann.

Stufe 5:
Beide Liebenden beginnen im Philosophieren gemeinsam die Idee des Schönen zu schauen. Sie begegnen dem Urbild der Schönheit. Sie erleben die geistige Vereinigung.

Die **platonische** Liebe beginnt mit der Liebe zum schönen Knaben und endet in der Gipfelerfahrung der meditativen Schau der Idee der Schönheit. Erst mit dem Verbleichen des Christentums hat sich die helle Seite der Liebe als metaphysischer Weg wieder entwickelt. Dem Todestrieb wurde als Alternative der Lebenstrieb entgegengesetzt. Aus Abgrunderfahrungen wurden in der Liebe Gipfelerfahrungen, die eine neue existentielle Radikalität in der Liebe propagierten und das Ausblenden der körperlichen Liebe bei den Existentialisten wie Jaspers, Heidegger und Camus gut ersetzen konnten. Das begann mit dem radikalen Atheisten und Aufklärer Julian Offray de la Mettrie (1709-1751). Er vertrat die **wollüstige Liebe**. 1747 verfasste er seinen Skandaltext

„Die Maschine Mensch", die unter Intellektuellen Entsetzen auslöste. Für den
Arzt la Mettrie ist die Natur, die Welt und der Mensch eine Maschine. Der
Mensch ist sogar eine „aufrechtkriechende Maschine", die ihre Vitalität im
Gehirn entwickelt. Menschen leben und sterben, wie Pilze (J. O. d. la Mettrie:
Die Maschine Mensch, Hamburg, 1990, S. 85f.). Die Einbildungskraft des
Gehirns gibt der menschlichen Maschine aber ihre besondere Qualität. Die
Einbildungskraft des Gehirns kann wollüstige Bilder erzeugen. Diese Bilder
schaffen die existentielle Gipfelerfahrung, die noch verlockender sind, als die
Vereinigung mit dem ersehnten Körper selbst. Auf der Basis der Einbildungs-
kraft können sich die Maschinen-Menschen dann im Glück auflösen. „Die
Liebenden umarmen sich und ertrinken im unendlichen Ozean der Wollust.
Die entfesselte Leidenschaft kennt keine Hemmungen mehr. Nichts steht
mehr abseits bei diesem süßen Treiben. Mund, Augen , Hände sie alle sind in
höchster Erregung, sind begierig ihr Glück zu erhaschen, sich ihm ganz hinzugeben, in ihm zu sterben. Es ist der ganze Körper, der in höchster Aktivität
vibriert." (J. O. d. la Mettrie: Die Kunst Wollust zu empfinden, Nürnberg,
1987, S.39) Im Koitus erlebt der Mensch eine göttliche Gipfelekstase. Die
Seele verlässt uns. Sie vereinigt sich mit dem Liebesobjekt. Zwei Liebende
werden zu einem. Der Atheist la Mettrie muss die mystische Einheit von Ich
und Du erkennen. Diese Einheit entsteht auf elektromagnetischer Basis. Im
Koitus erlebt der liebende Mensch die magnetischen Geheimnisse der Natur.
Der Wollüstige wird zum Weisen. Er kann sich durch seine Vorstellungskraft
und sexuelle Praxis bis zu seinem Tod mit der energetischen Lebenskraft der
Natur vereinen.

Die **romantische Liebe** baut die sexuellen Gipfelerfahrungen aus. Der Dichter und Philosoph Novalis (1772-1801) erkannte in seinem kurzen Leben
schnell die befreiende Ich-Auflösung im Liebesakt. Das liebende Ich erfährt
die Einheit und das Wesen des Kosmos, wenn es dem Du begegnet und mit
ihm zur Einheit verschmilzt. Novalis schreibt: „Ich bin Du." (Novalis: Werke,
Heidelberg, 1954, Band 2, S. 76) Auch Novalis erkennt in der Liebesver-
schmelzung die Wirkung eines Seelenmagneten. Im Orgasmus erkennt er
auch Impulse des Kannibalismus. Novalis hat seine 16-jährige Sophie zum
Fressen gern. Im Orgasmus erlebt er den romantischen Weltuntergang, als
Erlösung von der Welt. Der Orgasmus in der Liebe wird ihm „zum Endzweck
der Weltgeschichte – zum Amen des Universums." (Novalis a.a.O., S. 484)
Der Kosmos wird letztlich zu einem orgiastischen Leib, der sich von Ewigkeit zu Ewigkeit selbst befriedigt. Gegen allen Nihilismus macht Novalis die
romantische Erfahrung, dass man im sinnlichen Erleben das Übersinnliche,
auch in atheistischen Zeiten, erfahren kann.

Ein Caféhausbesucher schrieb zwei Haikus über die romantische Liebe:

Dein fremder Körper
Wittern, Schnüffeln, Beißen, Akt.
Aufsteigen, adlerhaft.

Endzweck der Welten
Ewiger Orgasmus, jetzt.
Einst ist alles Leib.

Diese übersinnliche Spur der Liebe des starken Ichs steigert sich in der Moderne. Die **metaphysische Liebe** wurde von Julius Evola (1898-1974) propagiert. Aus asiatischen Liebeskünsten übernahm er den Orgasmus als Aufhebung des Ichs im Du und als rauschende Ekstase. Sexuelle Liebe überwindet für Evola das banale Alltagsbewusstsein und schafft ein Überbewusstsein, dass Evola als „Traumbewusstsein" bezeichnet.

Über dieses Traumbewusstsein des starken Ichs hörte Evola von Liebenden folgende Aussagen:

- „Ich und Sie waren nun eine einzige Person.
- Zuerst waren zwei Körper, dann nur ein einziger.
- Nicht die Körper waren vereint, sondern das Leben.
- Ich fühlte, dass ich den wildesten Zustand meiner Natur erreicht hatte.
- Als ich in der Unendlichkeit der Ohnmacht verloren war, die vom Körper getrennte Seele weit von der Erde schwebte, dachte ich, dass diese Lust ein Mittel ist, um die Materie zu vernichten."
  (J. Evola: Die große Lust, Bern, 1998, S.187)

Evola stellt viele Methoden zur existentiellen Erlangung der sexuellen Einheitserfahrung vor. Er empfiehlt die **magische Visualisierung**: „Mann und Frauen sollten sich in Gedanken beim Akt auf die Einheit richten, um eins zu werden." (J. Evola a.a.O., S. 396) Mann und Frau sollten die orgiastische Erfahrung so lange wie möglich herauszögern. Wenn die Frau den Orgasmus zurück hält, stimuliert sie auch die Zurückhaltung des Mannes. Die Frau besitzt für Evola die Kraft, den Mann zum Buddha zu machen und zum Überbewusstsein zu führen. Metaphysische Gipfelerfahrungen können in einer atheistischen Gesellschaft durch die Verschmelzungserfahrung in der Sexualität, viele Menschen erleben. Für den Alltagsmenschen eröffnet der gelungene Orgasmus eine „Luke" ins Übersinnliche.

Der neue Existentialismus sollte nicht vergessen, dass in der Sexualität die Abgrunderfahrungen des schwachen Ichs auch durch folgende Methoden produziert werden können:

1. Das Lustobjekt quälen oder ermorden.
2. Die Frau mit allen Mittel beherrschen.
3. Sich jedes ozeanische Gefühl im Orgasmus verbieten.
4. Die Liebesbeziehung durch Zwang und Besitzansprüche neurotisieren.
5. Jeden Akt mit Gewalt durchsetzen.

Gipfelerfahrungen des starkten Ichs sind dagegen durch folgende Methoden zu erreichen:

1. Die gemeinsame Schau des Schönen.
2. Gemeinsam das ideale Selbst lieben.
3. Vom Mund bis zum Schoß mit allen Sinnen lieben.
4. Die lustvollen, erogenen Phantasien kultivieren.
5. Im Akt die Seelen sich vereinen lassen.
6. Das nichtduale Überbewusstsein erleben.
7. Die sexuelle Verschmelzung durch Magie steigern.

Von der Benutzung von Drogen zur Steigerung der Gipfelerfahrungen ist abzuraten. Morphium und Heroin steigern nur narzisstische Phantasien (W. Schmidbauer/ J. v. Scheidt: Handbuch der Rauschdrogen, Frankfurt, 1998, S.65). Auch Marihuana, Haschisch, LSD und Kokain steigern nicht den Orgasmus, sagte man im Café.

Besser ist die Führung eines Journals der Liebe, in dem alle mystischen Gipfel- und höllischen Abgrunderfahrungen festgehalten werden. Dabei sollten über den Weg vom Abgrund, über die Eifersucht, über die Einsamkeit, über die Verzweiflung zum Gipfel der Ekstase existentielle Paare gemeinsame Texte produzieren. Neuer Existentialismus in Zeiten harter Krisen und Ängsten vor dem Zusammenbruch des Finanzkapitalismus, hat im körperlichen Orgasmus eine sichere Basis der Lebenssteigerung und der Stärkung des Ichs. Die Ausblendung des Orgasmus im alten Existentialismus hielten viel Cafébesucher für unverzeihlich. Sie hielten deshalb die Aufnahme der Liebesphilosophie aller Zeiten im neuen Existentialismus für unverzichtbar.

Aber alles geht nicht ohne Lachen. Lachen löscht alle Ängste. Wie steht es mit dem schwarzen Humor des starken Ichs? Das Café war gespannt.

5. Schwarzer Humor oder fröhliches Lachen

„Das Lachen ist ein Affekt aus der plötzlichen Verwandlung
einer gespannten Erwartung in Nichts."
(Immanuel Kant)

Ein philosophisches Lachcafé ist eine besondere Herausforderung. Lachphilosophien sind weder witzig, noch unterhaltsam. Nur philosophische Witze zu erzählen ist anstrengend, für Gedächtnis und Vortrag. Die philosophischen Lachcafés zu diesem Thema hatten immer mehr als 150 Besucher. Besonders wichtig war den Teilnehmern, etwas von der Heilkraft des Lachens zu erleben. So erzählte eine Teilnehmerin, sie habe gehört, dass die Fähigkeit zu lachen einigen Häftlingen in den KZs geholfen habe, ihre sinnlose Lebenssituation zu bewältigen. Ein anderer Teilnehmer, ein Arzt, wies auf Hermann Hesses Siddharta hin. Siddharta habe im Lachen eines Kindes zur fröhlichen Erleuchtung gefunden. „Aber Kummer konnte er über die eigene Vergänglichkeit nicht mehr empfinden, nein, er fühlte sogar großen Anreiz zum Lachen, zum Lachen über sich, zum Lachen über diese seltsame und törichte Welt." Auch Nietzsches „Zarathustra" hatte gesagt: „Zehnmal musst du lachen am Tage und heiter sein, sonst stört dich der Magen, in der Nacht, dieser Vater der Trübsal." Dann kam der Beitrag eines Pfarrer, der zugab, dass Jesus laut Neuem Testament, niemals gelacht habe. „Im Gegensatz zu Buddha", ergänzte eine Buddhistin. Ein anderer Teilnehmer berichtete von einer schweren Krankheit, die er mit dem Ansehen von komischen Filmen und Büchern bekämpft hatte. Sein Fazit lautet: „Das Lachen machte mich stark mit meiner Krankheit besser fertig zu werden." Eine Frau fragte: „Ist der Clown nicht der eigentliche Philosoph?" Ein Mann antwortete: „Das kann sein, denn der Clown macht immer das Gegenteil von dem, was man von ihm erwartet. Die Welt des Clowns erscheint uns zuerst als Welt des Chaos. Der Clown ist der ewige Verlierer, aber dann zeigt sich, der Clown fürchtet sich nicht vor dem Versagen und dem Scheitern. Das macht ihn stark." Das ist doch die gleiche Haltung, die der neuer Existentialismus empfiehlt. Über schwarzen Humor und fröhliches Lachen war im Café zu arbeiten. Dabei sollten auch die besten existentialistischen Witze genannt werden, die man sich im Café erzählte. Denn der alte Existentialismus schweigt leider über das Lachen.

Friedrich Nietzsche hat aber das Lachen in den Existentialismus eingeführt, das bei vielen anderen Existentialisten fehlt. Der Existentialist ist jemand, schreibt Nietzsche, der tanzt und singt, der die Dinge leicht nimmt und lacht, vor allem über sich selbst. (F. Nietzsche: Kritische Studienausgabe, München, 2004, Band 3, S. 370) Existentialismus ist für Nietzsche eine „fröhliche Wissenschaft". Durch den Ernst kann man der Existenz nicht allein gerecht werden. „Man deformiert, wenn man sie ernst nimmt." (F. Nietzsche a.a.O., Band 13, S. 416) Mit dem Ernst sieht man die Welt und die Existenz sehr einseitig. Deshalb muss es auch die lachende Perspektive geben, um die eigene Existenz zu verstehen. Das Lachen ist eine Grundbedingung des Lebens. Ein lachender Umgang mit dem Nihilismus und dem Weltuntergang hat für Nietzsche eine glänzende Zukunft. „Es ist das Lachen, das Zukunft hat." (F. Nietzsche, a.a.O., Band 5, S. 157) Nietzsche ist ein Kenner des Lachens. „Vielleicht weiß ich am besten, warum der Mensch allein lacht", schreibt Nietzsche, „er leidet so tief, dass er das Lachen erfinden musste." (F. Nietzsche, a.a.O., Band 3, S. 268) Mit Lachen lässt sich über die dunkle Zukunft der Menschheit hinaus lachen. Dem Existentialisten werden mit seinem Lachen Zukunftsfähigkeiten geschenkt. Nietzsches Votum für das Lachen wird z.b. von Sigmund Freud geteilt. „Der Humor ist nicht resignativ, er ist trotzig... Mit Humor kann man sich dem Zwang des Leidens entziehen." (S. Freud: Gesammelte werke, Band XXIV, Frankfurt, 1972, S. 385) Im Lachen befreit sich der Existierende von den Horrorvorstellungen, die die Zukunftsvorstellungen des scheiternden Kapitals aufbauen. Philosophische Witzarbeit tritt an die Stelle, der sonst die Existenz begleitenden Trauerarbeit. Das Lachen wird zur schönsten Begleitung des philosophischen Glaubens. Philosophisches Lachen kann zwar die Widersprüche der Existenzen nicht lösen, aber im Unterschied zur Trauer hebt Gelächter den Lachenden momentan ins Glück. „Das Lachen entsteht, wenn sich eine gespannte Erwartung in Nichts auflöst", schreibt Kant (I. Kant: Werke, Darmstadt, Band 5, S. 437). Lachen ist Zeichen der menschlichen Größe und eines unendlich menschlichen Elends. „Das Lachen ist satanisch, also ist es zutiefst menschlich." (C. Baudelaire: Sämtliche Werke, München, 1977, Band 1, S. 292) Das existentielle Lachen entsteht, wenn man ein philosophisches Problem auf eine unerwartete und schockierende Art kurz und bündig löst. Das Lachen entsteht aus dem Widerspruch zwischen Leben und Tod. Dafür gibt es Beispiele. Der Philosoph Thales fällt beim Betrachten der Sterne in einen Brunnen. Der Professor merkt nicht, dass ihm bei seinem Vortrag die Nase läuft, der Prophet furzt. Der Vortragende bekommt eine Erektion. Lachen kann zur Kraft werden, die absurde Welt zu überwinden. Wenn Ham und Klove, die letzten Menschen in Samuel Becketts „Endspiel" einmal lachen würden, würde nicht nur „Godot" erscheinen. Die lachende Existenzerhellung führt an die Erfahrung der Grenze: als Tod, Nichts und Weltuntergang. Im Lachen wird die Erfahrung der Grenzsituation Anreiz zum Gelächter. Im Gelächter erfährt sich der Existierende in heilsamer Distanz zum Unveränderlichen. Dabei kann es zum aufgipfelnden Lachkrampf kommen. „Dann schüttelt uns das Lachen, dann sitzen wir glucksend, keuchend, vielleicht auch nur mit einem Kichern oder doch mit brüllendem Gelächter, mit Tränen in den Augen, die wir uns wegwischen (E. C. Hirsch: Der Witzableiter oder die Schule des Lachens, München 2002, S.283). Das Ich hebt im Lachen ab, stürzt ab, verschwindet und der Körper windet sich in lachenden Tränen, wird eins mit dem lachenden Kosmos. Mit Lachen beginnt der Mensch. Mit Lachen wir er aber auch enden. Versuchen wir deshalb eine lachende Existenzerhellung. Wer lebt, der erfährt die positiven und negativen Grenzsituationen: Gipfel- und Abgrunderfahrungen. Diese Situationen sind nicht überschaubar. „Sie sind durch uns nicht zu verändern. Sie sind mit dem Dasein selbst." (K. Jaspers: Philosophie, Berlin, 1956, Band 2, S. 203) Die negativen Grenzsituationen, die das Lachen zur Bewältigung nötig haben, heißen: Leiden, Tod, Gattungstod, Weltuntergang. Die negativen Grenzsituationen zwingen den Existentialisten sich der Welt gegenüber zu stellen. „In einer erstaunlichen Unabhängigkeit setze ich mich selbst, auch meinem eigenen Dasein, wie einem Fremden gegenüber." (K. Jaspers a.a.O., Band 2, S. 204) Ich entwickle also in der Konfrontation mit den negativen Grenzsituationen den Sprung vom bloßen Dasein zur Existenz. Das Resultat dieses Sprunges ist das Lachen. Lachen tritt als Scherz auf und ist doch ernst. Lachen sichert vor der falschen Aura der Herren der Apokalypse. Der Mensch erlangt im Lachen ein wenig die Freiheit von der Existenzangst. Aller schwarzer Humor sucht das Lachen zu erhalten, wenn einem das Lachen eigentlich vergeht. Der schwarze Humor erhält uns die Gesundheit, durch die Fähigkeit über Dinge lachen zu können, die uns ohne Lachen in den Wahnsinn treiben würden. Schwarzer Humor ist das Markenzeichen des neuen Existentialismus. Der Existentialist erlebt im Lachen schauerlich Angst als lustvoll. Angst wird in Lust verwandelt, wenn die Angst nicht ernst genommen zu werden braucht. Auf diese Weise sorgt der Witz dafür, dass man über das, was einen K.O. schlagen könnte, lachen kann. Der Witz schützt vor dem Grauen, das seit Abwurf der Atombombe, seit Ground Zero, die Welt oft total absurd erscheinen lässt. Der Galgenhumor lacht das drohende Schicksal aus. Der jüdische Witz relativierte die KZs und verhalf einigen Opfern, wie wir schon hörten, beim Überleben.

Das Nichts, der Tod, Gott und die Atombombe werden langsam zur Atombombe des Lachens. Über das existentialistische Lachen, das nur Nietzsche wirklich existentiell würdigt, geben wir nun einige Beispiele aus dem existentiellen Lachcafé.

Zuerst lachten wir im Café über den Tod. Über den Fall des Lebens hatte Martin Heidegger erst am Ende seines Lebens den Durchblick. Heidegger kurz vor seinem Tod: „Jetzt ist es an der Zeit, dass ich das Feld räume. Ich beginne die Dinge so zu sehen, wie sie sind." Auch im Sterben hatte Heidegger einen

Dissens mit seinem alten Freund Karl Jaspers. Heidegger widersprach der Behauptung von Karl Jaspers, Sterben sei eine schwere Sache. Heidegger: „Soviel ich weiß, gelang es bisher jedem." Das hatte einen guten Grund. Martin Heidegger in einem Oberseminar: „Der Tod ist das großartigste Ereignis der Lichtung des Seins. Deshalb wird es immer bis zum Schluss aufgehoben."

Dann lachten wir im philosophischen Café über das Nichts. Während die Welt durch den drohenden Weltkrieg auf ihr Ende zuzutreiben scheint, was macht der Existentialist? Er lacht über das Nichts. Da wird der Starphilosoph Lütkehaus gefragt: „Ist also der Rest Schweigen?" Antwort Lütkehaus: „Nein, der Rest ist Lachen. Denn im Nichts ist wirklich Nichts."

Es ist ein witziges Bestreben vieler Philosophen, das denkbare Nichts zu einem erkennbaren Etwas zu machen. Selbst Martin Heidegger war sich nach seinen langen Ausführungen über die „Geschichte des europäischen Nihilismus" in seinem zweibändigen Werk „Nietzsche" über das Nichts nicht sicher. So sagte Heidegger einmal zu seinen Studenten: „Nur eins ist sicher. Nichts ist sicher. Und selbst das nicht."

Emile Cioran hatte seine besondere Methode, um mit dem Nichts umzugehen: „Nicht geboren zu werden, ist unbestreitbar die beste Lage. Leider steht sie niemanden zu Gebote."

Heidegger wurde vom Nichts sogar einmal persönlich angesprochen: Martin Heidegger geht über einen Friedhof. Da hört er eine leise Stimme: „Herr Professor, Herr Professor." Als er der Stimme nachgeht, hebt sich ein Sargdeckel. „Herr Professor, haben Sie etwas gegen Würmer?"

Albert Camus hatte, soviel wir wissen, beim Gang ins Nichts noch eine Frage. Die bange Frage von Albert Camus nach der Operation: „Und Doktor – ist die Operation gelungen?" Eine tiefe Stimme antwortete: „Tut mir leid mein Sohn, ich bin Gott."

Heidegger hatte nach seinem Abgang ins Nichts eine merkwürdige Erfahrung. Drei Wochen nach seinem Tod erscheint der verstorbene Philosoph Martin Heidegger seiner Frau. Hocherfreut fragt sie ihn: „Wie geht es dir denn im Nichts?" „Oh, gut", antworte Heidegger, „es ist wirklich herrlich. Blauer Himmel, grüne Wiesen, blaues Wasser – halt das Nichts wie es ist." „Schön", sagt seine Witwe. „Und was machst du so den ganzen Tag im Nichts?" „Ach weißt du, am Morgen stehen wir auf, frühstücken gemeinsam, dann machen wir Sex, mittags ruhen wir uns aus, am Nachmittag machen wir wieder Sex." „Was, so geht es also im Nichts zu?", ruft Heideggers Witwe wütend aus „Wieso Nichts?", fragt Heidegger, „Ich bin jetzt Kaninchen auf Naxos."

Das Komische ruft das Erhabene hervor und umgekehrt: „Plötzlich erscheint das Vertraute in einem neuen Licht und wird unvertraut." (P. L. Berger: Erlösendes Lachen, Berlin, 1989, S. 244) Der Witz entlarvt: die Welt ist nicht das, was sie scheint. Die Gesellschaft ist gar kein Spektakel. Die Welt ist nicht bombensicher. Der Witz entlarvt die Welt und die Gottesbilder als absurd. Nietzsche meinte einfach: „Die einzige Entschuldigung Gottes ist, dass er nicht existiert." Existentialismus rät zum Lachen, angesichts dessen, dass der Mensch Sternenstaub ist und wieder Sternenstaub wird. Da entwerten sich auch alle dickleibigen, philosophischen Bestseller, die auch nur zu Staub zerfallen.

Kommen wir nun zum Lachen über Gott im philosophischen Café. Nach Kopernikus' Entdeckung des heliozentrischen Weltbildes haben selbst Damen Fragen zur Allmacht Gottes. So erlebte Heidegger folgendes: „Wenn unsere Erde so klein und das Weltall so groß ist", fragte eine Dame aus dem Auditorium, „wie sollen wir da noch glauben, dass Gott auf uns achtet?" „Das, gnädige Frau", erwiderte Heidegger, „hängt davon ab, wie groß Sie sich Gott vorstellen."

Jean-Paul Sartre, der große französische Existentialist, wird heute viel kritisiert. Aber vor Gericht war er immer unschlagbar. Wieder einmal hat sich Jean-Paul Sartre eine Anzeige wegen Gotteslästerung eingehandelt. Er wird dem Richter vorgeführt, der ihn lange vorwurfsvoll ansieht und schließlich fragt, ob er sich zur Sache äußern möchte? „Ja, natürlich!", ruft Sartre, „Zunächst bitte ich das Gericht jedoch um die Anhörung des Beleidigten."

Einmal wurde Heidegger durch einen Schneider in der Technikfrage komplett aufgeklärt. Heidegger bestellte bei einem Schneider eine Hose. Als die Hose nicht rechtzeitig fertig wird, fährt Heidegger wieder weg. Sieben Monate später kommt er wieder zum Schneider. Nun ist die Hose fertig. Heidegger wundert sich: „Gott hat die ganze Welt in sieben Tagen fertig gestellt und Ihr braucht für meine Hose sieben Monate?" Der Schneider: „Ja, aber seht euch die Welt an und dann Eure Hose."

Jaspers musste sich mit Heidegger immer wieder streiten. Jaspers: „Gott lebt immer noch." Heidegger: „Warum?" Jaspers: „Gott hat wahrscheinlich die ganze Gott-Ist-Tot-Philosophie noch gar nicht gelesen."

Moderne Atheisten gehen mit dem Gottesbeweis ziemlich handgreiflich um. Jean-Paul Sartre und Albert Camus kommen in den Himmel. Gott, der auf einem goldenen Stuhl sitzt, lässt zuerst Albert Camus zu sich kommen. Als dieser vor ihm steht, fragt Gott: „Nun mein Sohn, was hast du Gutes in deinem irdischen Leben getan?" „Ich habe das Absurde in Gott erkannt und dagegen revoltiert." „Gut", sagt Gott, „du darfst bei uns bleiben." Nun bittet Gott Jean-Paul Sartre zu sich und stellt ihm die gleiche Frage. Sartre überlegt einen Augenblick und sagt: „Erstens bin ich nicht dein Sohn und zweitens sitzt du auf meinem Stuhl."

Wenn Heidegger am Ende des Semesters seine Studenten in eine Kneipe einlud und Würstchen und Kartoffelsalat spendierte, erzählte er manchmal folgende Geschichte: Gott sitzt auf seinem Thron zusammen mit den Erzengeln Gabriel und Michael. Plötzlich macht Gott eine gereizte Handbewegung, als wolle er eine Stechmücke verscheuchen. „Schafft mir dieses lästige Insekt vom Halse!" „Herr, das ist kein Insekt, das ist die Erde. Erinnerst du dich nicht?" „Erde, Erde, Erde, sagt mir nichts." „Denk doch mal nach", sagt Gabriel, „am Anfang schuf Gott doch Himmel und Erde." „Sehr vage", sagt Gott. „Weißt du noch etwas davon?", fragt Gott. Michael sagt: „Ja, danach hast du das Licht geschaffen. Am sechsten Tag hast du Adam und Eva geschaffen." Gott: „Langsam erinnere ich mich wieder." „Du hast den Garten Eden für Adam geschaffen. Dort ist dann die Sache mit der Schlange passiert." „Ja, das weiß ich noch gut, aber wie ist die Sache ausgegangen?" „Die beiden haben den Garten Eden verlassen müssen. Du hast sie zum Tode verurteilt und verjagt." „Oh, das ist schade", erwidert Gott. „Von mir aus hätten sie doch ruhig bleiben können."

Aber Heidegger erlebte doch noch sein himmlisches Wunder. Als Heidegger in den Himmel kam, hatte er einen Wunsch offen. Er überlegte lange und wünschte sich endlich die Seins-Formel kennenzulernen. Gott war einverstanden. Er begann eine lange Formel aufzuschreiben. Heidegger las jede Zahl aufmerksam mit. Dabei wurde er immer nervöser. „Aber die ist ja voller Fehler", rief Heidegger wütend. „Ich weiß", sagte Gott und grinste.

Auch Sartre blieb eine tiefe Enttäuschung nicht erspart. Jean-Paul Sartre und ein Busfahrer gelangen nach dem Tod gleichzeitig ans Himmelstor. Gott mustert beide, dann sagt er zu dem Busfahrer: „Du kannst direkt in den Himmel." Zu Jean-Paul Sartre sagte er: „Tut mir leid, Jean-Paul, du musst ins Fegefeuer." Jean-Paul Sartre verlangt entrüstet eine Erklärung. Gott sagt: „Bei deiner Vorlesung haben alle Leute geschlafen, aber bei jeder Busfahrt haben sie gebetet."

Auch Albert Camus wurde überrascht. Nach dem schweren Autounfall kommt Albert Camus wieder zu sich und hört nur: „Schere, Zwirn, Schere, Zwirn." „Mein Gott,", fragt Camus, „bin ich denn so schwer verletzt?" „Nein", entgegnet eine tiefe Stimme. „Wir nähen ihnen nur gerade die Flügelchen an."

Wie lachte nun das philosophische Café über den Weltuntergang? Auch über den drohenden Weltuntergang, durch diverse Krisen, empfiehlt der neue Existentialismus das befreiende Lachen. Denn wie Kierkegaard sagt: „Humor ist die Freude, die die Welt überwunden hat." Witze über den Weltuntergang haben etwas Besonderes. „Es ist, als ob sie nichts sagten, denn sie sind ein Brechen des Schweigens über dem Abgrund, ohne es brechen zu können." (K. Jaspers: Philosophie, Band 2, S.234) Heidegger musste in einem Oberseminar erklären was passiert, wenn der Nihilismus siegt. Heidegger: „Die Technik wird uns zu Tode schleifen. Alle Intelligenz wird entwertet. Alles Leben hat keinen Sinn mehr. Wir treiben ziellos durch ein totes All." Daraufhin die Frage eines Studenten: „Soll ich unter derartigen Umständen noch die nächste fällige Rate für mein Auto bezahlen?" Einmal gab es ein sehr ernsthaftes Gespräch zwischen Heidegger und Jaspers. Fragte Jaspers: „Gilt beim Atomkrieg der kategorische Imperativ? Gilt also, dass die Maxime des eigenen Handelns ein allgemeines Gesetz werden kann?" Antwortete Heidegger: „Natürlich. Wenn ich eine Atombombe werfe, dann können doch auch alle anderen auch eine werfen. Meine Maxime wird so ein allgemeines Gesetz." Sagt Jaspers: „Aber dann gibt es doch keinen kategorischen Imperativ mehr." Antwortet Heidegger: „Das stimmt. Aber er hat dann wenigstens einmal richtig funktioniert."

Dazu passt folgende Nachricht: Gott lädt die drei Präsidenten der USA, Russlands und Israels zum Abendessen ein und teilt ihnen mit: „Ich werde die Welt in vier Wochen zerstören." Die drei Präsidenten fahren sofort in ihre Länder zurück. Der russische Präsident Putin erklärt: „Ich hab zwei schlechte Nachrichten: 1. Gott existiert und 2. in vier Wochen geht die Welt unter." Der amerikanische Präsident Obama sagt im US Fernsehen: „Ich habe eine gute und eine schlechte Nachricht: 1. Gott existiert und liebt Amerika. 2. Trotzdem geht in vier Wochen die Welt unter. Der israelische Präsident Netanjahu erklärt: „Ich habe endlich drei gute Nachrichten: 1. Ich gehöre zu den besten Politikern der Welt. 2. In einem Monat sind alle Probleme mit den Palästinensern gelöst. 3. Ich werde euer Präsident bis zum Ende der Welt sein."

Der Renner unter den Weltuntergangswitzen, mit der die letzte Abgrunds-erfahrung gelöscht werden kann, lautet nach Meinung des philosophischen Cafés folgendermaßen: Zwei Planeten begegnen sich. Sagt der eine Planet: „Mir geht es schlecht, ich bin sehr krank. Ich habe Homo Sapiens." Sagt der andere Planet: „Das hatte ich auch schon. Das vergeht schnell von selbst. Das ist alles halb so schlimm."

Der neue Existentialist bleibt dabei: unser Lachen ist zugleich Anzeichen unserer unendlichen Größe und unseres unendlichen Elends. Schwarzer Humor ist Trotz und Rebellion gegen den individuellen und den Gattungstod. Schwarze Witze können in Situationen der Abgrundserfahrung Energie zur Rebellion gegen die Herren der Apokalypse freisetzen. Existentialisten werden deshalb öfters philosophische Lachcafés organisieren. Denn für das rebellische Denken des starken Ichs gibt es keinen besseren Anlass als das Lachen. „Mit ihrem Lachen wird die Multitude einst das Empire begraben", schreibt Tonio Negri. Viele Menschen kommen in das Café mit dem Ausdruck stiller Verzweiflung. Wie können diese, fragte man im Café, denn ihr Glück finden?

6. Verzweiflung oder kurzes Glück des Ichs

„Es gibt nur ein ernsthaftes, philosophisches Problem: den Selbstmord.
Alles andere kommt erst später. Das sind Spielereien."
(Albert Camus)

Viele Teilnehmer des philosophischen Cafés in Berlin sind Skeptiker. Sie kommen aus Ostberlin und haben eine Systemkatastrophe hinter sich oder sie kommen aus Westberlin und leiden an der Alternativlosigkeit der Verhältnisse. Eine latente Verzweiflung bei gesteigerter Skepsis ist bei beiden Gruppen vorhanden. Menschen, die sich des Leidens unbewusst sind, richtige Massenmenschen, die die öffentliche Meinung einfach reproduzieren, sind im Café selten. Deshalb kommen viele ins Café, die der Verzweiflung entgehen wollen und das Glück suchen. Glücksmethoden werden von den Teilnehmern oft vorgestellt. Es wimmelt ja am Buchmarkt von Glücksbüchern, Glücksformeln und Glücksbestsellern, warum Glück nicht so wichtig ist. Diese extensive Glückskultur in Deutschland nützt auch im Café den Freiraum zur Selbstdarstellung. Da gibt es Vertreter des positiven Denkens, des Selbstgespräches, des ermutigenden Lesens. Fortgeschrittene vertreten die Vorbereitungen auf entscheidende Lebenssituationen. Auch Vertreter der Selbstprüfung, der philosophischen Kommunikation und der esoterischen Meditation treten auf. Seltener sind die, die metaphysische Leitern anbieten. Aber einige Frauen reden öfter von Lichtmeditation, vom Aufstieg zum Einen oder von der Verschmelzung mit der Natur. So entsteht der Eindruck, es gibt wenigstens individuelle Wege aus der Verzweiflung ins Glück. Das ist der Boden, auf dem der Existentialismus im Café am Glück arbeitet und die Verzweiflung bekämpft.

Dabei steht fest: Der alte Existentialismus verbreitete zuerst das Image der Heimatlosigkeit. Die Welt wird fremd. „Alle Dinge und wir selbst versinken in einer Gleichgültigkeit", schreibt Martin Heidegger (M. Heidegger: Gesamtausgabe, Band 9, S. 111). Das Ich entgleitet sich. Die Welt wird unheimlich. „Ich existiere entfremdet, ich lasse mich durch mein Draußen lehren, was ich sein soll." (J. P. Sartre: Das Sein und das Nichts, Reinbek, 2001, S.518) Sartres Held aus seinem Roman „Der Ekel" treibt diese Verzweiflung über sich selbst auf die Spitze. „Wenn ich jetzt Ich sage, kommt es mir hohl vor... und plötzlich verblasst das Ich und es ist aus damit." (J. P. Sartre: Der Ekel, Reinbek, 2002, S.190) Der Mensch ist heimatlos. Er ist unbehaust. Er leidet an metaphysischer Obdachlosigkeit. Dazu kommt, dass der heimatlose Mensch verzweifelt sowohl er selbst, als auch nicht er selbst sein will. Der Mensch ist dem Tod konfrontiert als Nichts. Es hat den Anschein, als ob der alte Existentialismus nur die Verzweiflung und das Leiden propagiert. Das ist nicht völlig falsch. Aber der Kampf um das Glück kennzeichnet den neuen Existentialismus. Allerdings in einer dunklen, absurden Welt, die am Abgrund steht. Diesen verzweifelten Spuren des Glücks sind wir im Café bei einigen Existentialisten gefolgt.

Das Glück ein Einzelner zu sein

„Ich bin ein Mensch, der von Kind auf in die elendeste Schwermut gefallen ist. Das ganze Dasein ängstigte mich von der kleinsten Mücke bis zu den Geheimnissen der Inkarnation: es ist mir alles unerklärlich, am meisten ich selbst", schreibt Søren Kierkegaard (1813-1855). Nach rauschenden Festen wollte er sich oft erschießen. Seine geplatzte Verlobung mit Regine Olsen 1840 stürzte ihn in unbeschreibliche Verzweiflung. Er zieht sich von allen Menschen zurück und schreibt 1843-1851 seine wichtigsten Bücher, die als Texte des ersten Existentialisten, alle ohne jede Resonanz bleiben. Seine Bücher heißen: „Furcht und Zittern" (1843), „Der Begriff Angst" (1844), „Die Krankheit zum Tode" (1849) usw. Kierkegaard galt in Kopenhagen als verschroben und wurde zur Spottfigur. Er hatte Verfolgungsideen. Aber trotzdem kämpfte er um sein Glück, indem er um sein Ich kämpfte. Er wusste, sein Ich ist ein Einzelnes, das von der Masse getrennt ist. „Der, welcher gelernt hat, dass es das furchtbarste von allen ist, als Einzelner zu existieren, der soll nicht bange sein zu sagen, dass es das Größte ist." (S. Kierkegaard: Furcht und Zittern, Reinbek, 1961, S.69) Als Einzelner lebt er in der Angst und in der Angst begegnet er dem Nichts. Das Nichts als der Tod stellt den Einzelnen vor die Alternative sich zu fliehen oder er selbst zu sein. **Die Wahl seiner selbst** ist dann ein ganz besonderer Augenblick. „Ein solcher Augenblick muss doch einen besonderen Namen haben, wir wollen ihn nennen: die Fülle der Zeit." (S. Kierkegaard: Werke, Band 5, S.16) In der Fülle der Zeit erlebt das Ich die Fülle des Lebens. Diese Fülle war für Kierkegaard im Schreiben erlebbar: „Eine ungeheure Schwermut, innere Leiden, alles, alles konnte ich bewältigen – wenn ich schreiben durfte" (S. Kierkegaard zit. n. P. R. Rohde: Søren Kierkegaard, Hamburg, 1959, S. 138). Schreiben, schnelles schreiben, schreiben nach Musik, das war für Kierkegaard in einer Welt der absurden Verzweiflung das Glück.

Das Glück des dionysischen Rausches

Kaum ein Existentialist hat so gelitten, wie **Friedrich Nietzsche**. Sein Leben war von ständigen Krankheiten geprägt. Er litt unter Migräne und Depression. Er endete 1889 im Wahnsinn. Aber diese Verzweiflung über sich selbst konnte Nietzsche lange beherrschen. Er ließ sich von seiner Verzweiflung nicht lähmen. Als er 1878 wegen Krankheit seine Professur in Basel aufgeben musste, wurde er wandernder Philosoph. Neben Tagen der Inspiration standen Zustände der Seins-Erfahrung von erschreckender Abgründigkeit. Er hatte schauderhafte Grenzerfahrungen und dann wieder Erfahrungen mystischer Höhen in vollendenster Helligkeit. Er erlebte Augenblicke radikaler Bedrohung. Aber alle seine vom ihm entdeckten Methoden der Glückssteigerung stellte er unter die Lebensmaxime des Willens zur Macht. Aus dem Willen zur Macht ergibt sich für ihn das Glück des umwertenden Denkens. „Schaffen – das ist die große Erlösung vom Leiden und des Lebens leicht werden. Aber dass der Schaffende sei, dazu selber tut Leid not und viel Verwandlung." (F. Nietzsche: Werke in die Bänden, Band 2, S. 345) Das Einzelglück liegt für Nietzsche in seinem Gedankenexperimenten: Übermensch, ewige Wiederkehr, Überwindung des Nichts. Um diesem radikalen beglückenden Denken zu folgen, setzt er sich Gebote: „Du sollst dich keiner Zeremonie der Kirche unterwerfen. Du sollst um die Wahrheit zu sagen, das Exil vorziehen." Er befragt sich selbst: „Was macht heroisch?" Antwort: „Zugleich seinem höchsten Leiden und seiner höchsten Hoffnung entgegen gehen." „Woran glaubst du?" „Daran, dass die Gewichte aller Dinge neu bestimmt werden müssen." (F. Nietzsche: Werke in drei Bänden, Band 2, S.159 f.) Stellen Sie sich mal diese zwei Fragen und prüfen Sie dann ihre Antwort.

Als Nietzsche den „Zarathustra" schreibt, wird er von ungeheuren Inspirationen überwältigt. „Eine Entzückung, deren ungeheure Spannung einen Tränenstrom auslöste ... Das ist meine Erfahrung von Inspiration" (F. Nietzsche: Werke in drei Bänden, Band 2, S. 1131f.). Im Glück nennt Nietzsche den Grund seines Glücks: die dionysische Erfahrung. Dionysos ist der griechische Gott des Rausches, und beim Denken ergriff Nietzsche oft der Rausch des Glückes. Der Gipfel des Glücks ist sein Erlebnis, dass er, Friedrich Nietzsche, leibhaftig ewig wiederkehrt, weil es die ewige Wiederkehr der Erde gibt. Nach jedem Endknall entsteht die Erde mit dem nächsten Urknall neu und mit ihr alle gleichen Leben. Im Glück dieser Wiederkehr ist der Tod völlig gleichgültig. Der Tod ist banal. Das Sterben ist gleichgültig. Denn ein Wimpernschlag dauert es nur, dass das extreme und gefährliche dionysische Leben neu beginnen kann. Karl Jaspers hat von Nietzsche viel gelernt.

Das Glück der Existenz-Erhellung

Karl Jaspers (1883-1969) gehörte zu den organisch kranken Hochtalenten. Von Kindheit an war Jaspers krank. Er hatte Bronchialblutungen als Folge von Mukoviszidose. Sein Herz war schwach. Er durfte sich nicht anstrengen. Auch ihn quälten Depressionen. Er glaubte sich tot. Er lebte im Faschismus in ständiger Selbstmordbereitschaft. Aber er entwickelte seine Methoden zur Erkämpfung seines Glücks. Er klärte am Abend, was er getan hatte. Er suchte täglich Möglichkeiten sein Ich steigern zu können. Er beurteilte sich streng. Er suchte Worte gegen seine Verzweiflung, gleichsam Zauberworte. Er lernte aus der Philosophiegeschichte. (K. Jaspers: Einführung in die Philosophie, München, 1963, S. 118 f.) Durch das Erfahren von Grenzensituationen – wie Tod, Leid, Schmerz, Einsamkeit – wurde er zur Philosophie getrieben. Er wollte die Spaltung der Welt in ein Subjekt, das fragt und das Objektsein der Dinge, die stumm bleiben, überwinden. Sein größtes Glück beim Transzendieren von Subjekt und Objekt hieß: „Der Mensch vermag die Subjekt -Objekt-Spaltung zu überschreiten, zu einem völligen Eins-Werden von Subjekt und Objekt, unter Verschwinden aller Gegenständlichkeit und unter Erlöschen des Ichs. Da eröffnet sich das eigentliche Sein und unterlässt beim Erwachen ein Bewusstsein tiefster, unausschöpfbarer Bedeutung." (K. Jaspers: Einführung in die Philosophie a.a.O., S. 33) Um das Glück der Ich-Auflösung zu erleben, praktizierte er das Tagträumen, den freien Einfall, das Lesen mystischer Texte, die philosophische Meditation. „Philosophische Meditation ist ein Vollzug, in dem ich zum Sein und zu mir selbst komme" (K. Jaspers: Über meine Philosophie. In: Ders.: Schicksal und Wille. Autobiographische Schriften, München, 1967, S. 401f.). Glück ist für Jaspers auch die gelingende philosophische Kommunikation zwischen Ich und Du. Er sagt: „Die Wahrheit beginnt zu zweien." (K.Jaspers: Einführung in die Philosophie, a.a.O., S. 119) Das Glück festigt sich im philosophischen Glauben, der paradox weiß: „Gott ist – aber es ist kein Gott. Es gibt eine ewige Welt – aber es gibt keine ewige Welt." Jaspers weiß nicht, was die Wahrheit ist, aber „solcher Glauben in widersprüchlichen Grundsätzen ausgesprochen scheint mir sinnvoll." (K. Jaspers: Einführung in die Philosophie, a.a.O., S. 93) Jaspers hat viele Einflüsse von Kierkegaard verarbeitet. Er stand im denkenden Wettstreit mit Heidegger.

Das Glück des dichtenden Denkens

Martin Heidegger (1898-1976) wird zum Priester bestimmt und studiert im Jesuiten-Kolleg. Zwei Jahre beackert er die Theologie und wirft hin, um Philosophie zu studieren. Früh zieht er sich auf seine Berghütte im Schwarzwald zurück. Er hat oft Ängste, Todesängste, verstärkt durch seine Teilnahme am 1.Weltkrieg. Er leidet auch an Depressionen. Er hat eine lebenslange außereheliche Beziehung zu Hannah Arendt, die bei ihm studiert und ihn dann verlässt. Sie ist Jüdin. Heidegger aber, als Professor und Rektor der Universität Freiburg, ist strammer Hitler-Anhänger und Antisemit. Aber selbst nach 1950 kehrt Hannah Arendt für kürzere Aufenthalte aus ihrem Exil in den USA nach Deutschland zurück, um Martin Heidegger zu sehen. Als Adolf Hitler sich umbringt, erleidet Heidegger einen Nervenzusammenbruch und muss mit Intervallen immer wieder therapeutische Hilfe, auch stationärer Art, in Anspruch nehmen. Heidegger erhält nach 1945 Berufsverbot. Das Sich-Selber-Wählen wird für ihn, der sich aus dem Gerede der Gesellschaft befreien will, zur Hauptaufgabe. Er will „das Freisein für die Freiheit des Sich-Selber-Wählens" (M. Heidegger: Sein und Zeit, Tübingen, 1960, S. 188). Um die Todesangst abzuschwächen, praktiziert er den Vorlauf zum Tode. Das Erleben der antizipierten Todesnacht zwingt ihn zum Durchbrechen dieser Nacht, um wahrhaft zu existieren. Diese wahrhafte Existenz erlebt er nur „in ganz wenigen Augenblicken auf der Spitze der Möglichkeiten". (M. Heidegger: Das Problem der Metaphysik, Frankfurt, 1991, S. 92) Im Dasein vor dem Tod droht die Langeweile, die ihn oft plagte und die er bewältige, indem er sie lange aushielt. Nach der inneren Trennung von Hitler werden die Dichter Friedrich Hölderlin, Rainer Maria Rilke und Georg Trakl zum Bezugspunkt seines Denkens. Dichten erscheint ihm ein Weg zum Sein, das die Philosophie lange vergessen hat. Heidegger reist nach Griechenland an die Orte der Vorsokratik, die als großer Anfang des Denkens dem Sein noch begegnet ist. Über seine Reise berichtet er: „Eine geringe Ahnung der Stunde des Pan. Nachklänge der Flucht der Götter." Er dichtet über die Erfahrung des Denkens auf seiner Berghütte: „Die Verdüsterung der Welt erreicht nie das Licht das Seyns. Wir kommen für die Götter zu spät und zu früh für das Seyn." (M. Heidegger: Aus der Erfahrung des Denkens, Pfullingen, 1981, S.21) Denken wird Heidegger zum Dichten. Im Dichten erfährt er sein Glück. „Es denkt immer in mir. Ich kann mich nicht dagegen wehren." Denken ist Dichten. „Denken ist die Einschränkung auf einen Gedanken, der einst wie ein Stern am Himmel der Welt stehen bleibt. Auf einen Stern zu gehen, nur dieses." (M. Heidegger: Aus der Erfahrung des Denkens, a.a.O., S. 7) Im Dichten über den Stern des Seins erlebt er ein Glück, als Lichtung des Seins, als Hirte und Dichter des Seins, für private Augenblicke. Aber der alte Existentialismus kennt auch das politische Glück. Besonders in Frankreich.

Das Glück der Revolte

Albert Camus (1913-1966) leidet seit seinem 17. Lebensjahr an Tuberkulose. Diese Krankheit fesselte ihn. Er erfährt als Journalist, oft in Hotelzimmern lebend: es gibt keinen Gott. Die Welt hat keinen Ursprung und kein Ziel, weder Sinn noch Gehalt. Sie ist leer. Sie ist absurd. Er studierte neben dem Beruf Philosophie. Er schließt sich in den 40er Jahren des 20. Jahrhunderts der französischen Résistance und ihrem Kampf gegen die deutsche Besatzung in Frankreich an. Er geht von Algerien nach Paris. 1942 erschien sein philosophischer Essay „Der Mythos vom Sisyphos " und sein Roman „Der Fremde". Mit diesen existentialistischen Werken bewältigt er seine Selbstmordimpulse. Er schreibt: „Es gibt nur ein wirklich ernstes, philosophisches Problem: den Selbstmord... Alles andere kommt erst später. Das sind Spielereien." (A. Camus: Mythos des Sisyphos, Hamburg, 1959, S. 9) Die Absurdität der Welt springt ihn oft aus heiterem Himmel an. Die sinnlose Alltagsroutine provoziert die Erfahrung des Absurden. Aber die Revolte gegen das Absurde wird zu seiner Erfahrung des Glücks. Sisyphos ist der Held gegen das Absurde. „Man muss sich als Sisyphos als glücklichen Menschen vorstellen." Die Verachtung des Schicksals wird zur Hauptmethode des Glücks bei Camus. „Der Kampf gegen Gipfel vermag ein Menschenherz auszufüllen" (A. Camus: Der Mythos von Sisyphos, a.a.O., S. 101). Die Gipfel heißen: Tod, leerer Himmel und Faschismus. Gegen diese Gipfel entwickelte Camus seine metaphysische und politische Revolte. „Ich revoltiere, also sind wir", schreibt er in seinem zweiten philosophischen Werk „Der Mensch in der Revolte" (Deutsch, Hamburg, 1953, S. 13) Das Dichten im surrealistischen Stil ist eine Eroberung und zugleich die einzig mögliche des höchsten Punktes. (A. Camus: Der Mensch in der Revolte a.a.O., S. 102) Gegen das Scheitern aller bisherigen Revolutionen setzt Camus die permanente Revolte. In dieser permanenten Revolte erscheint das Absurde nicht als Nacht, sonders als Licht. „Am Ende dieser Finsternisse ist indessen ein Licht zu erwarten, das wir schon erraten und für das wir zu kämpfen haben, damit es sei." (A. Camus: Der Mensch in der Revolte, a.a.O., S. 310) Das Glück ist die Hoffnung auf den neuen Menschen, die neue Erde. „Im Lichte liegend bleibt die Welt, unsere erste und letzte Liebe." (A. Camus a.a.O., S. 311) Als glücklicher Rebell stiftet er viele Glücksaktionen der Anarchie an.

Im Café also erkannten wir: der rebellische Existentialismus kennt viele Spielformen des Glücks. Der neue Existentialismus vertreibt die Verlassenheit des Menschen. Er vernichtet die Verzweiflung. Wenn die Welt am Abgrund steht, dann sind es die Existentialisten, die inmitten der Krisen die Renaissance des philosophischen Glaubens vorbereiten. Auch wenn dieses nur Wenige wissen, die neuen Existentialisten stellen die absurde Welt, wie wir sie kennen, in Frage. Ihre Auflehnung gegen das Absurde gibt ihrem Leben ihren Wert. Ihre Existenzerhellung, ihr Dichten, ihr Rebellieren kann an einem Tag zerstört werden, aber sie wissen, das ist so viel wertvoller als für Jahrhunderte an Geldpalästen und Aktiendomen, Atombomben und biologischen Waffen an Drohnen und Massengiften zu bauen. Denn der Existentialist ist ein Sisyphos, der zu seinem Stein immer wieder zurückkehrt und der den Tod und die Vernichtung der Welt nicht nur für ein Verbrechen hält, sondern auch für höchst verächtlich. Es ist ein Glück Rebell zu sein. Antonio Negri formulierte schärfer: „Es ist ein Glück Kommunist zu sein." Es ist Glück Militant zu sein, sagt Negri. Denn der Militante verwandelt „Rebellion in ein Projekt der Liebe." Das gilt auch heute in der 2.Weltwirtschaftskrise. Verzweiflung lässt sich auch heute für Augenblicke in Glück verwandeln. Dieses Glück besteht in der Spanne der Zeit zwischen dem friedlichen Protest der rebellischen Ichs und dem Anrücken der Panzer (G. Agamben: Die kommende Gemeinschaft, Berlin, 2003, S. 80). Kein Glück ist der Vorschlag von Slavoj Žižek, den ein Teilnehmer des Cafés aufbrachte: „Man sollte das Schreckgespenst der „Diktatur des Proletariats " gründlich entmystizieren" (S. Žižek: Auf verlorenen Posten, Frankfurt, 2009, S. 224). Diese These zum Glück wurde im Café zum Glück ausgebuht. Das war das überraschende Ergebnis der Diskussion über das Glück im Café. Das kurze Glück kann durch eine existentialistische Selbstanalyse verlängert werden.

Wir sahen uns nun diese existentialistische Selbstanalyse im Café genauer an.

7. Leiden und Heilung des Ichs in der existentialistischen Psychotherapie

*„Jedes psychische Leiden entspringt
aus der Trennung des Ichs vom All-Einen.
Die Rückkehr zum All-Einen hebt alle psychischen Leiden auf."*
(Ken Wilber)

Viele Teilnehmer des philosophischen Cafés fragten: „Kann denn der neue Existentialismus auch heilen?" Ein Professor der vergleichenden Psychotherapieforschung, sagte: „Ja." „Und wie geht das?", fragten die Teilnehmer. „Ich gebe einige Beispiele", sagte der Professor. „Ich greife weit zurück. Es beginnt in Asien mit Buddha. Seine heilenden Lehrsätze lauteten: Das Leben ist Leiden. Die Gier ist die Entstehung des Leidens. Die Meditation ist die Aufhebung des Leidens. Das ist der achtfache Pfad, der zur Auflösung des Leidens führt. Lange vor dem Existentialismus gab es also eine heilende Philosophie. Platon heilte durch den Aufstieg zu den Ideen. Seneca versprach den stoischen Weg durch das Leid zur Seelenruhe. „Das Leben ist eher zu belachen als zu beweinen", riet Seneca. Der letzte römische Philosoph Boethius trat, im Gefängnis auf den Tod wartend, in einen Dialog mit der Todesangst. Ich komme zur Neuzeit", sagte der Professor, „Michel de Montaigne erfindet die Selbstanalyse und die Selbsttherapie im Alter. Montaigne riet, die schrecklichen Vorstellungen vom Alter zu vergessen und lieber tanzen zu lernen. Robert Burton, der englischen Bibliothekar, arbeitete lebenslang an der Therapie der Melancholie. Er schlug das positive Denken vor. Kant riet zur Vernunft, um wahnsinnige Gedanken zu bemeistern. Franz Messmer erkennt in der Hypnose den Königsweg der Aufhebung des Leidens." „Aber wo bleibt der Existentialismus?", fragten die Teilnehmer. „Er beginnt als existentialistische Psychotherapie bei Søren Kierkegaard." Kierkegaard riet: „Der Einzelne muss seine Verzweiflung erkennen und überwinden." Arthur Schopenhauer entdeckte, dass der Wahnsinn aus der Verdrängung traumatischer Emotionen stammt und diese Verdrängung durch Katharsis aufgehoben werden muss. Friedrich Nietzsche baute eine Psychotherapie des Lebens auf der ewigen Wiederkehr und auf der Überwindung des Menschen auf. Sigmund Freud wird der größte Schüler von Schopenhauer und führt dessen Selbstanalyse weiter. Alfred Adler, der die existentialistische Psychoanalyse von Jean-Paul Sartre stark beeinflusste, führte das Leiden auf die gesellschaftliche Macht zurück. Die Heilung des Ichs erkannte Adler in der Bildung eines revolutio-

nären Wirs. Carl Gustav Jung entdeckte die Heilung durch die Archetypen,
in dem er Platons Ideen als Strukturen des kollektiven Unbewussten der
Gattung akzeptierte. Martin Heidegger meinte: „Nur ein letzter Gott, kann
uns vom Leiden erlösen." Dem widersprach Erich Fromm. „Die Gesellschaft
ist wahnsinnig. Gesundheit ist nur durch Revolution möglich." Emil Cioran
sagte: „Es gibt einen Weg aus der Hölle, das ist die ,Leiter der Freiheit'."
Michel Foucault versucht die Wurzel des Wahnsinns auszugraben und die
Stigmatisierung von sexuellen Abweichlern aufzugeben. Der amerikanische
Psychoanalytiker Irvin Yalom hat dann die existentialistische Psychotherapie
formuliert. „Es geht", sagte Yalom, „um die Bewältigung von Tod, Freiheit,
Isolation und Sinnlosigkeit." Ken Wilber sagte dagegen kurz und bündig:
„Jedes psychische Leiden entspringt aus der Trennung des Individuums vom
All-Einen. Die Rückkehr zum All-Einen hebt alle psychischen Leiden des Ichs
auf." Der Professor hatte sich große Mühe gegeben, aber viele Teilnehmer
des Cafés waren nur verwirrt. Sie forderten: „Ende mit dem Fastfood. Wir
wollen vom Leiden und der Befreiung des Ichs mehr hören." Deshalb kam es
im philosophischen Café in 14 Sitzungen mit jeweils etwa 120 Teilnehmern
zu folgenden Vertiefungen der Lehre der Heilung des Ichs in der existentia-
listischen Psychotherapie.

Wir mussten dafür im Café etwas ausholen. Wir leben in einer leidenden
Gesellschaft. „Insgesamt ist der Anteil der Depression in der Gesellschaft von
etwa 3% auf 5% in den letzten zehn Jahren gestiegen. (A. Ehrenberg: Das
erschöpfte Selbst. Depression und Gesellschaft in der Gegenwart, Frankfurt,
2004, S. 21) Die Depression verbindet sich heute mit vielen psychopatholo-
gischen Problemen, wie Alkoholismus, Drogensucht oder Selbstmord. Die
Isolierung älterer Menschen nimmt zu. Viele Mensche, die im 19. Jahrhundert
hysterisch waren, sind heute einsam und bindungsunfähig (vgl. E. Schorter:
Moderne Leiden, Reinbek, 1994, S. 537). 11 Millionen Menschen in Deutschland wachen heute mit Schmerzen auf und müssen mit ihnen auch wieder
einschlafen. Besonders seelische Schmerzen entziehen sich oft der Sprache.
Ein Typus von Schmerz ist trotz allem technischen Fortschritts unbesiegbar:
Der Schmerz und das Leiden an der begrenzten Existenz. Dieses existentielle
Leiden erscheint als Entfremdung vom eigenen Ich, als Beziehungsstörung,
als Halluzination, als Verlust angemessener Kognition und Affekte, als Angst
vor dem Tod, der Macht und dem Weltuntergang. Solche Phänomene sind
nicht auf Gehirnerkrankungen reduzierbar, trotzdem diese Phänomene ihre
Basis im Gehirn haben. Der Existentialismus thematisiert den Verlust der
seelischen Stabilität und versucht Wege zu ihrer Heilung. Der Existentialist
stützt sich bei dieser Aufgabe auf eine lange Tradition. Der Existentialismus
wendet sich an alle, die zur Selbsthilfe bereit sind, nicht an psychisch Kranke,
die der Hilfe von Ärzten und Psychotherapeuten bedürfen.

In einem philosophischen Café hat Lehrer O. folgendes Gedicht über seine Heilungshoffnungen an den Existentialismus verfasst und verlesen:

„Ich habe keine Eltern.
Ich mache Foucault und Camus zu meinen Eltern.
Ich habe keine Zauberkraft.
Ich mache die Kraft des Existentialismus zu meiner Kraft.
Ich habe keine Freunde.
Ich mache den Existentialismus zu meinem Freund.
Ich hab für mein Ich keinen Schutz.
Ich mache die Existenzerhellung zu meinem Schutz.
Ich bin wehrlos gegenüber dem Tod.
Ich mache die permanente Revolte zur Abwehr meines Todes. "

Der Existentialismus entwickelte in seiner Psychotherapie 10 Schwerpunkte, die zugleich die Schwerpunkte der existentiellen Selbsttherapie sind. Diese Schwerpunkte wurden von Kierkegaard, Nietzsche, Schopenhauer, Freud, Adler, C. G. Jung, M. Foucault, E. M. Cioran, M. Heidegger, E. Fromm, K. Wilber in gegenseitiger Beeinflussung besonders im Hinblick auf Leiden und Heilung des Ichs untersucht. Sie kamen dabei zu den Resultaten, die der amerikanische Psychoanalytiker und Existentialist Irvin Yalom in seinem Hauptwerk „Existentielle Psychotherapie" (Köln, 2000) zusammengefasst hat.

Beginnen wir zuerst mit den 10 Schwerpunkten der existentiellen Psychotherapie, ehe wir das Modell der existentiellen Selbsttherapie vorstellen, das im Café lebhaft entwickelt und diskutiert wurde.

Die 10 Schwerpunkte der existentiellen Psychotherapie

1. Ich

Alle seelischen Leidenszustände, wie Angst, Verzweiflung und Ich-Spaltung sind für Søren Kierkegaard Folgen der Flucht des Ichs vor der Erkenntnis des Ichs in seiner vereinzelten Begrenztheit. Für Kierkegaard gibt es 3 Formen des Leides des Ichs: Schizophrenie, verzweifelt nicht man selbst sein zu wollen, Masochismus: über sich selbst völlig zu verzweifeln, Selbstmordimpulse: verzweifelt man selbst sein zu wollen und zu scheitern. Die Heilung der Ich-Krise gelingt, wenn der Einzelne die Lebensform der Oberflächlichkeit (ästhetisches Leben) und der äußerlichen Pflichtstrenge (ethisches Leben) durch ein religiöses Leben überwindet. Das religiöse Leben besteht in der Auflösung der Ich-Krise im Glauben an das paradoxe Absolute. Damit begann es.

2. Wahnsinn

Arthur Schopenhauer entdeckte die Weltformel für die Psychotherapie: die Lehre von der Verdrängung. Das Trauma eines Verlustes führt zur Verzweiflung des Ichs. Der Verlust wird vertieft durch die Unersättlichkeit des unbewussten Willens, der das Ich überwältigt. Die Unersättlichkeit führt zur Verdrängung des Traumas durch das Ich und die Auslöschung der Erinnerung an das Trauma. Die Wiederherstellung der Erinnerung und die Auflösung des Verdrängten führen das Ich zur Selbsterkenntnis. Kathartische Selbsterkenntnis erscheint als Weg zur Heilung vom Trauma. Das war der nächste Schritt.

3. Leib

Für Friedrich Nietzsche ist der Leib, als Selbst des Ichs mit seinem unterdrückten Willen zur Macht, die Ursache vieler geistiger Krankheiten. Die Gesellschaft hat folgende Formen der Leibunterdrückung entwickelt: Verteufelung der Lust, Verekelung der Leibesbedürfnisse, Selbstkasteiung der Triebe. Der Aufstand gegen die Leibfeindlichkeit richtet sich gegen das Christentum mit seiner Leibverachtung. Die Heilung von der Leibunterdrückung heißt: den Willen des Leibes achten, sich leibgerechter ernähren, leibgemäßer wohnen, dem Leib sinnliche Experimente gestatten. Leibtherapie wird schließlich Tanztherapie im Sinne dionysischer Ekstase. Den Leib befreien.

4. Sexualität

Für Sigmund Freud war die Sexualität der Brennpunkt der Impulse des Unbewussten. Freud sah in der Sexualverdrängung den Ursprung des Leides des Ichs. Der Kern der Aufhebung des Leidens war die Bewusstmachung der Triebschicksale und die Tilgung der Erinnerungslücken über den Ödipus-Komplex. Die Selbstanalyse war für Freud der ursprüngliche Weg der Katharsis, um über die Deutung von Träumen und Fehlhandlungen zur Heilung des Ichs zu kommen. Ohne Selbstanalyse keine Heilung.

5. Leben

Die moderne Gesellschaft unterdrückt für C. G. Jung im Ich das Leben und seine Energie. Die verdrängten, unbewussten Gefühle können als mythische Bilder das Bewusstsein überschwemmen und das Ich zerstören. Die Heilung besteht in der Individuation: das Ich distanziert sich von den kollektiven Bildern des Unbewussten und erkennt die Lebensenergie als Quelle des Ichs an. Das Ich wird in der Individuation zugleich autonom und Teil des Selbst, das Leib, Seele und Geist umfasst. Das Ich wird dem Selbst folgen.

6. Macht

Die gesellschaftlichen Machtverhältnisse unterdrücken für Alfred Adler den Willen zur Macht im Ich. Das Ich entwickelt als Gegenwehr Größenfantasien als Lebensziel und Lebensstil, die aber dann zur Ausgrenzung und Isolierung des Ichs führen. Die individuelle Ohnmacht kann erst durch das Gemeinschaftsgefühl, das Wir-Gefühl überwunden werden. Das Gemeinschaftsgefühl entsteht durch Selbstanalyse in Selbsthilfegruppen und in Netzwerken sozialer Aktion. Das Wir heilt.

7. Ausgrenzung

Die moderne Gesellschaft perfektioniert nach Michel Foucault die Vernunft und sperrt die unvernünftigen Ichs weg: in Psychiatrien, Gefängnisse und Krankenhäuser. In diesen Institutionen wird das abnorme Ich etikettiert und stigmatisiert und für eine Außenseiterkarriere sozialisiert. Das Ich muss mit den antiken Methoden der Selbstsorge: des Selbstgesprächs, der Selbstbetrachtung, der Tagesbilanz, der Bildung von Vorsätzen und den Rückzug auf sich selbst, die gesellschaftliche Ausgrenzung durchbrechen. Der Hellenismus hilft.

8. Sinnlosigkeit

Das Leben ist eine vollständige Fehlkonstruktion, denkt E. M. Cioran. Das Leiden am Leben kann nur durch Weltflucht geheilt werden. Die Methoden der Weltflucht als Methoden der Flucht vor dem Ich-Bewusstsein heißen: Musik, Meditation und Weinen. Diese Methoden haben das Ziel: wo Ich war soll Nicht-Ich werden. Die beste Methode um in das Nicht-Ich zu gelangen, ist der Vorlauf vor die eigene Geburt, die so oft wie möglich in Gedanken angetreten werden sollte. Der Rücklauf vor die Geburt mildert das Leiden, das aus dem Ich-Bewusstsein entspringt. Jeder fehlende Lebenssinn wird dem gelassenen Ich ganz gleichgültig. Es wird bereit zum Wir.

9. Tod

Das Ich ist heute vereinzelt, einsam, heimatlos, Opfer der Gesellschaft stellte Martin Heidegger fest. Alles Leiden des Ichs zeigt sich in psychosomatischen Symptomen, als Protest gegen die massenhafte, sinnlose Einzelexistenz. Heilung gelingt erst, wenn sich das Ich für sich und seine Existenz entscheidet. Im Vorlauf zum Tod erlebt das Ich das Nichts. Das Nichts kann sich im Vorlauf zum Tode auch zum Sein lichten. Die entschiedene Existenz geht gelassen in den Tod, weil sie alles, was sie als Möglichkeit ist, ausgelebt hat, in deutlicher Distanz zur Masse. Das entschiedene Ich glaubt sich als Teil der Seins-Geschichte, die auf die Ankunft des kommenden Gottes ausgelegt werden kann als auf das kommende Wir.

10. Gattungsmord:

Das Ich wird vom Lebens- und Todestrieb geprägt, denkt Erich Fromm. Wenn die Gesellschaft den Lebenstrieb blockiert, setzt sich der Todestrieb durch. Die Durchsetzung des Todestriebes zeigt sich in der Anhäufung A-B-C-Massenvernichtungswaffen auf diesem Globus. Diese Waffen werden von Eliten gesteuert, die vom Todestrieb besessen sind. Die Heilung der Gesellschaft als ganzer muss die Todestrieb-Besessenen in Selbsthilfegruppen zum Lebenstrieb animieren. Eine biophile Lebensreform in Richtung Radikaldemokratie und politischen Räten ist der beste Schutz zur Verbreitung biophiler Iche zur Entmachtung der vom Todestrieb-Besessenen Herren der Apokalypse und des Gattungsmordes. Ohne Revolution keine Liebe zum Leben.

Im Café haben wir noch einen Punkt ergänzt:

11. All-Eines

Jedes psychische Leiden des Ichs entspringt der Trennung des Ichs vom All-Einen. Die Rückkehr des Ichs zum All-Einen durch die Entwicklung kosmischen Bewusstseins im Ich hebt alle psychischen Leiden auf. Die subjektive Heilung des Ichs durch Meditation, Körperarbeit, Atemtherapie u.s.w. muss mit der Heilung der Gesellschaft verbunden werden. Die individuelle Heilung des Ichs sollte deshalb Teil der spirituellen Revolution der neuen Wirs sein.

Zusammenfassung

Alle existentielle Psychotherapie steht über Kierkegaard hinaus in einer Tradition, die bis zu Buddha und seinen vier edlen Wahrheiten über das Leiden zurückreicht. Jedes Ich wird in seinem Lebens gezwungen sich mit den Haupterscheinungen des Leidens: Tod, Freiheit, Isolation und Sinnlosigkeit auseinanderzusetzen. Sollte das Ich an diesen Leidensursachen scheitern, drohen ihm nur die Vertiefungen des Leidens. Das Scheitern wird verhindert, wenn das Ich die existentiellen Themen aus der Verdrängung befreit. Die Befreiung von Todesangst wird durch Wiedergeburtserlebnisse unterstützt. Die Freiheit kann durch die richtige existentielle Wahl bewältigt werden. Die Isolation wird durch Meditation und Engagement in soziales Handeln umgewandelt und dabei wird neue Lebenskraft gewonnen. Die Bewältigung der Sinnlosigkeit gelingt durch die Rebellion gegen das absurde Kapitalsystem. Diese Rebellion stiftet eine Teilnahme des Ichs am rebellischen Wir.

Sie können etwas für die Bekämpfung Ihrer Leiden und für Ihre Heilung im Sinne einer existentiellen Psychotherapie tun, indem Sie folgende Übungen der existentiellen Selbsttherapie absolvieren, wie sie auch im philosophischen Café über ein halbes Jahr praktiziert wurden.

Die existentielle Selbsttherapie in 11 Schwerpunkten

1. Ich

Seelische Krankheiten sind Spaltungen des Ichs. Wollen Sie verzweifelt Sie selbst sein oder nicht Sie selbst sein? Antworten Sie mit 2 spontanen Sätzen.

2. Wahnsinn:

Leiden besteht aus Verdrängung. Welche Traumata haben Sie in Ihrem Leben erlebt? Schreiben Sie zu jedem mutmaßlichen Trauma Ihres Lebens einen Freewriting-Text von 10 Sätzen.

3. Leib

Wenn Sie Ihren Leib weiter unterdrücken droht Ihnen Leiden. Wie gehen Sie mit Ihrem Leib um? Schreiben Sie die Geschichte Ihres Leibes am gestrigen Tag.

4. Sexualität

Die misslungene Verdrängung Ihrer Sexualität kehrt als Leiden wieder. Welche sexuellen Frustrationen Ihres Ichs begleiten Ihr Leben? Schreiben Sie Ihre sexuelle Krisenbiografie in 20 Sätzen.

5. Leben

Leiden entsteht durch die Überflutung Ihrer Ichs durch die Lebensenergie. Haben Sie Nacht- oder Tagträume, die mythische Themen darstellen? Suchen Sie die biografischen und die interkulturellen Ursachen zu Ihren mythischen Komplexen.

6. Macht

Alles Leiden des Ichs entsteht aus sozialer Ohnmacht. Legen Sie 2 Spalten an:
1. Spalte: alle Ohnmachtserfahrungen meines Ichs
2. Spalte: alle Allmachtsphantasien meines Ichs
Klären Sie dann, wie Sie Ihre Allmachtsphantasien sozialverträglich gestaltet
haben oder gestalten können.

7. Ausgrenzung

Die Stigmatisierung von unkonventioneller Sexualität schafft großes Leiden.
Wie könnten Sie für Ihr Ich sexuelle Entspannung erlangen? Schreiben Sie
in einem Brief an einen Freund oder Freundin Ihre Wünsche nach sexueller
Entspannung. Schicken Sie diesen Brief aber niemals ab.

8. Sinnlosigkeit

Das Leiden scheint die Folge einer verfehlten Schöpfung durch einen bösen
Gott zu sein. Stellen Sie sich vor, es gäbe einen guten Gott außerhalb der
Schöpfung. Beschreiben Sie Ihren Weg über die „Brücke der Freiheit", aus
dem Reich des bösen Gottes der Welt zum guten Gott außerhalb des Kosmos,
der vom bösen Gott völlig unberührt ist. Erleben und beschreiben Sie bei
Ihrem Weg die immer stärker werdende Sinneserhellung in der Befreiung
durch den bösen Gott.

9. Tod

Aus der Selbstvergessenheit des Ichs resultieren weitere Leiden. Prüfen Sie in
Ihrem Vorlauf zum im Tod ihr Ich. Stellen Sie sich vor Sie sterben. Beschreiben
Sie, wie der Tod sich nähert und wie Ihre Existenz sich lichtet.

10: Gattungstod

Die Gesellschaft produziert Menschen, die den Tod aller Menschen lieben
und an den Hebeln der Macht sitzen. Meditieren Sie über das gesellschaftliche
Aggressionspotenzial und die Angst Ihres Ichs vor dem Leben. Schreiben Sie
ein Gebet an die Liebe zum Leben, oder werden Sie lieber bei Attac aktiv.

11. All-Eines

Nur die Rückkehr zum Einheitsbewusstsein, zum kosmischen Bewusstsein,
befreit das Ich vom Leiden. Beschreiben Sie Ihre Widerstände gegen Medi-

tation und kosmisches Bewusstsein und die Erfahrungen, nachdem Sie die Widerstände überwunden haben und offen für ein Wir des philosophischen Glaubens sind.

*Der **Lehrer O.** schrieb folgende kurze existentielle Selbsttherapie. Er las sie auch im Café vor:*

„Oft bin ich mit mir nicht eins.
Ich will ich selbst und will nicht ich selbst sein.

Es ist das Trauma der Geburt,
das mir im Leben oft nachgeht.

Mein Leib hat Bedürfnisse, die können
nicht befriedigt werden, glaube ich.

Oft mache ich Liebe, aber sie war nicht
das, was ich suchte.

Die Kraft des Lebens hat mein Ich oft bedroht.

Meine Minderwertigkeit war Anlass zu
vielen Phantasien der Größe, die mich
lachen ließen.

Allein blieb ich, weil ich anderen fremd
blieb.

Der Tod begleitete mich immer, so sehr ich ihn auch
verdränge.

An das Ende der Welt musste ich oft denken, leider.
Aber jenseits von Welt und Ich ist das umgreifende All-Eine.

Der Kosmos ist still, sicher.
Ich denke, ich bin geborgen.

Ich bin nicht verloren.
Ich bin auf eine Art gelassen,
die ich nicht verstehe.
Vielleicht ist es das Ich im Wir der Rebellion.“

Wenn wir die Ergebnisse der vielen Diskussionen und Übungen im philosophischen Café zur existentialistischen Selbstanalyse zusammenfassen, kommen wir zu folgendem Resultat:

Jedes Ich sehnt sich nach der Wahrhaftigkeit, Gegründetheit, Gemeinschaft und Struktur und doch müssen wir uns alle dem unausweichlichem Tod, der Heimatlosigkeit, der Isolation und der Sinnlosigkeit stellen. Diese Zerstörung des Besten am Ich kann das starke Ich bewältigen, wenn es sich dem Strudel des Nihilismus selber aussetzt und dabei eine rebellische Haltung des heroischen Humanismus erlangt. Das Schicksal des Ichs kann durch Verachtung des Geldes und durch Solidarität mit der rebellischen Menschheit überwunden werden. Das Ich wird dann in den Fluss der permanenten Rebellion eintauchen. Die letzten Fragen nach den letzten Dingen werden dabei nicht gelöst. Sie werden aber davonschwimmen. Nach dieser Zusammenfassung wollten einige im philosophischen Café prüfen, ob sie metaphysische und politische Rebellen werden sollten. Die Reise des Alltagshelden und der Alltagsheldin macht anschaulich wie das gehen kann. Deshalb griff das nächste philosophische Café das Thema des Alltagshelden und der Alltagsheldin in 14 Sitzungen auf.

8. Die Alltagsheldenreise des Ichs im Existentialismus

„Jeder Mensch hat in seinem Leben periodisch den Wunsch,
bestimmte gefährliche Situationen kennenzulernen, und sich in die andere
Welt der Mythen vorzuwagen."
(Mircea Eliade)

Der Existentialismus fordert: jedes Ich muss in den Zeiten absurder Katastrophen zu einem Alltagshelden bzw. Heldin werden. „Wie kann das möglich sein?", fragte eine Studentin. Es gibt für Männer und Frauen die Lebensmuster der großen Heldinnen und Helden der griechischen Mythologie. „Diese Lebensmuster sollte man kennenlernen", sagte ein Pfarrer. „Viele Existentialisten fühlten sich nur in der Radikalität des Lebens der griechischen Heroen wohl.", meinte ein Philosoph. „Stellt euch vor, euer Leben ist wie Sisyphos", sprach ein Anhänger von Albert Camus. „Und ihr seid glücklich. Denkt an Ödipus, der die größten Verbrechen beging und doch auf Kolonos zum Frieden fand", sagte ein Psychoanalytiker. „Studiert Prometheus, der die Welt rettet, um den Preis unendlicher Leiden", das waren die Worte eines Schülers von Hans Blumenberg, „der über Prometheus in seinem Buch „Arbeit am Mythos" 1200 Seiten schrieb." Das sagte wieder der Student. Eine Lehrerin warf ein: „Ihr könnt auch von Kirke lernen, oder von Medusa, oder von Pallas Athene." Oder von den Amazonen, rief eine Teilnehmerin.

Damit wurde klar, es gibt viele Heldenwege aus der ersten Achsenzeit von 1000 v. Chr. bis 1000 n. Chr., die heute in der zweiten Achsenzeit des Absurdismus seit 1800 aus einem ängstlichen Ich einen heroischen Menschen mit starkem Ich machen kann. Über diese Reise des Ichs wurde dann lange im Café diskutiert. Der folgende Text fasst für alle, die nicht dabei waren, diese Diskussionen zusammen.

Wir begannen im Café mit einem kleinen Blick in die Geschichte des Mythos. Der Mythos hat eine lange Geschichte. Sie beginnt mit der Mythologie der Jäger- und Sammlerkulturen (80000 v. Chr. – 5000 v. Chr.). Der Jäger- und Sammlermythos umfasst im Schamanismus schon die **Abgrundserfahrung** des Abstiegs in die Unterwelt und die **Gipfelerfahrung** des Aufstiegs in den Himmel. In der Jägermythologie entstand der Mythos von der Heldenreise:

der Held bricht aus dem Alltag auf, reist in ferne Welten zu den Göttern hinauf und kämpft im Abstieg mit dem Tod und mit den Ungeheuern der Unterwelt. Im Laufe dieser Reise verwandelt sich das Ich des Helden und er kehrt mit neuen Einsichten zu seinem Stamm zurück (J. Campbell: Die Mythologie der Urvölker, Basel, 1991, S. 259 ff.). Noch in der Zeit der Städtegründung, lange nach der Sesshaftwerdung, lebte die Heldenreise. Das Gilgamesch – Epos, um 3000 v. Chr., umfasst die typischen Heldentaten, wie den Kampf des Helden Gilgamesch mit dem Naturmenschen Enkidu, der Abstieg in die Unterwelt, die Auseinandersetzung von Gilgamesch mit der Göttin und die Suche nach Unsterblichkeit. Die Götter aber werden schwächer. Die Helden rücken deshalb in der weiteren Geschichte der Mythologie in den Vordergrund. „Die frühe Helden-Mythologie wird in der ersten Achsenzeit in die Religionssysteme der entstehenden Weltreligionen integriert", schreibt der Existenzphilosoph Karl Jaspers in seinem Buch „Vom Ursprung und Ziel der Geschichte" (Frankfurt, 1956). Diese Mythologie der ersten Achsenzeit lehrt das Leiden und die Aufhebung des Leidens. Diese neue Mythologie fördert die Individualität (vgl. K. Armstrong: Die Achsenzeit, München, 2006, K. Armstrong: Eine kurze Geschichte des Mythos, Berlin, 2005). Die erste Aufklärung in der Antike machte mit dem Logos Front gegen den Mythos. Statt aus Göttern, entspringt die Welt nun aus der Urmaterie, aus Atomen oder aus den vier Elementen, lehren die Vorsokratiker in Griechenland. Der Mythos wird zur Kulttragödie. Für Platon sind die Mythen erst Altweibergeschichten. Am Ende seines Lebens gibt Platon aber zu, dass da, wo das Denken an Abgrund- und Gipfelerfahrungen scheitert, der Mythos spricht. Aristoteles hielt Mythen erst für Unsinn, später sagte er: „Die Mythen haben dem Denken, auf dem Weg zum unbewegten Beweger, einen großen Dienst erwiesen." Im Mittelalter herrschte nur noch der Monomythos der Heldenreise von Jesus Christus. Die Aufklärung und die industrielle Revolution zeigten: Mythen sind überholt. Der neue Held war der Wissenschaftler, der Erfinder und Techniker. Diese Helden waren vom Logos inspiriert und nicht vom Mythos. Aber die Katastrophe des 1. und 2. Weltkrieges zeigte die Grenzen des Logos. Die Mythologie der zweiten Achsenzeit (1800 n. Chr. – heute) schuf den **persönlichen Mythos**. Das begann intensiv mit der Romantik, führte aber im 20. Jahrhundert zu intensiver Arbeit an der persönlichen Mythologie, die sich aus den Mythen der ersten Achsenzeit speist, aber meist unbewusst bleibt. Abgrund- und Gipfelerfahrungen werden auch heute oft noch in mythischer Sprache ausgedrückt. Nach Joseph Campbell beginnt die Arbeit an der persönlichen Mythologie in der frühen Kindheit. Sie greift auf Erfahrungen der Geburt zurück. Die Pubertät mythologisiert die Initiationsrituale. In der Krise der Lebensmitte und in der Krise des Lebensendes machen sich weitere mythologische Motive des Kampfes mit Tod und Absurdität bemerkbar (vgl. J. Campbell: Der Heros in 1000 Gestalten, Frankfurt, 1987). Auch der Existentialismus hat seinen Beitrag zur Helden- und Heldinnenreise geleistet.

Der Existentialismus hat fünf Typen der Heldenreise als persönlichen Mythos entworfen:
1. Der Aufstieg und der Untergang des Helden
2. Der Heldenweg des Rebellen
3. Der Heldenweg der Rebellin
4. Der vierfache Heldenweg
5. Der Heldenweg zum letzten Gott

Im Café haben wir uns diese fünf Typen vorgestellt und durchdiskutiert.

1. Der Aufstieg und der Untergang des Helden

Die Arbeit an der modernen Heldenreise beginnt bei **Friedrich Nietzsche**. Der Mythos ist für Nietzsche der Grund jeder Kultur. Alle Kräfte der Phantasie werden durch den Mythos gerettet. In der Gegenwart fehlt der Mythos. Es entsteht der mythenlose Mensch, der „ewig hungernd hinter allen Vergangenheiten her ist und sucht, grabend und wühlend, nach Wurzeln." (F. Nietzsche: Kritische Studienausgabe, Band 1, S.146) Der Mythos kann die absurde Welt ästhetisch rechtfertigen. Für Nietzsche beginnt seine persönliche Mythologie mit Apollon und Dionysos. Das Dionysische ist der Geburtsschoß des Mythos. Apollon ist für Nietzsche das vernünftige Ich, während das Dionysische das Ich sprengt „und der Weg zu den Müttern des Seins, zu dem innersten Kern der Dinge offenliegt" (F. Nietzsche: Kritische Studienausgabe, Band 1, S.103). Apoll ist der Gipfel, Dionysos der Abgrund der Seele. Dieser Gegensatz wird Nietzsches Lebensweg, als Weg des Helden, prägen. In der Nacht von Rapallo überfiel 1883 Nietzsche ein neuer Mythos. „Dort fiel mir der ganze „Zarathustra" ein, vor allem Zarathustra selber als Typus: richtiger, er überfiel mich." (F. Nietzsche: Kritische Studienausgabe, Band 6, S.336) Mit dem Zarathustra verschmolz Nietzsches Ich. „In dem, was Zarathustra, Moses, Mohammed, Jesus, Plato, Brutus, Spinoza, Mirabeau bewegte, lebe ich auch schon." (F. Nietzsche: Kritische Studienausgabe, Band 9, S.642) Zarathustras Weg in die Höhle zum Gipfel der Erkenntnis dauerte 10 Jahre, und seine Rückkehr und sein Untergang bei den Menschen war dann der Heldenweg, den dann auch Nietzsche gegangen ist. „Ich musste Zarathustra, einem Perser, die Ehre geben. Perser haben zuerst Geschichte im Großen gedacht." (F. Nietzsche: Kritische Studienausgabe, Band 11, S.11) Zarathustra tötet auf dem Gipfel seiner Erkenntnis Gott. Seine eigene Erkenntnis heißt nun: Übermensch und

ewige Wiederkehr. Der Heldenweg zurück zu den Menschen wird aber für
Zarathustra ein Fiasko. Der „letzte Mensch" lehnt Zarathustras Botschaft
herzlich dankend ab. Der „letzte Mensch" lacht hysterisch, weist auf Milliarden Fondswerte hin und blinzelt in die Sonne. So endet auch Nietzsche als
gescheiterter Held, als Anhänger des Gottes Dionysos, der gegen den Ge-
kreuzigten, das Diesseits gegen das Jenseits verteidigt: Sein letzter Rat lautet:
„Brüder bleibt der Erde treu." Das gilt auch für die Schwestern. Kommen wir
nun zum zweiten persönlichen Mythos des Existentialismus.

2. Der Heldenweg des Rebellen

Albert Camus fühlte sich nur in der Welt der griechischen Mythen wohl (A.
Camus: Tagebücher 1935-1951, Reinbek, 1995, S. 296). Er begeisterte sich
für Menschen, die ihren mythischen Heldenweg gehen. Da gibt es für ihn den
Weg des Sisyphos, der die Götter leugnet und Felsen hebt und dem Selbstmord, als Abgrundsverlockung, entsagt. „Wir müssen uns Sisyphos als einen
glücklichen Menschen vorstellen" (A. Camus: Der Mythos von Sisyphos,
Reinbek, 1950, S. 101). Den Weg zum Gipfel weist Camus Prometheus, der
Retter der Menschheit, der den Menschen das Feuer bringt. Prometheus ist,
als Strafe für seine Rettung, am Gipfel fest angeschmiedet und der Adler
frisst seine Leber. „Die Mythen schildern uns Prometheus am Ende der Welt
an eine Säule gekettet, ein ewiger Märtyrer ohne Gnade für alle Zeit, der es
ablehnt, um Befreiung zu bitten" (A. Camus: Der Mensch in der Revolte,
Hamburg, 1953, S. 31). Prometheus ist für Camus die Urform des politischen
Aufstandes. Prometheus ist für Camus ein „revolutionäres Ideal" (A. Camus:
Tagebücher, a.a.O., S. 89). Prometheus hat die Abgrundserfahrung des Scheiterns einer Revolution überwunden und den Weg zu einem neuen Aufschwung
der Revolution freigemacht. Camus kann mit diesem persönlichen Mythos
seinen Weg der Rebellion weitergehen. Auch nach der absurden Höllenwelt
von Gulag, Auschwitz und Hiroshima. Der Existentialismus kennt aber auch
die persönliche Mythologie der Rebellin.

3. Der Heldenweg der Rebellin

Simone de Beauvoir geht den feministischen Heldinnenweg. Dieser Heldinnenweg ist auf die Zerstörung männlicher Mythen angelegt. Sie zerstört
in ihrem Buch „Das andere Geschlecht" alle patriarchalischen Mythen, die
das weibliche Ich an die Abgrundserfahrung fesseln. Jede Frau beginnt ihre
Reise zum starken Ich mit der Trennung von dem autoritären Mann, der die

Frau zur leeren Existenz verurteilt. (S. de Beauvoir: Das andere Geschlecht, Reinbek, 1997, S. 559) Auf dieser Reise identifiziert sich die Frau mit dem Mythos der heiligen Hure. Sie erlebt eine Gipfelerfahrung: „Sie schwebt im Glorienschein hoch über den Wolken der Ewigkeit, während die Geschöpfe auf der Erde anbetend niederknien. Sie ist Gott." (S. de Beauvoir: Das andere Geschlecht a.a.O., S. 785) Die heilige Hure wird auf dem weiteren Heldinnenweg zur Mystikerin, die erkennt: Jesus hat die Leiden der Frauen nur imitiert. „Die Frau ist es, die dann am Kreuz hängt, die dann in Herrlichkeit auferstehen wird." (S. de Beauvoir, a.a.O., S. 838) Die Reise der Heldin endet im Alter. Im Alter begegnet sie dem Mythos der alten Weisen, die die Männer beherrscht. (S. de Beauvoir: Das Alter, Reinbek, 1994, S.471) Kommen wir nun zum vierfachen Heldenweg.

4. Der vierfache Heldenweg

Karl Jaspers hat in seinem Buch „Die großen Philosophen" seine idealen Heldenwege im Abschnitt „Die maßgebenden Menschen" vorgestellt. Man sollte diese 4 Heldenwege von Sokrates, Konfuzius, Jesus und Buddha, aber nicht als Vergottungswege falsch verstehen, sondern als Appell, selbst ein Alltagsheld auf seinem eigenen Weg im absurden Heute zu werden.
Sokrates, ist der erste Rebell der Philosophie, der ohne Todesangst vor der Abgrundserfahrung des Giftbechers besteht.
Buddha lehrt den Gipfelweg jenseits der Götter.
Konfuzius steht für den Weg des Scheiterns, als Humanist.
Jesus ist der Leidensweg bis zur Vernichtung. Sein Ende ist das Kreuz.

Die Helden der ersten Achsenzeit lassen den heutigen Existentialisten der zweiten Achsenzeit nicht gleichgültig. „Wir wissen nur, was wir sind und tun, wenn wir es im Schatten von den Helden her sehen." (K. Jaspers: Die großen Philosophen, München, 1997, S.228) Unser existentieller Weg des Alltagshelden muss die Todesangst besiegen, den Gipfel jenseits der Götter ersteigen, lange Wege ins Scheitern erleben und bis zur Selbstzerstörung leiden. Das ist Jaspers' Vorschlag für eine persönliche Mythologie. Wie steht es aber mit Heidegger, wurde dann im Café gefragt.

5. Der Heldenweg zum letzten Gott

Martin Heidegger kannte als Jesuitenzögling nur einen mythischen Helden: Christus. Sein Hauptwerk „Sein und Zeit" schaffte dann aber ein Denkmal für den einsamen heroischen Soldaten der Westfront in seiner Unbehaustheit. 1933 erkannte Heidegger auf seinem Weg, dass Nazi-Hitler ein Halbgott ist. „Der wahre und je einzige Führer weist in seinem Sein allerdings in den Bereich der Halbgötter." (M. Heidegger: Gesamtausgabe, Band 39, S. 210) Heidegger bekennt: „Der Führer selbst und allein ist die heutige und künftige deutsche Wirklichkeit." (M. Heidegger: Gesamtausgabe, Band 16, S. 184) Kurz vor dem 2. Weltkrieg, als Heidegger Nazi-Hitler aufgegeben hatte und die Weltabgrundserfahrung immer näher kam, spricht Heidegger von dem Vorbeigang des letzten Gottes als letzter Gipfelerfahrung. Diese Erfahrung werden aber nur die großen und verborgenen Einzelnen erleben. Der Prophet des letzten Gottes ist für Heidegger Hölderlin. „Hölderlin ist für mich der Dichter, der in die Zukunft weist, der den Gott erwartet." (M. Heidegger: Gesamtausgabe, Band 16, S. 678) Hölderlin hat Dionysos „unter das Finstere der Weltnacht herabgebracht" (M. Heidegger: Holzwege, Frankfurt, 2003, S.271). So ist schließlich auch Nietzsche für Heidegger ein Sterblicher, der den Dionysos preist. Das Scheitern am verschwundenen Gott, der Weg durch die Weltnacht und die Hoffnung auf einen Neuanfang, das ist Heideggers persönlicher Mythos.

Um das Wesen des mythischen Heldenweges genauer zu erleben, haben wir im Café folgende kleine Übungen gemacht.

Kleine Übungen zum persönlichen Mythos im Geiste des neuen Existentialismus

Versuchen Sie den mythischen Aspekten Ihrer eigenen Lebensgeschichte auf die Spur zu kommen, wie sie den Existentialisten schon bekannt waren.

Krisen:
Schreiben Sie schnell auf, was Ihnen zu Ihren eigenen Lebenskrisen in den Sinn kommt: zu Ihren Abgrunds- und Gipfelerfahrungen im Lebenslauf.

Helden/innen sammeln:
Legen Sie eine Liste aller Helden/innen, die Ihnen in Ihrem Lebens schon imponiert haben, an. Ordnen Sie dann diese Liste chronologisch zu Ihrem Lebenslauf.

Anti-Held:
Jeder Held/in hat einen Gegner. Erfinden Sie zu jedem Ihrer Helden/innen aus Ihrem Lebenslauf einen Anti-Helden/ bzw. Anti-Helden.

Mini-Mythos:
Beschreiben Sie Ihr Leben als Heldenreise in 8 Stationen:
1. Geburt
2. Einweihung
3. Rückzug
4. Suche nach dem Sinn
5. Konfrontation mit dem Tod, dem Untergang
6. Aufstieg in himmlische Erwartungen
7. Wiedergeburt
8. Verwandlung des Alltags

In diese Stationen können Sie die gefundenen Elemente zu Krisen, Held und Anti-Held/ bzw. Anti-Heldin einbauen.

Im Café wurden dann folgende existentielle Mini-Mythen ausprobiert:

Existentielle Mini-Mythen

1. Beschreiben Sie Ihr Leben als männlicher oder weiblicher Sisyphos. Welche Berge kennzeichnen Ihr Leben und welche Steine? Warum rollen immer wieder runter und warum rollen Sie die Steine immer wieder hinauf? Warum waren Sie dabei glücklich?
2. Beschreiben Sie Ihr Leben als männlicher oder weiblicher Prometheus. Welche Rebellion haben Sie in Ihrem Leben versucht? Warum sind Sie gescheitert und gefesselt worden und wie haben Sie weitergemacht?
3. Beschreiben Sie Ihr Leben als Begegnung mit einem männlichen oder weiblichen Gott. Welcher Gott war es? War es eher ein Dionysos oder ein Apoll, eine Athena, oder eine Persephone? Wie erlebten Sie diese Begegnung? Wie veränderte diese Begegnung Ihr Leben?
4. Beschreiben Sie Ihr Leben als eine Begegnung mit einem oder mehreren maßgebenden Menschen der ersten Achsenzeit. Wann, wo, wie mit welchen Folgen? Wie hat diese Begegnung auf Sie gewirkt?
5. Beschreiben Sie Ihr Leben als heilige Hure, Mystikerin, als Heilige ohne Gott, als leidende Frau, als alte Weise, die in ihrem Leben alles Extreme erlebt und überlebt hat.
6. Beschreiben Sie Ihr Leben als 100-Jährige, als Magierin. Beschreiben Sie, wie Sie aus einer Weisheit leben, die kein männlicher Verstand nachvollziehen kann.

Wenn im Café oft auch nur ein paar Seiten über den persönlichen Mythos geschrieben wurden, so zeigten sich doch einige Aspekte eines alltäglichen Helden-Ichs im Geiste des neuen Existentialismus. Hier wollen wir nur einige Beispiel dokumentieren.

Ein Arbeiter sah sein Leben als **Sisyphos**. *Sein Text lautete:*
„Mein Leben war voller Berge. Immer wenn ich eine große Herausforderung bewältigt hatte, kam die nächste. Mein erster Stein war die Pubertät. Ich konnte meine Identität nicht finden. Mein zweiter Stein war meine erste Ehe, die zerbrach. Mein dritter Stein fiel mir zu als ich 60 war. Ich bekam Angst vor dem Tod. An meinem vierten Stein, dem Wir, arbeite ich jetzt als Rentner. Nun kämpfe ich um einen Sinn. Ich bin immer noch nicht glücklich."

Eine Pfarrerin sah ihr Leben als **Prometheus**. *Ihr Text hieß:*
„Ich habe über das Feuer der Aufklärung von der Kanzel sprechen wollen. Das war 1968. Das hat mir nicht gut getan. Ich wurde von der Kirche entlassen. Ich blieb an den Fesseln sozialer Arbeit hängen. Das ging Jahre so. Ich wurde depressiv. Ich machte eine Psychotherapie. Sie befreite mich von den Ketten. Heute lebe ich allein. Ich bin eine Heldin des Alltags."

Ein Student schilderte seine Begegnung mit **Sokrates** *einem Helden der 1. Achsenzeit. Er schrieb:*
„Schon im ersten Semester habe ich viel über den Tod des Sokrates gelesen. Meine Jugend war durch die Diskussion um wahre Werte geprägt. Ich studierte dann Philosophie und musste erleben, dass ich von den Kommilitonen angefeindet wurde. Ich reise nach Athen auf den Spuren von Sokrates. Er war für mich kein Skeptiker. Er war nicht der erste Idealist vor Platon, sondern ein Psychotherapeut auf der Agora. Ich habe mein Philosophiestudium dann abgebrochen. Ich arbeite jetzt mit Kindern. Wie Sokrates möchte ich vor meinem Tod noch auf den Trümmern der Bastille tanzen lernen.

Der **Lehrer O.** *hatte sich in die Frage des Ichs im Existentialismus besonders verbissen.*
Er kam – nach den Sitzungen des philosophischen Cafés – oft zu mir um nachzufragen. Ein Gespräch lief etwa folgendermaßen:

Lehrer O.:
„Das Existieren beginnt mit dem starken Ich. Aber wie kann ich mein Ich stärken?"

Meine Antwort:
„Es gibt viele Methoden. Aber die wichtigste ist, dass Ihr Ich ein Wir findet."

Lehrer O.:
„Das geht über den klassischen Existentialismus hinaus. Die Anderen sind die Hölle, sagte doch Sartre."

Meine Antwort:
„Die heutige Zeit erfordert vom Ich neue Orientierung. Der Einzelne kann nicht als Einziger den neuen Grenzsituationen, Finanzkrise, Europakrise, Weltordnungskrise standhalten. Die heutige Zeit erfordert einen radikaleren Existentialismus als zur Zeit von Sartre und Heidegger."

Lehrer O.:
„Ich suche mein Ich in einem Wir über das Internet. Ich meditiere, ich mache Selbsttherapie, ich denke."

Meine Antwort:
„So kann es gehen. Jeder beginnt die Rebellion jetzt."

Lehrer O.:
„Ich werde mich auf jeden Fall im Lachen verbessern. Schwarzer Humor wird schließlich meine Lebensgrundlage, hoffe ich."

Kommen wir nun zum 3. Teil des neuen Existentialismus: Kommen wir zum Schweigen der Transzendenz und zu den Spuren der Hoffnung. Denn in unserer Welt gibt es keinen rettenden Gott. Es sei denn für seine Gläubigen: das Kapital. Der Weg des starken Ichs muss die Marter der schweigenden Transzendenz bestehen, um zur Hoffnung der gottlosen weißen Mystik zu kommen.

Darüber verhandelte das philosophische Café in erbitterten Kämpfen. Es ging um die heutigen Spuren der Hoffnung in der Weltnacht beim Beginn der Morgenröte.

„Und so lange Du das nicht hast,
Dieses: Stirb und Werde!
Bist Du nur ein trüber Gast
auf der dunklen Erde."
(J. W. Goethe)

Teil C

Die schweigende Transzendenz und die Spuren der philosophischen Religion

Einleitung

Auch das starke Ich der Rebellion muss sich endlich dem Tod stellen. Die Hoffnung muss überprüft werden. Das starke Ich stirbt aber nicht, wenn es stirbt, soweit es im Wir stirbt, bevor es stirbt. Das könnte ein Trost sein. Es gilt also im folgenden, nach der Klärung der existentiellen Revolte, um die metaphysische Revolte des Ichs. Im Verlauf der metaphysischen Revolte wird das Ich in den Strom des Lebens eintauchen auf den Spuren der philosophischen Religion. Wir werden deshalb im 3. Teil folgende existentialistische Themen des philosophischen Cafés abhandeln:

1. Gotteswiderlegungen oder Gottesbeweise
2. Die fremde oder die eigene Religion
3. Nihilistischer oder humanistischer Atheismus
4. Die schwarze oder die weiße Mystik

Wir werden also sehen, wie das starke Ich scheitert, ohne als Existenz aber völlig vernichtet zu werden. Denn es bleibt doch die mystische Hoffnung in einer dunklen Zeit. Wie das im Café gehen konnte, wird der folgende 3. Teil schildern.

1. Gotteswiderlegungen oder Gottesbeweise

„Was im Augenblick verschwindend doch ewig ist,
das ist Existenz.

(Karl Jaspers)

Als das philosophische Café sich mit dem Thema Gott befasste, waren erstmals viele Teilnehmer perplex. „Gott", sagte ein Atheist „ist in der Alltagssprache der allgemeinste, undefinierteste und selbstverständlichste Begriff." Man stellte schnell fest: jeder Mensch sagt dreimal am Tag „Oh, Gott", „Mein Gott", „Gott sei Dank", „Ach Gott" usw. Viele Sprichwörter sprechen von der Allmacht Gottes oder vom Widerspruch in Gott. Sie sagen: „Wenn Gott will, so tagt es" oder „Zu Gott hinken die Leute und zum Teufel laufen sie". „Aber", widersprach ein Bänker, „es gibt so viele Gottesbegriffe wie Weltanschauungen. Die Theisten sehen in Gott ein überweltliches Wesen, das alles von ihm Verschiedene aus dem Nichts schöpferisch hervorgebracht hat. Die Deisten glauben, dass Gott die Welt zwar geschaffen, nach der Schaffung aber die Welt sich selbst überlassen hat. Die Pantheisten sagen: Gott ist Natur. Die Natur ist Gott. Die Mystiker behaupten, Gott ist das Eine und das Alles. Die Welt und der Mensch sind nichts." Einem Schüler war das viel zu komplex. Er sagte: „Ich habe nur eine Frage: Wer hat Gott geschaffen?" Es war deshalb ein Fortschritt im existentiellen Denken, dass das philosophische Café sich konkreter mit Gotteswiderlegungen und Gottesbeweisen befasste.

Eins steht fest: die moderne Philosophie umgeht gerne die Gottesfrage als Zentrum jeder Metaphysik. Gotteswiderlegungen und Gottesbeweise zeigen, dass Gott keine berechenbare Sache in der Welt ist, sondern alles übersteigen muss, was sich das Ich überhaupt vorstellen kann. Aber Metaphysik, die Suche nach dem, was über das Physische hinausgeht, scheint am Ende. Die philosophische Sprachanalyse kommt zu dem Resultat, dass alle Sätze der Metaphysik völlig kompletter Blödsinn sind (R. Carnap). Die Tendenz hat eine breite Tradition. Jeder kennt den Ruf Nietzsches: „Gott ist tot!" Karl Marx erkannte in der Metaphysik reines Opium für Dumme. Martin Heidegger forderte als Existentialist eine Überwindung der Metaphysik. Ein heutiger Blick auf die Metaphysik trifft auf ungünstige Verhältnisse. Die Suche nach dem Metaphysischen kann sowohl auf die Abgrundserfahrung des Zusammenbruchs aller Denkbemühung treffen, als auch auf die taghelle Gipfelansicht neuer Erkenntnis. Es könnte auch sein, dass die archaischen Zeiten der Seinserhellung, die von der Nacht der christlichen Seinsverdunklung abgelöst wurde, heute wieder in eine Geschichtsphase der „Lichtung des Sein" übergeht. Wie dem auch ist, die Klärung der Gottesfrage muss für den neuen Existentialismus, wie alle anderen Fragen auch, am Nullpunkt beginnen. Dabei ist klar, selbst die größten Denker konnten das Dasein Gottes nie so klar beweisen, dass es alle Menschen überzeugt hätte. Auch die Widerleger Gottes finden heute eine prekäre Welt vor, in der noch rund 70% aller lebenden Menschen an Gott glauben, welcher das auch immer ist. Aber für das Denken am Nullpunkt ist es von vornherein klar, dass der so nah gewünschte Gott fern, verborgen und unerweisbar bleibt. Deshalb ist der Existentialismus auch in der Gottesfrage gespalten: während Sartre und Camus die Nicht-Existenz Gottes beweisen, ist Kierkegaard von der Existenz Gottes überzeugt. Cioran, Jaspers und Heidegger bleiben unentschieden. Sie sagen einfach „Jein!". Um die Position des Existentialismus zu verstehen, muss man sie in die Geschichte der Gotteswiderlegung und Gottesbeweise einordnen. Das haben wir dann auch im Café getan.

Das Denken über Gott bewegt sich immer in Widersprüchen. Das Denken über Gott, entgrenzt, enthebt, lässt verzweifeln. „Es fördert die Leidenschaft zur Nacht und die Sehnsucht nach dem Licht", warnt Karl Jaspers (K. Jaspers: Philosophie, Berlin, 1956, Band III, S. 68–128). Allerdings kann im Denken über Gott theoretische Freude und Glück entstehen, weil das Ich sich mit der ewigen, weltumfassenden Frage befasst. Und Theodor W. Adorno sagte schon: „Metaphysik besteht heute nicht in festen dogmatischen Antworten, sondern eben im Fragen." (T. W. Adorno: Philosophische Terminologie, Frankfurt, 1974, Band 2, S. 166) „Das Denken über Gott geht auf unterschiedliche Weltanschauungen zurück", stellt Karl Jaspers fest. Wie schon gesagt: für Nihilisten ist Gott Priesterschwindel und Diktatorentäuschung. Für Theisten ist Gott ein Gegenstand von Gesetzen. Der Deist sieht Gott und die Welt getrennt. Der Pantheist sieht den Kosmos als Gott. Der Mystiker kann nur von der Vereinigung von Ich und Gott sprechen. So argumentiert Karl Jaspers in seiner „Psychologie der Weltanschauungen" (Berlin, 1954, S. 286, 310, 454ff.). Das Denken über Gott stützt sich auf unterschiedliche Erfahrungen im Lebenslauf der Ichs bis heute. Auch Existentialisten berichten in der Moderne von metaphysischen Erfahrungen. Nietzsche rief am Ende seines Lebens: „Mein unbekannter Gott. Mein Schmerz. Mein letztes Glück." Bei der Abfassung des „Zarathustra", schreibt Nietzsche, habe er gelitten wie ein Gott, wie ein Dionysos (F. Nietzsche: Werke in 3 Bänden, München, 1960, Band 2, S. 1138). Karl Jaspers begegnete dem Unendlichen in seiner Heimatstadt Oldenburg beim Anblick der Nordsee: „Das Meer ist die anschauliche Gegenwart des Unendlichen." Martin Heidegger hielt der Feldweg in Tottnau im Hoch-Schwarzwald in der richtigen Seins-Stimmung, wenn die Rätsel einander bedrängten und kein Ausweg sich bot. E. M. Cioran verlor mit 21 Jahren die Fähigkeit zu schlafen. Schlaflos dachte er immer an Gott, um den Gedanken an Gott am Morgen auf den „Kehricht zu werfen". Alle Gottesbeweise schienen ihm als klare Gotteswiderlegungen. Das Ich weiß also, Metaphysik ist heute immer noch ein Abenteuer. **Deshalb begannen wir im philosophischen Café mit den Gotteswiderlegungen in der Neuzeit.**

Der große Aufklärer Immanuel Kant, wies bei den Gottesbeweisen auf klare Erkenntnisgrenzen hin. Seine Gotteswiderlegung hieß: „Der Mensch kann nur in den Grenzen der sinnlichen Wahrnehmung erkennen. Innerhalb dieser Grenzen ist Gott nicht zu erkennen. Also gibt es keinen Gott." Ludwig Feuerbach enthüllte den Menschen als umfängliches Wunschwesen. Er argumentierte: „Der Mensch ist ein umfängliches Wunschwesen. Gott ist das höchste Ziel der menschlichen Wünsche. Also existiert Gott nur als Objekt in der menschlichen Phantasie." Arthur Schopenhauer störte sich daran, dass alle Gottesbilder menschliche Züge tragen. Er sagt: „Metaphysische Mächte werden als Person dargestellt. Die Wissenschaft weiß aber nichts von derartigen Personen. Also gibt es keinen Gott." Karl Marx hatte für seine Opiums-These eine klare Erklärung: „Der Mensch produziert sein Leben selber, aber unter entfremdeten Bedingungen. Wie das Kapital verselbstständigt sich die Metaphysik gegenüber ihren Urhebern. Also ist Gott nur das verselbstständigte Produkt entfremdeter Produzenten." Der Materialist Baron Holbach fasste sich da viel kürzer: „Alles in der Welt ist Materie. Gott ist in dieser Materie nicht zu finden. Also gibt es keinen Gott." Der Geist entwickelt sich in Stufen, dachte der französische Philosoph Auguste Comtes. Die Stufen heißen: Theologie, Metaphysik und Soziologie. Heute herrscht die Soziologie, die keinen Gott voraussetzt und braucht, weil die Gesellschaft Gott ist. Die Religionsgeschichte zeigt einen Zerfall des Christentums. Für Nietzsche heißt das: „Das Christentum löst sich als führende Religion auf. An die Stelle der Christen treten die Übermenschen. Also ist Gott tot." Charles Darwin glaubte: „Die Entstehung der Welt ist der Evolution geschuldet. Die Evolution ist ein sich selbst steuernder Prozess. Also gibt es keinen Gott." Martin Heidegger unterschied in der Geschichte der Metaphysik 3 Phasen: „Am Anfang dachte man noch an das Sein. Dann geriet das Sein in Vergessenheit. Heute ist die Weltnacht. Also sind die Götter geflohen." Die Übel der Welt, das radikal Böse, spricht klar gegen Gott. „Wenn Gott existiert, weiß er vom Bösen, da er das Böse nicht beseitigt, kann er nicht existieren. Aus der Existenz Gottes erfolgt die Existenz der Übel. Aus der Existenz der Übel folgt die Nicht-Existenz Gottes." Albert Camus hielt die Rückkehr zu Gott für einen „philosophischen Selbstmord". „Das Absurde, der metaphysische Zustand des Menschen, führt nicht zu Gott." (A. Camus: Der Mythos von Sisyphos, Reinbek, 1998, S.45) Sein Beweis für die Nicht-Existenz Gottes lautet: „Die Welt ist absurd. Ihr

Ursprung kann nicht Gott sein. Also ist der Mensch allein." Und für Cioran ist es unmöglich zu glauben, dass der gute Gott etwas mit der bösen Welt zu tun hat. Sein Beweis heißt: „Die Welt ist böse. Der Mensch ist verlassen. Also hat der gute Gott mit dem bösen Weltschöpfer und seiner Weltschöpfung nichts zu tun." Im philosophischen Café stießen diese Gotteswiderlegungen auf ein geteiltes Echo. Man fragte ärgerlich: „Wie argumentieren denn nun die Gottesbeweise?"

Gottesbeweise arbeiten mit dem Kausalitätsprinzip. Das naturwissenschaftliche Kausalitätsprinzip beschränkt sich aber auf Empirie. Das metaphysische Kausalitätsprinzip geht über das naturwisschenschaftliche Kausalitätsprinzip weit hinaus und bezieht sich auf die ganze Wirklichkeit und seine Verursachung. Es gibt viele Menschen, die glauben an Gott und brauchen deshalb auch keine Beweise. Wer Gott leugnet, wird durch Beweise nicht überzeugt. Im Kern haben Gottesbeweise aber eine ganz praktische Bedeutung. Sie machen dem Existentialisten, nach Karl Jaspers, die Erfahrung des Unendlichen für Augenblicke des Denkens möglich. Bis heute gibt es aber kein gültiges System der Gottesbeweise, sondern viele interessante Denkexperimente. In der Moderne beginnen die Gottesbeweise mit Immanuel Kant, der zuerst aber die Widerlegung aller Gottesbeweise versuchte. Aber im späteren Leben setzte Kant dann doch auf den **moralischen Gottesbeweis**. „Es besteht ein für unseren Willen unabhängiges Sittengesetz, wie es der kategorische Imperativ zeigt. Dieses Gesetz verpflichtet unser Handeln. Also lässt das Sittengesetz auf einen Urheber, nämlich Gott, schließen.", so Kant. Der **Gottesbeweis aus dem Glücksstreben** lautet: „Ein Naturstreben ist grundsätzlich erfüllbar. Das menschliche Streben nach vollkommener Seeligkeit ist ein Naturstreben. Also gibt es einen Urheber dieses Strebens, nämlich Gott." Der ontologische Gottesbeweis ist der bekannteste. Über 30 Hauptvariationen und zahlreiche Nebenformen hatte er im Laufe der Zeit gefunden. Für Anselm von Canterbury, dem Erfinder des **ontologischen Gottesbeweises**, lautet dieser: „Wenn Gott nur als Gedanke im Denken vorkommt, dann kann er noch vollkommener gedacht werden. Gott vollkommener zu denken, heißt ihn nicht nur als Gedanken zu denken, sondern als Realität zu denken. Ein als unendlich vollkommen gedachter Gott muss aber die reale Existenz als Zeichen seiner Vollkommenheit besitzen." Die neue Astrophysik hat die Unumkehrbarkeit des kosmischen Prozesses angenommen. Damit ist der Beginn des Kosmos im Urknall und das Ende des Kosmos im Endknall eine feste Größe. Der **kosmologische Gottesbeweis** zu diesem Phänomen lautet: „Den Kosmos beherrschte das Entwicklungsgesetz, dass die Unordnung immer größer wird. Weil die größtmögliche Unordnung noch nicht eingetreten ist, muss der Kosmos seinen Anfang hinter sich und sein Ende noch vor sich haben. Es muss also eine Kraft geben, die Urknall und Endknall regelt. Das könnte Gott sein." Der Gottesbeweis aus dem **Naturgesetz** lautet: „Die Natur ist keine Setzung unseres Geistes. Unsere Annahmen über die Natur sind keine bloßen subjektiven Annahmen. Die Übereinstimmung von Natur und menschlichem Denken setzt einen Schöpfer dieser Übereinstimmung voraus. Das wäre Gott." Der **teleologische Gottesbeweis** leitet Gott aus den zielgerichteten Prozessen in der Natur ab. Er argumentiert: „Alles in der Welt strebt nach einem Ziel. Der Urheber der Ziele ist nicht Pflanze, Tier oder Mensch. Der Urheber dieser Ziele muss ein vollendetes Wesen sein, das nach einem Plan die Ziele in die Realität umsetzt. Also Gott." Der **Stufenbeweis** geht so: „In der Welt lassen sich Stufen der Vollkommenheit finden. Der Mensch ist nach Stein, Pflanze und Tier nicht die höchste Stufe. Also gibt es noch eine höhere Stufe in der Welt. Nämlich Gott." Der **historische Gottesbeweis** argumentiert: „Jedes Volk glaubt an Götter. Da alle Völker an Götter glauben, ist ein Irrtum ausgeschlossen. Also gibt es ein höheres Wesen, das Gott genannt werden kann." Der **evolutionäre Gottesbeweis** stammt von Charles Darwin selber, was viele Café-Teilnehmer ziemlich überraschte: „Die Evolution besteht in der Erzeugung immer höherer Wesen. Diese Stufen zu höheren Wesen können aus der Materie und der allgemeinen Konkurrenz nicht erklärt werden. Also müssen wir für den Ursprung und die Stufen im Evolutionsprozess eine höhere Kraft annehmen. Das könnte Gott sein." Die **erste Ursache** wird schließlich zur Basis eines Gottesbeweises. Dieser lautet: „Alles, was ist, hat einen Grund. In der Reihe der Gründe kommt man auf einen ersten Grund. Dieser Urgrund muss den Grund in sich selber haben, Das ist Gott als unbewegter Beweger." Schließlich gibt es noch den **einfachsten Gottesbeweis** der lautet: „Der Kosmos ist äußerst komplex. Die einfachste Erklärung der Komplexität ist die Annahme einer alles bestimmenden, einfachen Ursache. Diese alles bestimmende ganz einfache Urasche kann man Gott nennen."

Es war Karl Jaspers, der als Existenzphilosoph die Auseinandersetzung mit den Gottesbeweisen intensivierte. Karl Jaspers stützte sich dabei auf G. W. F. Hegels „Vorlesung über die Beweise vom Dasein Gottes". Hegel meinte: „Die Gottesbeweise enthalten die Erhebung des Menschengeistes zu Gott." (G.W.F. Hegel: Vorlesung über die Beweise vom Dasein Gottes, Hamburg, 1956, S. 13) Das Denken erhebt sich bei diesen Beweisen vom Zufälligem und Zeitlichen zum Unendlichen und Ewigen. Durch den Vollzug der Gottesbeweise wird die schlechte Subjektivität überwunden und das Denken erkennt die Dialektik der Weltentstehung und die Entwicklung der Geschichte aus dem Gegensatz von Sein und Nichts, das sich ins Werden entwirft. Soweit Hegel. Auch Karl Jaspers sieht in den Gottesbeweisen einen Aufschwung des Denkens vom Denkbaren zum Undenkbaren. Die Gottesbeweise, so Jaspers, werden im Gegensatz zu Hegel scheitern. „Trotzdem sind diese Beweise nicht Irrungen, sofern sie eine gedankliche Klärung dieses faktischen Aufschwunges des Denkens leisten."

(K. Jaspers: Philosophie, Berlin, 1956, Band III, S.200) Die Gottesbeweise sind „keine Mittel, den Zweifel an Gott zu beheben – sie fordern ihn vielmehr heraus" (K. Jaspers, a.a.O., S. 202 f.). Mit den Gottesbeweisen kann Gott nicht bewiesen, mit den Gotteswiderlegungen kann Gott nicht widerlegt werden, meint Jaspers. „Die Beweise und Widerlegungen zeigen nur: Ein bewiesener Gott ist kein Gott, sondern wäre bloß eine Sache in der Welt." (K. Jaspers: Einführung in die Philosophie, München, 1963, S. 41) Unser Resultat der Musterung der Widerlegung und der Beweise Gottes im philosophischen Cafés hieß: eine endgültige Gotteserkenntnis scheitert: Widerlegung und Beweise stehen sich diametral gegenüber. Im Zeitalter des Widerspruchs von Weltrettung und Weltuntergang kann Gott „nur noch das Schweben aller Wirklichkeiten zwischen Sein und Nicht-Sein, zwischen Sinn und Sinnlosigkeit sein" (W. Weischedel: Der Gott der Philosophen, Darmstadt, 1972, Band 2, S. 217). Über den schwebenden und unfertigem Gott wollte das Café mehr wissen. Deshalb kamen wir auf Rilke. Vom schwebenden, unfertigen Gott der Ferne spricht besonders eindringlich die Lyrik Rainer Maria Rilkes.

So schreibt Rilke über den werdenden Gott:

> *„Wir bauen an Dir mit zitternden Händen*
> *und wir türmen Atom auf Atom.*
> *Aber wer kann dich vollenden*
> *Du Dom."*
> *(R. M. Rilke: Ausgewählte Gedichte, Frankfurt, 1986, S. 17)*

Bei Rilke wird weiter vom Werden Gottes gesprochen, der noch keineswegs vollkommen ist:

> *„Erst wenn es dunkelt, lassen wir dich los*
> *und deine kommenden Konturen dämmern.*
> *Gott, du bist groß."*
> *(R. M. Rilke, a.a.O.)*

Rilke ging noch einen Schritt weiter. Der Schwebende wurde ihm Gesang. Diesem Gesang gab Rilke den Namen des griechischen Gottes Orpheus. Rilke über Orpheus:

> *„Ein für alle Male*
> *ist's Orpheus, wenn es singt.*
> *Er kommt und geht."*
> *(R. M. Rilke, a.a.O., S. 138)*

Orpheus ist verschwunden und nur noch an seinen Spuren zu erkennen:

>*„Oh du verlorener Gott*
>*Du unendliche Spur.“*
>*(R. M. Rilke, a.a.O., S. 153)*

Die vielen Namen Gottes sind Ausdruck seines Schwebens über den Gegensätzen. So sagte auch Karl Jaspers: „Die vielen Gottesnamen sprechen noch zu uns, wenn wir sie in der Schwebe halten, ihren Inhalt weder als Realität noch als zwingendes Wissen behandeln.“ (K. Jaspers: Der Philosophische Glaube angesichts der Offenbarung, München, 1963, S. 154) Gottesnamen sind für Jaspers Chiffren (= Bilder) des Übersinnlichen und des Überrationalen, die versuchen das Unendliche, das Umgreifende, zu benennen, dabei scheitern und im Scheitern indirekt auf das Unendliche hinweisen.

Eine Teilnehmerin des philosophischen Cafés schrieb folgendes Gedicht über den über allen Widersprüchen schwebenden Gott:

>*„Über-Raum und Über-Zeit, einsam.*
>*Sein will Seiendes.*
>*Strömt das Ur-Sein ins All.*
>*Füllend die weiten Räume und die tiefen Zeiten.*
>*Werdend noch heute. Für immer.“*

Wenn alle Beweise und Widerlegungen Gottes gescheitert sind, hört man auch heute den Gesang der Unendlichkeit. Im Café wurde auf zwei Lyriker hingewiesen, z.B. auf Else Lasker-Schüler:

>*„Es ist ein Weinen in der Welt*
>*als wenn der liebe Gott gestorben wäre.“*

Georg Trakl drückt dieses Weinen über den verlorenen Gott ähnlich aus:

>*„Immer tönt*
>*an schwarzen Mauern*
>*Gottes einsamer Wind.“*

Der neue Existentialismus muss an der Gottesfrage scheitern. Aber in diesem Scheitern ergibt sich die Frage, ob hinter der Finsternis des Kapitals ein Sein leuchten kann (Karl Jaspers: Philosophie, Band 3, S. 233). Eine Sicherheit in Gott gewinnt der Existentialist erst, wenn er auf Gott verzichtet. Im Scheitern an Gott kann Gott erfahren werden, der aber nicht mehr ist als Schweigen. Denn das laute Tönen über Gott in den Kirchen zeigt nur das kleine Scheitern an. Das **kleine Scheitern** der Herren der Apokalypse sagt: „Wir glauben an das Ende der Welt, wollen das Ende der Welt, denn wir selbst sind ein Ende oder wenigstens der Anfang vom Ende." Das **große Scheitern** des revolutionären Ichs sagt: „In allem Leben sind Widersprüche. Es gibt kein Gutes ohne Böses, keine Wahrheit ohne Lüge, Leben nicht ohne Tod. Glück ist immer mit Schmerz verbunden. In allem Dasein kann ich die antinomische Struktur sehen." (K. Jaspers: Philosophie, Band III, S. 221) Aber ich sage „Ja" zur Welt, wenn ich auch weinen muss, bis ans Ende meiner Tage und bis zum letzten Lachen.

Das Café erkannte: Das Ich sagt Ja zur Welt und zur Transzendenz. Das ist der erste Aspekt der philosophischen Religion. Mit dieser Position hat der Existentialismus ein Problem. Trotz der Widersprüche der Metaphysik blüht heute noch die Religion, die eigentlich schon lange durch die Vernunft abgelöst sein sollte. Deshalb musste sich das philosophische Café der Frage stellen: Was ist mit der Religion? Genauer: Was ist die eigene und was ist die fremde Religion?

2. Die fremde oder die eigene Religion

„Im Kapitalismus ist eine Religion zu erblicken."

(Walter Benjamin)

Die Caféteilnehmer konnten von vielen Menschen berichten, die sich heute auf die Suche nach der eigenen Religion begeben. Sie stellten natürlich zuerst **Hape Kerkeling** *vor, den Fernsehkomiker und -moderator, der 2001 die 600 km des Jakobweges nach Santiago de Compostela gewandert ist. Kerkeling entdeckte auf diesem Weg, dass er eine „Art Buddhist mit christlichem Überbau" ist. Kerkeling machte auf seinem Weg viele Bekanntschaften. Er hat seinen Glauben gesucht und Freundschaften gefunden. Für ihn lautet seine eigene Religion nun: Gott ist Begegnung.*

Eine Anhängerin des mystischen Islam, des **Sufismus** *stellte im Café Irina Tweedy vor. Irina war 1961 nach dem plötzlichen Tod ihres Mannes nach Indien gereist. Sie hatte von 1961–1965 Kontakt mit einem Sufi-Meister. Ihr Meister stirbt plötzlich. Sie erfährt als neue Muslima: „Ich weiß, dass Gott das Schweigen ist und nur im Schweigen erreicht werden kann." Die eigene Religion ist also das Schweigen.*

Eine **Buddhistin** *berichtete von Jan Willem van de Wetering. Der ging den Zen-Weg in einem japanischen Kloster. Dort blieb er 18 Monate. Dann stellte er fest: Der buddhistische Weg ist für mich ein großer Reinfall. Jahre später hatte er weitere Kontakte mit Zen-Meistern in den USA. Nun bekannte er: „Ich falle in das große Loch des Nicht-Anteilnehmens und fliege endlich hinaus auf der Wolke des losgelösten Seins." Seine eigene Religion heißt: Loslassen.*

Eine **Filmfrau** *berichtete von der US-Schauspielerin Shirley McLane, die nach langer Suche bekannte: „Vielleicht dauert es noch Milliarden Jahre bis ich mein Selbst verstehe. Aber wenn ich es dann verstehe, so werde ich vollständig mit der allmächtigen Kraft verbunden sein, die viele Gott nennen." Ihre eigene Religion hieß: Ich bin auf einer ewigen Suche nach der zeitlosen Ewigkeit.*

Eine **Studentin der Medizin** *stellte Elisabeth Kübler-Ross, die als erste Wissenschaftlerin das Sterben erforscht hat, vor. Ihre Suche nach der eigenen Religion hatte das Resultat: „Am Ende dürfen wir unseren Körper ablegen, der unsere Seele gefangen hält. Dann werden wir frei sein. Und frei wie ein schöner Schmetterling zu Gott heimkehren." Ihr eigene Religion hieß also: Meine Seele ist ein schöner Schmetterling.*

Eine **Kauffrau** *sagte über ihre religiöse Geldmanie: „Ich brauche keine Religion. Ich liebe das Geld. Ich denke immer an das Geld. Die Krise des Geldes ist auch meine Krise. Ich bete jeden Tag für den DAX, für Warren*

Buffy, für Peer Steinbrück, der als erster in den „Abgrund" geschaut hat. Ich sehe dreimal am Tag die Börsennachrichten. Ich schreibe an Angela Merkel, wann kommt die nächste Krise? Ich rede mit meinem Anlagenberater. Ich rede über Fonds, über Aktien und über Immobilien. Ich frage meinen Freund: Was macht dein Geld? Ich bin wenigstens 350 Euro wert, wenn man mich verscharrt. Ich habe Angst: Ich bin tot, wenn ich kein Geld mehr habe. Ich muss den Bischof Reinhard Marx fragen: „Kommen alle Spekulanten in die Hölle?" Der Bischof Marx sagt: „Gott liebt das Geld nicht." Ich entgegne aber: „Ich liebe das Geld, und Gott hat das Geld noch nicht abgeschafft. Ich bin Mitglied der globalen Geldreligion. Wie aber finde ich meine eigene Religion, die mich aus der Geld-Hölle der bloßen Euro-Scheine erlöst?"

Nach dieser langen Rede herrschte im Café eisiges Schweigen. Irgendjemand hustete. Ein Anderer gluckste. Die Auseinandersetzung mit der eigenen und der fremden Religion begann aber dann im Café ziemlich euphorisch. Das philosophische Café setzte sich mit dieser Euphorie auseinander. Das Café war sich sehr bald klar: Überall hört man die Losung: die alten Religionen kommen wieder. Die große Krise der Banken und des Geldes macht Gott wieder attraktiv. Das ist eigentlich keine gute Nachricht, denn die Gefahr, dass radikale und destruktive Politkulte, rechte Politdogmen, also der Populismus an die Stelle des Christentums treten, wären keine Überraschung. Hinter dem Kampf der Religionen um Marktanteile hat sich aber neuerdings auch eine neue **Superreligion** etabliert. Diese neue Superreligion ist der Kapitalismus, der neoliberale Glaube an das Geld. Diese Superreligion umfasst, nach dem Zusammenbruch des atheistischen Ostblocks, die ganze Welt und ihre Eliten, besondern aber die Herren der Apokalypse.

Für die Existentialisten stellt sich jetzt die Frage: Wie kann ich mich dieser fremden Religion des Katastrophen-Kapitalismus und des Geld-Fetischismus entziehen? Was ist denn meine eigene Religion, der philosophische Glaube und die philosophische Religion, mit denen ich leben und sterben kann und muss? Denn bis zum Ende des eigenen Lebens werden die letzten wissenschaftlichen Geheimnisse des Kosmos nicht enthüllt, die letzten philosophischen Probleme nicht gelöst und der Tod nicht abgeschafft sein. Sich der eigenen Religion zu vergewissern heißt, die eigenen religiösen Erlebnisse, die plötzlich entstehen, zu verstehen. Jedes religiöse Erlebnis umfasst die Dimension der Angst und des Erschauerns und den Taumel und den Rausch, sagt der Philosoph Rudolf Otto. (R. Otto: Das Heilige, München, 1987, S.13) Während also beim Abschwung des Kapitals sich die Angst breit macht, steigert jeder Aufschwung des Kapitals die religiöse Ekstase. Um nicht diesen Zyklen des Kapitals aufzusitzen, die einmal religiös beängstigen oder religiös begeistern, sollte der Existentialist die fremde und die eigene Religion untersuchen. Er sollte seine philosophische Religion ohne Geld, Kirche, Dogmen und Priester suchen. Das wurde zur Aufgabe des philosophischen Cafés.

Die fremde Religion: Geld statt Gott

Die fremde Religion des Geldes wurde 1900 von Georg Simmel, der von 1858-1918 als Lebensphilosoph in Berlin lebte, entdeckt. Simmel veröffentlichte das Buch „Philosophie des Geldes". Er sah, dass das Geld heute als das Absolute erscheint, an dem alles Persönliche endet. Geld wird zum Nivellierer des modernen Lebens. Geld bestimmt auch das beschleunigte Tempo des modernen Lebens. Im Geld gewinnt der Wert aller Dinge seinen reinsten Ausdruck. Das Leben wird zu einem reinen Rechenexempel. Das Leben wird gewertet in Geld und gemessen mit der Uhr. Wertvoll am Leben ist, was Geld verlangen kann, wertlos ist, was sich nicht in Geld ausdrücken lässt. Das Geld wird zur Prägeinstanz der Seele, der Gefühle und der Bedürfnisse des Menschen. Das Geld wird, einfach gesagt, Religion: nämlich Weltreligion. Das Geld regelt die Beziehungen zwischen Käufer und Verkäufer, zwischen Geldspekulant und Geldmafia. Das Geld schafft sich die Rücksichtslosigkeit der endlosen Vermehrung von Geld am Geldmarkt. Immer mehr Menschen leben in Banken vom Handeln nur mit Geld. Ihnen geht es nur noch „ums Geldverdienen, um Geld, das absolut Unfixierte" (G. Simmel: Philosophie des Geldes, Frankfurt, 1980, S. 596). Gab es früher eine religiöse Innerlichkeit, so herrscht heute die geldliche Innerlichkeit, weil das Geld „uns in immer steigendem Maße die unmittelbare Berührung mit den Dingen und Menschen erspart" (G. Simmel. a.a.O.. S. 652). Die Geldwirtschaft trennt den Menschen weiter von der Natur. In den Städten verbreitet die Geldwirtschaft ein Gefühl der Leere und der Heimatlosigkeit. „So entsteht die wirre Haltlosigkeit, die sich bald als Tumult der Großstadt, bald als Reisemanie, bald als wilde Konkurrenz ... offenbart." (G. Simmel, a.a.O., S. 675) Die Geldwirtschaft macht die Arbeit als Ganzes zu etwas Unsicherem. Die Börse und die Banken werden zum Zentrum des Geldverkehrs und des Großstadtlebens. Der Finanzmarkt schwankt ständig in seinen Aktien und Fonds zwischen Optimismus und Pessimismus, je nach dem Steigen oder Fallen der Börsenkurse und der Bewertungen der Rating-Agenturen. Das Geld setzt sich unauffällig aber machtvoll an die Stelle der christlichen Religion. War früher Gott das Mittel, um alle Interessen zu zentralisieren, so ist es nun das Geld. Das Geld hat bedeutsame Beziehungen zur Gottesidee. Gott bringt alle Vielheit und alle Gegensätze der Welt zu einer Einheit. In Gott finden alle Streitereien und Kriege ihren Frieden und ihren Ausgleich. Das Geld leistet das gleiche. „In dem das Geld zum Äquivalent aller Werte wird, erhebt es sich in abstrakter Höhe über die ganze Mannigfaltigkeit der Objekte. Es wird wie Gott, zum Zentrum der Welt." (G. Simmel, a.a.O., S. 305) Das Geld gewährt heute wie Gott „jede Erhebung über das Einzelne, jenes Zutrauen in seine Allmacht, wie die eines höchsten Prinzips." (G. Simmel, a.a.O., S. 305) Das Geld versetzt das Ich in eine wilde Jagd nach dem Geld, dabei „nähert sich die Wirkung des Geldes der religiösen Stimmung." (G. Simmel, a.a.O., S. 306) Aus der Anpassung und den Kampf um das Geld folgt die Bedingung für die selige Ruhe beim Erlangen des Erkämpften. Dieses Phänomen ist überhaupt nicht neu. Die Konkurrenz von Gott und Geld durchzieht die Religionsgeschichte. Immer wieder stand die Religion dem Geld feindlich gegenüber. Mit gutem Grund verbot die mittelalterliche Kirche das Zinsgeschäft. Alle Weltreligionen haben ein gespanntes Verhältnis zum Geld. Die Urchristen und die Urbuddhisten lebten deshalb lieber als Bettler. Durch Betteln löst man sich soweit vom Geld wie möglich. Die Armut ist der größte buddhistische Wert. Für große Heilige, wie Franz von Assisi, war die Armut wertvoller als das Geld. Der antike Philosoph Diogenes war, nach Simmel, von der Wertlosigkeit des Geldes überzeugt. Der Geizige dagegen scheint dauernd vor dem Altar des Geldes zu knien. Der Kampf zwischen Geld und Gott hat Jahrtausende gedauert, und heute hat das Geld gesiegt. Der Philosoph Walter Benjamin schrieb 1921: „Im Kapitalismus ist eine Religion zu erblicken, d.h. der Kapitalismus dient essenziell der Befriedigung der Sorte Qualen und Unruhen, auf die ehemals die so genannten Religionen Antwort gaben." (W. Benjamin: Kapitalismus als Religion. In: D. Baecker (Herausgeber): Kapitalismus als Religion, Berlin, 2003, S. 15) Benjamin bestätigt Simmel und stellt fest: der Kapitalismus ist Kultreligion in Permanenz. Der Kapitalismus führt zu seiner Selbstzerstörung, wie es in den Apokalypsen vieler Religionen für die Welt auch schon angedacht war. Kapitalismus, schreibt Benjamin, ist eine Religion ohne Dogma. Kapitalismus führt zu „Armut, Vaganten-, Bettel-, und Mönchstum" (W. Benjamin, a.a.O., S. 17). Später stellte man fest: „Der Kapitalismus gründet in der Utopie des absoluten Reichtums für jeden." Das verleiht ihm den Wert, die ewige Seligkeit schon im Hier und Jetzt für alle bereitzustellen. „Geld hat offensichtlich im religiösen, wie im sexuellen Sinn, fetischistische Qualitäten." (J. Hörisch: Gott, Geld, Medien, Frankfurt, 2004, S. 14) Simmel zeigt also die Tötung Gottes durch das Geld. Er rät zur Prüfung der Bedeutung des Geldes in der eigenen Religion. Simmel favorisiert die spirituelle Armut als Ausstieg aus dem Geldsystem. Wie sagte auch Rainer Maria Rilke: „Spirituelle Armut ist ein großes Licht von Innen." Simmel fordert auch eine Klärung der Bedeutung der Askese in der eigenen Religion. Simmel fordert ein Streben der Existenz nach der höheren Ebene des „Mehr-als-Geld". Simmel motiviert das Ich, in seiner eigenen Religion Werte zu entwickeln, die sich nicht in Geld ausdrücken lassen. Existenz zu haben ist solch ein unbezahlbarer Wert.

Wie konnte sich der Kapitalismus als Weltreligion etablieren, fragte man im Café. Wir sprachen deshalb über Max Weber.

Max Weber (1864–1920) hat den Götterwechsel im Kapitalismus, nämlich Geld statt Gott, erforscht. Er entdeckte die Bedeutung der christliches Religion für die Entstehung der globalen Geldwirtschaft. Max Weber zeigte, dass die außereuropäischen Religionen nicht in der Lage waren, die europäische Geldwirtschaft zu entwickeln. Nur die protestantische Askese führt zum Sparzwang, zur Zinssteigerung, zur Säkularisierung des Christentums und stieß damit den Prozess der Rationalisierung der feudalistischen Produktion an. Der Protestantismus lehrt das Ethos des wirtschaftlichen Erfolges. Der Protestant erwirkt mit viel erwirtschaftetem Geld im Diesseits die Verleihung der Ewigkeit der Seele im Jenseits durch Gott. Der Kapitalist ist für Weber ein Asket. Der Kapitalist tut alles, um mit einem hohen Bankkonto ins Grab zu sinken. Das Gewinnstreben wird im Christentum religiös legalisiert. Der moderne Kapitalismus brauchte aber nur am Anfang seiner Entstehung die christliche, religiöse Überzeugung zu seiner Legitimation. In seinem weiteren Verlauf konnte der Kapitalismus Gott durch Geld, ohne großes Aufsehen zu erregen, töten. Der Mensch im entwickelten Finanzkapitalismus lebt als „Rädchen im stahlhartem Gehäuse kapitalistischer Rationalität". Die heutige Geldreligion der Täuschung, des Diebstahls, der Gewalt und Ungerechtigkeit kann ihren wahren Charakter durch das ständige Spektakel ständiger Krisen gut verstecken.

Mit seiner Schaffung des Kapitalismus steht das Christentum allein auf der Welt da. Der Konfuzianismus, zeigt Weber, ächtet die Gewinnsucht. Der Taoismus sucht die außerweltliche Unsterblichkeit, nicht das dicke Aktienpaket. Der Hinduismus feierte den heiligen Bettler. Der Jainismus trieb die Ablehnung des Geldes auf die Spitze. „Die größte Heiligkeit erlangt der Anhänger des Jainismus, der sich zu Tode hungert." Der Buddhismus setzte auf Meditation für das Nirwana, nicht auf die Börse. Das antike Judentum lehnte Reichtum strikt ab. Der Islam akzeptierte den Genuss des Reichtums, plädierte aber für moralische Kontrollen. Damit ist klar: „Nur das Christentum schuf die Grundlage für den Weltkapitalismus." (M. Weber: Soziologie, Stuttgart, 1973, S. 340–356) Der Kapitalismus ist für Weber „ein Gebilde, dem die Lieblosigkeit von der Wurzel an anhaftet." (M. Weber, a.a.O., S. 478) Im Kapitalismus das Leben des Buddha, Jesus oder Franziskus zu führen, scheint unter den technischen und sozialen Bedingungen des Kapitalismus rein äußerlich zum Misserfolg verurteilt zu sein, schrieb Max Weber. Weber sympathisierte mit der Religion der Weltflucht, die er allerdings nur mystischen Virtuosen und religiösen Einzelkünstlern zutraute (M. Weber: Wirtschaft und Gesellschaft,

Köln, 1964, S. 483). Weber wirft so die Frage auf, ob eine eigene Religion im Kapitalismus außerhalb des Geldkultes für Existentialisten überhaupt noch möglich ist.

Die eigene Religion: Hoffnung auf die Unendlichkeit

Im Café stellten wir nun einige philosophische Religionen vor, die der Religion des Geldes widerstehen. Der Sinn für das Unendliche wurde geweckt: Friedrich Schleiermacher (1768-1834) ist der Religionsphilosoph, der schon am Beginn des Kapitalismus die eigene Religion als „Sinn und Geschmack für das Unendliche" erkannte. (F. Schleiermacher: Über Religion, Hamburg, 1970, S.30) Erst die Gipfelerfahrung der Berührung der Seele durch das Universum kann zum Beginn einer eigenen Religion führen. Geld, Besitz und Macht zersetzen die christliche Kirche, für Schleiermacher. Jeder sollte sich deshalb eine „eigene, neue Religion machen" (F. Schleiermacher, a.a.O., S. 146). Jeder Einzelne sollte nicht der Bibel glauben, sondern sich seine religiösen Texte selber schreiben, so Schleiermacher.

*Der **Lehrer O.** nahm Schleiermachers Rat ernst. Er schrieb folgenden Text über die Religion des Geldes:*

> *„Die Religion des Geldes vereint die Gesellschaft.*
> *Sie entwickelt Zyklen der Auf- und Abstiege.*
> *Die Götter des Geldes kommen und gehen.*
> *Das Geld feiert immer neue Feste.*
> *Diese Feste lassen den Einzelnen im Taumel*
> *der Reichen verschwinden.*
> *Für die Erlösung des Ichs leistet die Arbeit nichts,*
> *die Geldmärkte, die Aktien und die Börse*
> *aber alles.*
> *Das Geld hat nur einen Fehler:*
> *Einst wird sich das Geld selbst abschaffen.*
> *Es ist, trotz allem Gegenscheins der Scheine*
> *nicht die Unendlichkeit!"*

Dieser Text wurde im Café vorgelesen und deutlich positiv bewertet.

Die Religion des Einzelnen

Søren Kierkegaard (1813-1855) hat als Einzelner dann seine religiösen Texte selber geschrieben. Als Einzelner stellte er sich außerhalb des Kapitalismus: „Ist die Menge das Böse, ist es das Chaos, das droht, so ist Rettung nur in einem: der Einzelne zu werden, und das ist jener rettende Gedanke: jener Einzelne." (S. Kierkegaard: Die Schrift über sich selbst, Simmerath, 2003, S.64) Der einzelne Existentialist muss sein Verhältnis als Endlicher zur Ewigkeit und nicht zum Geld klären. Auf dem Weg zur Ewigkeit erlebt der Einzelne Angst, Furcht und Zittern und die Panik vor dem Nichts. Die eigene Religion entsteht jenseits des Geldes, als private Aufgabe des Einzelnen in seiner Einsamkeit als Existentialist. Aber Selbstsein ist unbezahlbar.

Eine Frau schrieb über den Glauben des Einzelnen im philosophischen Café folgenden Text:

> *„Mein Glauben ist ein Tanz auf den Wellen*
> *der Unendlichkeit. Er schleudert mich*
> *empor zu den Sternen. Religiös sind nicht*
> *die Massen, sondern nur der Einzelne.*
> *Die Gefahr ist, dass der subjektive Glaube*
> *objektiv als Tollheit erscheint –*
> *Für die eleganten Geldmenschen."*

Im Café fragte man: „Gibt es einen philosophischen Glauben?"

Der philosophische Glaube

Karl Jaspers (1883-1969) will gegen den Glauben an die Religion des Geldes den philosophischen Glauben entwickeln. Dieser Glauben hat auch das Unendliche zum Inhalt. Das Unendliche ist für Jaspers das Sein, „das weder Subjekt noch Objekt ist, sondern auf beiden Seiten ist, das Umgreifende." (K. Jaspers: Der philosophische Glaube, Frankfurt, 1958, S.15) Das Umgreifende ist nicht fixiert auf ein verabsolutiertes Endliches. Das Umgreifende schwebt über dem Kapital. Es kann nicht bewiesen werden. Dem Existierenden begegnet es in den Chiffren, die der eigenen Religion entsprechen. Das absolute Eine, um das es der eigenen Religion geht, wird in vielen Bildern ausgedrückt. „Ob ich Gott denke, als das Eine und seine Emanationen, also den Keim, Ursprung, Grund der Entwicklung aller Dinge, als den Werkmeister oder Baumeister der Welt, als den Einen und seine Schöpfung aus dem Nichts, als Persönlichkeit oder

Trinität – es ist immer dasselbe: alles ist bestenfalls Gleichnis oder Zeiger."
(K. Jaspers. Von der Wahrheit, München, 1958, S. 1051f.) Der Begegnung
mit dem Umgreifenden entspricht die Mystik aller Zeiten. Der Existierende
lebte auf eigene Gefahr aus eigenem Ursprung. Er ist aber Teil der imaginären
Gemeinschaft der philosophischen Religion des All-Einen. Der philosophische
Glaube grenzt sich ab von Menschenvergötterung und dem Nihilismus des
Geldes. Der Existierende kniet bestimmt nicht vor dem Kapital. Für Jaspers
ist der philosophisch Glaubende nur echt, wenn er das radikale Fragen nach
dem „Umgreifenden", dem Sein, zu seiner Lebensaufgabe gemacht hat.

*Ein Teilnehmer, der Lehrer O., las in einem philosophischen Café folgenden
Text über das Umgreifende als Teil der eigenen Religion vor:*

> *„Es war einmal in den Bergen, dann nachts am Strand der Ostsee, auf
> dem Rücken liegend den Blick auf die Milchstraße gerichtet. Ich erlebte
> ekstatische Augenblicke, in denen mein Denken von Galaxis zu Galaxis flog
> und das große Rätsel sich löste. Ich erlebte Augenblicke einer unwidersteh-
> lichen Intuition, in der ich mich so groß wie das Universum fühlte."*

Das sind Hinweise auf die eigene Religion, aber der eigene philosophische
Glaube kann auch entschieden politisch werden. So jedenfalls bei Ernst Bloch.

Die Religion des utopischen Tagtraums

Ernst Bloch (1885–1977) enthüllt das eigene Wünschen und Träumen als
Kern einer Religion jenseits des Geldes. Er sichtet alle Tagträume im Alltag,
wie alle großen Tagträume von einer besseren Welt. Diese Phantasie ist das
Beste am Menschen. Denn die utopischen Tagträume von einer besseren Welt
tragen mehr zur Revolution bei als jede wirtschaftliche Krise. Der Glaube an
Gott ist für Bloch der Glaube des Menschen an sich selbst. Bloch hofft, dass
die Paradiesvorstellungen aus dem Jenseits ins Diesseits umgesetzt werden
können. Es geht um die Errichtung der neuen Gesellschaft, die keinen Geldgott
in der Höhe braucht. Die großen Weltreligionen haben Hoffnungsbilder gegen
Tod und Weltuntergang entwickelt. Diese Träume gehen alle davon aus, „als
wäre das Grab und das anorganische Weltall, zu dem auch die Leiche gehört,
human erhellbar. Diese Erhellungsträume haben sich mit einem Schicksal,
in seiner finstersten Gestalt, nicht abgefunden, das macht ihre Ehre aus, das
fundiert diese Ehre." (E. Bloch: Prinzip der Hoffnung, Frankfurt, 1959, Band
2, S. 1304) Der Existentialist lebt ohne Todesangst, weil er weiß, er wird im
Gedächtnis des weltverändernden Wir erinnert. Die Bibel gewinnt, richtig

gelesen, für Bloch und für alle, die eine eigene Religion entwickeln wollen, eine wichtige Bedeutung. Die Bibel ist nämlich der revolutionäre Tagtraum der Armen. Jesus ist ein großer Feind des Geldes. Über die Aufhebung des Geldes hat Jesus natürlich keinen Masterplan von oben entwickelt, sondern die harte Suche nach der eigentlichen Heimat hier unten. Allerdings wird die Heimat jenseits der Geld-Theokratie nur erreicht, wenn sich der Tagtraum an das objektiv Mögliche hält. Dieses objektiv Mögliche muss nach der Insolvenz des Ostblocks völlig neu erträumt werden. Da ist jeder Einzelne mit seinen individuellen kleinen und großen Tagträumen gefragt. Die Führung eines Tagtraum-Tagebuchs wird heute wichtig.

Ein Marxist las im philosophischem Café einen Text aus seinem Tagtraum-Tagebuch vor:

> *„Ich glaube, jede Religion träumt vom*
> *vollkommenen Menschen, weil der Mensch so elend ist.*
> *Ich glaube, jede Religion ist der Seufzer der*
> *gequälten Kreatur in einer herzlosen Welt.*
> *Ich glaube, jede Religion ist Opium für die*
> *Armen. Geld aber ist nur Heroin für die Reichen.*
> *Ich glaube an den kategorischen Imperativ,*
> *alle Geldverhältnisse umzuwerfen, in denen*
> *der Mensch ein hungerndes und verlassenes Wesen ist.*
> *Ich glaube daran, dass mein Glaube noch*
> *Geld-Berge versetzen wird.“*

Der trostlose Atheismus des Geldes wird sicherlich überwunden. Bloch rettet die Kraft des religiösen Erbes für alle, die zu einer eigenen Religion aufbrechen. Blochs tagträumerische Impulse machen Mut, eine eigene Religion gegen die Weltuntergangsideen des Geldes zu entwickeln und sich gegen die Herren der Apokalypse zu wehren.

Eine Frau las in einem philosophischen Café folgenden Text vor:

> *„Ich glaube, ich bin unterwegs zum aufrechten Gang.*
> *Ich glaube, ich habe den Mut die Religion des Geldes zu überwinden.*
> *Ich glaube, wenn ich keine Revolution machen kann, habe ich revolutio-*
> *näre Tagträume.*
> *Ich glaube, wenn mich apokalyptische Ängste quälen, trösten mich die*
> *Tagträume der Hoffnung.“*

Der neue Existentialismus verhilft dem Einzelnen zur eigenen Religion, die als philosophische verbietet, vor dem großen Geld als Nachfolger Gottes auf die Knie zu fallen.

In einem Text eines Skeptikers zeigte sich die ganze Kraft der philosophischen Religion:

> *„Wir sind zufällig.*
> *Unsere Erde ist nicht notwendig.*
> *Der Sinn des Geldes ist ungewiss.*
> *Wir leiden am Nachteil geboren zu sein.*
> *Wir sind der Macht des Geldes unterworfen.*
> *Wir sind wie von Zufällen geschlagen.*
> *Unsere Evolution kennt kein Ziel.*
> *Der Kosmos bleibt unverständlich*
> ***Und dennoch:*** *Ich glaube, die Menschheit hat eine Zukunft ohne Geld.*
> *Die Feinde der Erde werden vergehen wie Wind.“*

Das Café erkannte: Das Ich hat einen atheistischen Glauben, das ist der zweite Aspekt der philosophischen Religion.

Wenn der neue Existentialismus als philosophischer Glaube und Glaube an die Philosophie aber ein Atheismus ist, dann muss er die Frage klären: ist der Atheismus eine nihilistischer oder ein humanistischer Atheismus? Diese Klärung wurde im nächsten philosophischen Café in 14 Sitzungen innerhalb eines Jahres versucht.

3. Nihilistischer oder humanistischer Atheismus

„Das gute Essen ist der Kern des humanistischen Atheismus."
(Michel Onfray)

Seitdem die Wiederkehr der Religion beschworen wird, tauchen die Atheisten wieder auf. Auch im philosophischen Café waren sie zu hören. Nihilistischer Atheismus zeigt sich oft sehr religiös. Ein Lehrer wies darauf hin, dass 44% aller Amerikaner auf das baldige Ende der Welt warten. Er sagte: „Sie glauben, wenn New York im atomaren Feuer aufgeht, dann ist das gut, denn dann kehrt Christus wieder zum Jüngsten Gericht. Auch die Bibel ist unmoralisch, weil sie das Ermorden der Ungläubigen feiert. Die Jains in Indien haben eine Liebesmoral, die viel konsequenter ist als bei den Christen. Die Jains lieben die Tiere. Ja, sie lieben jede Fliege." Ein anderer Teilnehmer des Cafés unterstützte ihn: „Wer als ein Atheist Gott leugnet, ist noch lange kein Teufel. Die Atheisten haben wenigstens keine Kreuzzüge gemacht. Die Kirchen haben selbst einen Hitler und einen Mussolini, ja sogar einen Franco unterstützt." Ein Student ergänzte: „Der Gottesglaube hilft nicht bei Rassenkonflikten. Im Gegenteil." Ein Evolutionsanhänger wurde konsequenter: „Milliarden Jahre war die Evolution alles andere als intelligent, eher ein Zusammenspiel von Versuch und Irrtum, also eher gottelos." Nun griff ein echter Atheist ein: „Eine Welt ohne Gott kennt keine Selbstmordattentäter, keinen 11. September, keinen israelisch-palästinensischen Konflikt, keine Judenverfolgung, keinen Anti-Islamismus, keine Taliban." Er erzählte dann einen Witz. Er sagte: „Ein Flugzeug stürzt ab. 200 Passagiere sind tot. Ein Kind überlebt. Also gibt es einen Gott." Dann schob er noch einen Witz nach. Dieser Witz hieß: „Der Marquis de Sade stirbt als Atheist. Nach dem Tod erkennt er seinen Irrtum. Also gibt es einen Gott." Diese Antwort motivierte einen Spirituellen zur folgender Feststellung: „Eine Spiritualität ohne Gott ist möglich. Sie entsteht spontan. Sie lässt den Einzelnen sich als Teil eines umfassenden Ganzen erleben. Aus diesem unfassbaren Ganzen des Wir kann kein Mensch herausfallen. Das ist es." So fing das philosophische Café sein neues Thema an.

Es war gut, dass im Café bald die Frage nach dem nihilistischen oder dem humanistischen Atheismus geklärt wurde. Für den neuen Existentialismus ist die Gottesfrage besonders dann von Bedeutung, wenn Gott radikal abgelehnt wird. Jean-Paul Sartre und Albert Camus waren bekennende Atheisten, während Karl Jaspers im philosophischem Glauben die Erfahrung göttlichen

Schweigens thematisierte und Martin Heidegger in seiner „Lehre vom Seyn" mystische Traditionen z.b. der des Meister Eckehardts wieder aufgriff. Der Existentialismus wurde allerdings von den ungeheuren Verbrechen des Staatsatheismus im 2. Weltkrieg zutiefst erschüttert. Die Auseinandersetzung mit dem Nihilismus, der sich als Führervergötterung, Systemheiligung oder als Rassismus und Sozialdarwinismus auf faschistischer Seite und als Klassenhass auf sowjetischer Seite darstellte, zwang den Existentialismus zur Entwicklung eines humanistischen Atheismus. Der Existentialismus wollte sicherstellen, dass Atheismus eher zum Humanismus führt als zur Führervergötterung und zum Massenmord. Im Café stellten wir also erst die Abgrundserfahrung des nihilistischen Atheismus vor, ehe wir den humanistischen Atheismus als Kern der philosophischen Religion und seine Gipfelperspektiven diskutierten.

Nihilistischer Atheismus

Der Nihilismus wurde von Nietzsche vorhergesagt. Er wies darauf hin, dass der Nihilismus die These vertritt: „Alles ist gleich. Es lohnt sich nicht. Die Welt ist ohne Sinn." (F. Nietzsche: Kritische Studienausgabe, Band 4, S. 300) Der Nihilismus ist ein negatives Lebensgefühl und eine aggressive Lust an der Zerstörung, stellte Nietzsche fest. Die Nihilisten, so Nietzsche, werden die grauenhafte Ethik des Völkermordes propagieren. (F. Nietzsche: Kritische Studienausgabe, Band 1, S. 100) Nihilisten gehören für Nietzsche „mit ihrem durchbohrenden Gefühl des Nichts ins Irrenhaus." (F. Nietzsche: Kritische Studienausgabe, Band 13, S. 84) Diese Nihilisten ergriffen 1918 in der Sowjetunion und 1933 in Deutschland die Staatsmacht. Mit der Ergreifung der Staatsmacht wurde die Befreiung der Rasse oder der Klasse oberste rhetorische Phrase des Staatsatheismus.

Der bolschewistische Führer Lenin stilisierte sich zum Apostel von Karl Marx. Lenin schuf die totale Vernichtungspraxis für alle Abweichler vom proletarischen Standpunkt. Er legte die ersten Grundlagen für ein riesiges Vernichtungssystem durch Arbeit: den Gulag. Die kommunistische Partei zerstörte die Menschenrechte, hob die Gewaltenteilung auf und vernichtete die Meinungsfreiheit. Sie schuf den totalitären Staat mit einer überall wirksamen Geheimpolizei. Die Partei wurde zum Messias der nihilistischen Revolution und ihr Führer Lenin wurde zum Welterlöser. Lenins Nachfolger Stalin, ernannte Lenin offiziell zum Gott. Auch der Nihilismus braucht Götter, wenn auch sehr kurzlebige. Lenin wird nach seinem Tod zum einbalsamierten Pharao auf dem Roten Platz in Moskau. Der expandierende Gulag zeigt, dass der Stalinismus ein mörderischer Nihilismus ist. Mao Tse-Tung folgte in China in großen Teilen Stalins Politik. Auch in China wurden schließlich 40 Millionen Menschen ermordet. Auch in China etablierte sich Mao schließlich als Gott eines Palastsystems. Das Pol-Pot-Regime in Kambodscha, mit 2 Millionen Toten, gehört zum Wüten des Nihilismus. Hitler ließ sich als Führer einer eschatologischen Rassenpartei vergöttlichen. Hitler wurde mit dem Schicksal Deutschlands gleichgesetzt. Die atheistische Rassenreligion setzt den Arier als Erlösungsmacht ein. Dieser Erlösungsmacht war alles erlaubt. Hitlers mörderischer Atheismus lässt sich auf folgende Formel bringen: Die Natur ist als oberste Instanz amoralisch. Das All ist unfassbar. Es bleibt in seiner Tatsächlichkeit völlig unwirklich. Der Nihilismus nimmt den Menschen als Einzelnen nicht wahr. Es gibt nur noch die Rasse. Die Natur zerstört die schwachen Rassen. Nur im ewigen Kampf gegen die schwachen Rassen können die starken Rassen überleben. Der Arier repräsentiert die Starken. Er ist das Endprodukt der Evolution. Die Arier müssen die Weltmacht erringen. Der Hauptrassengegner der Arier ist der Jude. Die Juden wollen als Schwache die Starken, die Arier, vernichten. Im Kampf der Rassen zwischen Arier und Juden droht beim Sieg der Juden der Untergang der Erde. Wenn man statt Rasse Klasse einsetzt, entsteht der nihilistische Atheismus Stalins. Auschwitz und der 2. Weltkrieg zeigen, was in den nihilistischen ersten Herren der Apokalypse für ein Zerstörungspotenzial steckt. Das Leben ist ihnen völlig egal. Sie lieben den Tod. Das Leben ist nicht wert erstgenommen zu werden. Jedes Denken ist unnötig. Die Intellektuellen können alle ermordet werden. Der nihilistische Atheismus führt zu absoluten Abgrunderfahrungen. Er zeigt, dass der Mensch tot ist, keine Geschichte hat, spurlos wird und verweht. Angst und Hass wechseln in der Stimmung der Nihilisten. Angst schlägt in Wut um, Wut in Aktion, Aktion in Raserei und in die Lust am Gattungsmord. Der Einzelne verliert sich in den Wut-, Hass- und Kriegsmassen. Es ist das Wunder des Atheismus, dass er sich nach dem Untergang des staatlichen Nihilismus von rechts und links als Humanismus neu entwickeln konnte. Er ist dem Zwang, neue Götter entwickeln zu müssen, entgangen. Der humanistische Atheismus entwickelte natürlich verschiedene Positionen.

Humanistischer Atheismus als philosophische Religion

Das Verschwinden Gottes im Kapitalismus

Der französische Philosoph Georges Bataille (1897-1962) stand dem radikalen Existentialismus nahe. Er versucht das Verschwinden Gottes im westlichen Kapitalismus, wie schon Georg Simmel und Walter Benjamin, zu erklären. Er erkannte, dass das Kapital sagte: „Ich akkumuliere, bis ich zusammenbreche, indem ich mich selbst ermorde." Im Kapitalismus hat der Mensch nur noch mit Gegenständen zu tun, die er selbst produziert hat: Geld, Kapital, Staat und Krieg. Hinter diesen expandierenden Gegenständen verschwindet dann Gott (G. Bataille: Theorie der Religion, München, 1997, S. 103). Diese von Menschen produzierten Gegenstände, verstellen jede Transzendenz. Sie schließen die Menschen in die Krise und die Zyklen des Kapitals völlig ein. Das kapitalistische Wachstum „zerstört uns Menschen wie ein unbezähmbares Tier, und wir selbst sind das Opfer der unvermeidlichen Explosionen" (G. Bataille: Die Aufhebung der Ökonomie, München, 1983, S. 48). Der atheistische Kapitalismus wird zur neuen Religion. Das Kapital ist der internationale Gott. Das Kapital ist allmächtig. Das Kapital spielt nun den alten Gott. Es gibt sich fern und entzieht sich den Menschen. Es legt keine Rechenschaft ab. Das Kapital als neuer Gott sagt: „Ich bin der Gott, der die Welten bewegt." Das Kapital hat Brahma, Jehova, Jesus und alle anderen Götter aus dem Himmel verjagt. Der alte Gott ist im Kapitalismus nur noch erfahrbar als unerfahrbar. Nur ein starkes Ich kann bereit sein, sich für die Abwesendheitserfahrung Gottes zu ruinieren, sagte Bataille. Trotzdem wird der Mensch von der Gier, sich mit dem alten Gott zu identifizieren, noch gemartert. Zugleich erfährt er, dass der Weg zum Gipfel des alten Gottes immer unzugänglicher wird. Aufbruch und Absturz auf dem Weg zum alten Gott sind im Kapitalismus an der Tagesordnung. Der Absturz der Gottesverfehlung eröffnet die „dunkle Nacht, in der der Gipfelstürmer sich selbst zu Grunde richtet." Solche kritischen Gipfelexperimente können zur Selbstvergottung führen. Auch die heute mögliche Gipfelerfahrung mit Geld sind eine einzige Marter. Die Marter besteht darin, begreifen zu wollen und nicht zu können, außer dass Gott verschwunden ist. Stattdessen erfährt der Gottsuchende nur das banale Monstrum Kapital, das im Glanze seiner Allmacht lächelnd über allen Dingen liegt. Die Unermesslichkeit des verschwundenen Gottes entzieht sich im Glanze des Kapitals der Erkenntnis. Wenn wir einen Gipfelweg zum alten Gott suchen, finden wir nur die Angst. „In der Nachterfahrung, in der sich das Unendliche entzieht, fühl ich mich wie ein Idiot", schreibt Bataille. Das Scheitern in der Gottessuche kreiert aber den neuen Humanismus: durch Gelächter. Auf dem Gipfel des Scheiterns der Gottessuche gibt es für Bataille „nur noch ein unendliches Gelächter" (G. Bataille: Die Freundschaft, München, 2002, S. 160).

Weitere Erfahrungen des atheistischen Humanismus gelingen in der Praxis des Yogas, um aus dem Gefängnis des Kapitals herauszukommen. Auch die exaltierte Erotik hilft gegen den Druck des falschen Kapitalgottes. Wie man diesem falschen Gott entgeht, beschreibt Bataille in seinem „obszönen Werk". Bataille wird zum schwarzen Mystiker, der sich in innerweltlichen Ekstasen langsam aber sicher ruiniert.

Als diese Thesen im Café diskutiert wurden, ergab sich folgender Dialog:
Ein Mann sagte:
„Gott ist nichts, der Mensch ist nichts, die Welt ist nichts."

Eine Frau:
„Vergessen wir Gott. Machen wir aus dem Menschen einen Übermenschen
und aus der Welt ein Paradies."

Ein Student sagte:
„Wir brauchen nicht den alten Gott und nicht den neuen Gott, wir brauchen
nicht die Bibel und nicht die Börse, wir brauchen neue Menschen."

Nach diesem Dialog wurde im Café geklatscht. Batailles Position wurde im
Café hart kritisiert. Man war nun gespannt auf Jean-Paul Sarte.

Das Schweigen des Seins

Jean-Paul Sartre hat über Batailles „Gottesmarter" wirklich herzlich gelacht.
Das Sein ist unerschaffen. Es ist sich selbst genug. Es erschöpft sich, es selbst
zu sein. „Das Sein ist nie möglich oder unmöglich. Es ist." (J.-P. Sartre: Das
Sein und das Nichts, Reinbek, 1995, S. 440) Das Sein ist ungeschaffen, ohne
Seinsgrund, ohne Bezug zu einem anderen Sein. Es ist an sich für alle Ewigkeit. Das Sein „ist nicht eitel, bösartig oder dumm. Das Sein ist nur unendlich
stumm." (J.-P. Sartre, a.a.O., S. 44) Soweit es ein Nichts in der Welt gibt,
entspringt es der kapitalistischen Konkurrenz. Das Ich muss das Nicht-Ich
vernichten, um Ich zu sein. Ich muss mich selbst schöpfen, weil es keinen
Schöpfer gibt. Auch wenn es einen Gott gäbe, würde die Qual der Existenz,
die jeder Essenz des Menschen vorhergeht, nicht aufgehoben. Gott ist nur
eine Idee, die mit dem Sein nichts zu tun hat, aber der Gier der Menschen
entspringt der Wunsch ihrer eigenen Existenz zu entgehen. „Mensch sein heißt,
danach zu streben Gott zu sein, oder wenn man lieber will, der Mensch ist
die grundlegende Begierde Gott zu sein." (J.-P. Sartre, a.a.O., S. 972) Diese
Begierde hat mit dem stummen Sein überhaupt nichts zu tun. 1946 erklärte
Sartre: „Der Existentialismus ist ein Humanismus." Der Mensch, so der Inhalt des Humanismus, „muss sich immer wieder neu erfinden und sich davon
überzeugen, dass nichts ihn vor sich selbst retten kann und sei es auch ein
gültiger Beweis für die Existenz Gottes." (J.-P. Sartre: Der Existentialismus
ist ein Humanismus, Reinbek, 2000, S. 176) Der Humanismus muss mit der
existentiellen Psychoanalyse erkämpft werden. Erst diese Psychoanalyse zeigt,
wie das Ich sich in der Urwahl für sich entschieden hat. Die Psychoanalyse
zeigt, wie ich mich für mich entschied, was und wer ich in diesem Leben

werden will. Die existentielle Psychoanalyse wird für die Frau aufweisen, dass sie sich im Bezug auf den Mann gewählt hat und dass diese Wahl nur zur Ehe als Vergewaltigung geführt hat. Der Mann sucht das Loch und findet es in der Frau. Auch das Essen ist für den Humanismus ein Füllen von Löchern, des Mundes, des Darmes, des Afters. Jean-Paul Sartre vertrat als philosophische Religion einen militanten atheistischen Humanismus, der von Günther Anders noch überboten wurde.

Die Atombombe als Gott

Für Günther Anders (1902-1992), der längere Zeit mit Hannah Arendt verheiratet war und bei Martin Heidegger studierte, ist Gott seit Hiroshima und Auschwitz tot. Ein Gott, der Auschwitz und Hiroshima zuließ, kann weder gerecht, noch liebend, noch barmherzig, noch anbetungswürdig genannt werden. „Kein kosmischer Hahn würde, wenn die Menschheit verschwände, nach ihr krähen." (G. Anders: Ketzereien., München, 1982, S. 86) Die Menschen haben mit der Atombombe einen neuen Gott geschaffen, der noch stärker ist als das Geld. Der Atheismus ist also nichts anderes als die Ersetzung eines alten Gottes durch weitere moderne Götter. Deshalb ist der Atheismus ein Wunder. Er schafft alte Götter ab, um neue zu produzieren und die neuen Götter werden immer abstruser. Vom verschwundenen Gott über das Kapital zur Atombombe reicht die Galerie der permanenten Götterdämmerung im Katastrophen-Kapitalismus. Gott als Atombombe erscheint Günter Anders aber nicht als tot. Die Atombombe lebt – in einer Zeit der ständigen Krisen – in der Gruppe von Weltvernichtern, die mit Atombomben aus Jux, Langeweile und Aggression den Weltuntergang ohne staunendes Publikum anzetteln könnten. Jede Gruppe mit einer dreckigen Atombombe fühlt sich Gott gleich. Die nihilistische Situation stellt sich neu. Die alten Nihilisten wollten nur Gott, den Zaren, Rassen oder Klassen vernichten. Die heutigen Nihilisten wollen als Atomwaffenfabrikanten, Interkontinentalraketenbauer, Atomgeneräle, Atomkriegsstrategen, Atomwaffen-Experten, als Erstschlag-Spezialisten die ganze Welt ausrotten. Was heute gefährdet ist, ist nicht Gott, sonders wir, die Gattung Mensch. Die Bombe wird ständig verbessert. Alle Staaten wollen sie haben. Alle Staaten wollen alle anderen Staaten mit der Bombe bedrohen. 40.000 Atombomben, die die heutige Welt 800-mal zerstören können, liegen heute schon bereit. Aber die Apokalypsefaulheit der Menschen findet diesen neuen Gott der absoluten atomaren Bedrohung durchaus akzeptabel. Denn diesen Gott können wir selbst herstellen. Die Herstellung des neuen Gottes macht uns erst recht zu Titanen. Das Unwesen der Bombe besitzt die völlige Unverständlichkeit, wie früher die göttliche Transzendenz. „Die Möglichkeit unserer Selbstauslöschung kann nun niemals enden. Es sei denn durch das

Ende selbst." (G. Anders: Endzeit und Zeitenende, München,1972, S. 93) Gott hat sich in die Besitzer der Atombombe verwandelt, in die Herren der Apokalypse, die jeden Tag genüsslich in den Abgrund blicken. Sie sind die aktuellen Meister der Abgrunderfahrungen. Die Anti-Atombomben-Humanität des philosophischen Glaubens ist eigentlich konservativ. Es geht ja erst einmal darum die Welt zu erhalten. Ganz gleich, wie sie ist. Statt den Kosmos anzuklagen, ist der Kampf gegen die reaktionäre Kriegspolitik wichtig. Jeder sollte einen Eid leisten, dass er die Gefahr des 3. Weltkrieges nicht verharmlost, nicht schön redet und nicht unterstützt. Philosophische Exerzitien über die göttliche Kraft der Atombombe sollten Teile der philosophischen Religion werden, die den Menschen vorstellbar machen, was er mit der Erfindung neuer Götter alles anstellen kann.

Ein Student fasste den philosophischen Glauben von Günther Anders im Café in folgenden Worten zusammen:

„Das höchste Gut für den Menschen ist der Mensch und unter den Menschen die armen Menschen. Die Armen haben ihr Leben der Erde und dem Kapital hingegeben. Sie sind aber auch in der Lage, wenn sie sich vereinigen, alles, was sie verloren haben, wieder zu gewinnen. Sie haben eine Welt verloren. Sie können gegen die Herren der Apokalypse eine neue Welt wieder gewinnen. Die armen Menschen besitzen die Potenz für eine zweite Schöpfung. Sie hüten damit das höchste Gut."

Es gibt bei Günther Anders das Prinzip Notwehr: die Herren der Apokalypse dürfen nicht durchkommen. Ihr nihilistischer Atheismus berechtigt sie nicht, uns alle zu vernichten. Der absurde, menschenfeindliche Nihilismus des Ostblocks hat im Westen atomare Bestien erzeugt, die wie jeder Gott verborgen und schweigsam sind nach seinem Untergang. Es ist zum Heulen, sagten viele im Café. Die A-Theologie der Tränen geht aber auf Cioran zurück.

Die A-Theologie der Tränen

Der große Skeptiker Emile M. Cioran (1908–1995) hat einmal von sich gesagt: „Ich bin keiner, der gläubig ist. Ich glaube nicht an Gott. Ich glaube an gar nichts." (P. Bollou: Cioran. Der Ketzer, Frankfurt, 2006, S.191) Gott ist für Cioran überall und nirgends. „Heute ist er höchstens ein universell Abwesender." (E. M. Cioran: Von Heiligen und Tränen, Frankfurt, 1988, S.45) Wer sich dem Himmel des Abwesenden nähert, den ergreifen die Tränen. Gott scheint die Welt, ehe er verschwand, aus Tränen geschaffen zu haben. Von der Einsamkeit der Materie überwältigt, hat Gott „Ozeane und Meere geweint"

(E. M. Cioran, a.a.O., S. 38). Diese Tränen sind älter als das Universum. Das wissen auch die Heiligen: schon die heiligen Einsiedler in der ägyptischen Wüste „schaufelten sich ihr Grab, um Tag und Nacht ihre Tränen da hinein zu vergießen." (E. M. Cioran, a.a.O., S. 80) Der verschwundene Gott ist einfach ein großer Versager. Gott hat die Welt nach der Schöpfung, für Cioran, deshalb fluchtartig verlassen. Der Mensch ist als krankes Tier zurückgeblieben. Gäbe es einen Gott, argumentiert Cioran, „so hätte er uns von der Fronarbeit, Müll anzuhäufen und einen Körper ständig herumzuschleppen, verschont." (E. M. Cioran: Cahiers: 1957–1972, Frankfurt, 2001, S. 20) Trotz seines tiefes Pessimismus bietet Cioran eine optimistische, humanistische Lebenspraxis. Er ist entschieden gegen den Selbstmord, weil ihn Leben und Tod anwidern. Er rät, viele große Pessimisten zu lesen, weil sie die Liebe zum Leben steigern. Der Vorlauf vor die Geburt ist für Cioran ein Mittel dahin zu kommen, wo noch nicht alles schief gelaufen ist. Philosophieren über das Nicht-Sein von Göttern kann eine göttliche Lebensaufgabe werden. Natürlich liebte Cioran den Atheisten Buddha, der die Seeligkeit der Besitzlosen preist. Cioran rät zur wochenlangen Meditation im Dunklen, in der man sich die Leere vorstellen soll. Er liebt die Mystiker, die vom Alles zum Nichts, vom Nichts zum Alles ohne Tränen kommen wollten.

Dabei hat Cioran aber die Lüste, als Kern des humanistischen Atheismus, übersehen. Das wurde im Café gegen Cioran immer wieder laut ausgesprochen. Deshalb musste das Café Michel Onfray durcharbeiten.

Die A-Theologie der Lüste

Der französische Starphilosoph und Neo-Existentialist Michel Onfray (*1959) fordert uns auf, mit der neoliberalen Ökonomie Schluss zu machen, „die das Kapital zu ihrem Gott erhebt und die Menschen zu Gläubigen erniedrigt" (M. Onfray: der Rebell, Stuttgart, 2001, S. 101). An die Stelle des Gottes ist heute das Weltkapital, wie schon bei Bataille, Simmel, Benjamin und Weber, getreten. Das Weltkapital eignet sich alle Eigenschaften des alten Gottes an. Das Weltkapital ist nämlich unsichtbar, allgegenwärtig, allmächtig, allwissend, abwesend und fern. Der Weltmarkt ist der Altar des Weltkapitals. Das Weltkapital verbreitet seinen Nihilismus der Entwertung aller Werte so stark, dass selbst das Ende des Kapitalismus, das mit der Verarmung der 3.Welt schon beginnt, nicht sichtbar wird. Das Weltkapital hat bisher nichts weiter geschaffen als die Entfremdung, Unterwerfung, Verarmung und Schwächung des Ichs. Es geht also um einen Humanismus des starken Ichs, das gewaltlos und lachend gegen das Weltkapital Front macht. Im Extremfall fordert diese Front auch die Besetzung der Banken, um die Geldherrschaft zu vergesellschaften („Besetzt die Wallstreet!"). Die hedonistischen Atheisten machen nach Onfray – in der Antiglobalisierungsbewegung, in der Internetrebellion von Anonymus – Front gegen das Weltkapital. Sie verachten das Geld. Sie verachten die Nihilisten und die Prediger der Apokalypse. Der Überdruss am Weltkapital wird erträglicher, wenn man mit Hedonisten am Tisch sitzt. Das gute Essen ist der Kern des hedonistischen Atheismus. Das gute Essen ist die Grundlage des guten Lebens, ohne das göttliche Weltkapital. Onfray stellte fest: „Immanuel Kant genoss Fleisch, gutes Brot und guten Wein. Er liebte Kalbssuppen, gebratenes Fleisch, indischen Käse und Kabeljau. Friedrich Nietzsche aß am liebsten Schinken, Honig, Rhabarber und Sandtorte. Jean-Paul Sartre liebte Drogen, Alkohol und Tabletten. Die typische Mahlzeit von Jean-Paul Sartre hieß: Wurst, Schinken, Schokoladenkuchen und Wein." (M. Onfray: Der Bauch der Philosophen, Frankfurt, 1990, S.156)

*Der humanistische Atheismus als Basis einer philosophischen Religion wurde vom **Lehrer O.** im philosophischen Café in folgendem Text beschrieben:*

„Da wir Menschen zufällig sind, machen wir das Beste daraus.
Da die Welt zufällig ist, bessern wir sie.
Da der Sinn des Lebens ungewiss ist, lassen wir uns einen Sinn einfallen.
Da es ein Nachteil ist geboren worden zu sein,
verwandeln wir das nachteilige Leben in Lust und Ekstase.
Da es keinen Gott gibt, verhindern wir, dass uns Ersatzgötter,
wie das Weltkapital oder die Atombomben, unterdrücken und martern.
Da wir sterblich sind, nutzen wir jeden Tag.
Da die Evolution von Zufällen wimmelt, streben wir
eine zweite Schöpfung an.
Da unsere Stellung im Kosmos unklar ist, machen wir den Kosmos zu unserer Heimat. Erobern wir ihn.
Er ist und bleibt unsere große Hoffnung."

Das Café erkannte: Das Ich glaubt humanistisch. Das ist der dritte Aspekt der philosophischen Religion.

Die philosophische Religion des humanistischen Atheismus klärt unser Verhältnis zu unseren Mitmenschen in den Grenzen der Welt. Mit dem Tod müssen wir aber diese Welt verlassen. Es stellt sich im Café die Frage: Was bleibt von unserer Existenz, unserem starken Ich? Wenn wir nicht sterben, bevor wir sterben, dann muss die Frage der Mystik bewältigt werden. Das philosophische Café musste sich als Höhepunkt der Arbeit an der schweigenden Transzendenz im philosophischen Glauben der Mystik stellen. Es musste im Café geklärt werden: Wie hältst du es mit der schwarzen oder der weißen Mystik?

4. Die schwarze oder die weiße Mystik

„Mystik besteht aus drei Schritten:
Staunen – Loslassen – Widerstehen. "
(Dorothee Sölle)

Das Thema Mystik wurde von den Teilnehmern des philosophischen Cafés mit großer Erwartung begrüßt.

*Ein **Pfarrer** sagte zum Kernproblem der Mystik, der unio mystica, folgendes: „Das ist die höchste Stufe des mystischen Weges. Diese Stufe wird nur erreicht durch intensive Vorbereitung. Die unio vermittelt die Erkenntnis der Unerkennbarkeit der Gottheit. In der unio erlebt man die göttliche Dunkelheit und das Schweigen der Vernunft. Man erlebt die dunkle Nacht der Sinne und des Geistes. Man kann von dieser Erfahrung nur in Paradoxa sprechen. Plato erlebt die unio dreimal. Plotin viermal. Timothy Leary mit Hilfe von Drogen aber 300-mal. "*

*Dem widersprach ein **Anhänger der Theologie der Revolution**: „Die unio umfasst alle Formen der Aufgabe des Ichs in einem größeren Ganzen. Dieses größere Ganze muss nicht der mittelalterliche Gott sein. Das größere Ganze kann das Du, das Wir, der Staat, die Masse der Armen, der Schwachen, der Schwarzen, der Frauen, die Gesellschaft, die Natur, der Kosmos, aber auch das Eine, das Sein, das Nichts oder das Alles sein. Alle diese Formen der unio hat besonders die moderne Mystik zu Tage gefördert. Dabei ist die revolutionäre unio, die Verschmelzung des Ichs mit dem Wir der aufständigen Armen die wichtigste. "*

*Ein **Student der Philosophie** meinte: „Das wichtigste an der Mystik ist das Nichts. Aber der Versuch das Nichts zu denken, kann dem Mystiker nicht glücken. Denn das Nichts erscheint immer nur als Negation des Seins. Das Denken des Nichts ist immer gezwungen das Sein mit zu denken, in dem es feststellt, dass auch das Nichts ist. Allerdings kann das Nichts zur Denkerfahrung werden, wenn das Andenken des Seins scheitert. Das passiert in der Aufhebung der Subjekt-Objekt-Spaltung. Dabei ereignet sich Todesangst. Ich habe diese Angst im ersten Semester meines Philosophie-Studiums erlebt. Ich dachte dann aber: Selbst wenn alles Sein verschwindet, verschwindet auch das Nichts, und es erscheint das Jenseits von Sein und Nichts. Das aber ist das Werden. Es bleibt aber offen, ob am Ende des Werdens der Geschichte das Sein oder das Nichts wieder herauskommt. "*

*Eine **Hausfrau** wandte ein: „Das Nichts ist für Heidegger ein Ereignis der Seinsvergessenheit. Bei Jean-Paul Sartre ist das Nichts aber die innerweltliche*

Negation des Ichs durch ein Du und ein Du durch ein Ich. Die Konkurrenz aller Ichs um ihre Existenz macht das Nichts zu einem sattsam bekannten Element der Konkurrenzgesellschaft."

So kontrovers das Thema Mystik im Café auch war, mit der Zeit stellte sich der Gegensatz von schwarzer und von weißer Mystik, als Entscheidungsfrage des Existentialismus, als „Entweder-Oder", heraus. Die Mystik, hieß es im Café, ist eine Denkrichtung, „die sich auf die grundsätzliche Erfahrung der Einheit von Ich und Weltgrund bezieht" (K. Albert: Einführung in die philosophische Mystik, Darmstadt, 1996, S. 1). Durch mystische Intuition wird die Einheit alles Seienden im Sein erkannt. Allerdings gibt es eine grundsätzliche Unterscheidung in der Mystik. Es gibt die schwarze Mystik der Gottsucher und die weiße Mystik ohne Gott. Beide Mystiken sind also zu unterscheiden. Die schwarze Mystik ist weltflüchtig. Sie ist patriarchalisch und quietistisch. Die weiße Mystik ist weltoffen. Sie ist eher feministisch und revolutionär. Der neue Existentialismus wird sich mit seiner philosophischen Religion der weißen Mystik zurechnen. Aber ein Blick auf die Geschichte der Mystik war im Café nötig, um die existentialistische Position zu klären. Die philosophische Mystik der Antike reicht tief bis in den Schamanismus und den Mysterienkult zurück. Die Antike versuchte das endliche Ich zu überwinden, um sich mit dem Kosmos zu verbrüdern. Im Denken könnte des Sein erfasst werden, denn: dasselbe ist Denken und Sein, sagte der Grieche Parmenides. Im Mittelalter wurde die Mystik von den Mönchen gepflegt. Ab dem 13. Jahrhundert verbreitete sich die Mystik auch außerhalb der Klöster, besonders unter Frauen. Am Ende des Mittelalters ist die Trennung von theologischer und philosophischer Mystik vollzogen. Aber die schwarze Mystik ist oft ein Weg aus der Welt, eine Flucht vor den Menschen, dem Kapital der Atombombe und den Herren der Apokalypse.

Die schwarze Mystik

Der große Unbekannte Dionysos Areopagita (5. Jh. n. Chr.) prägt die schwarze Mystik bis heute. Seine Mystik zielt auf das Eine, das als undenkbares und unnennbares Nichts verstanden wird, weil es Jenseits allen Seins und Nichtseins ist. „Wir können nur sagen, dass die Gottheit überhoch über alles Sagbare hinaus gerichtet ist … über Vielheit und Einigung, Anfang und Ende, ja über die Unendlichkeit selbst noch hinaus." (D. Areopagita: Von den Namen zum Unnennbaren, Einsiedeln, 1981, S. 41) Das Eine ist zwar Ursache alles Seienden, aber es ist zugleich ein Über-Sein jenseits des Nichts. Die Ursache von allem ist kein sinnliches Ding. Die Ursache ist kein geistiges Ding. Die

Ursache ist jenseits von Bejahung und Verneinung. Das Denken erhebt sich bis zur Höhe des Nicht-Mehr-Unterscheidens über das All hinaus. „bis dicht an die Stelle der Verschmelzung mit dem, das über jedes Wißbare ist." (D. Areopagita, a.a.O., S. 78) Wer also die Sinnenwelt verlässt und alle Unterscheidung aufgibt, landet im „überwesentlichen Strahl des göttlichen Dunkels" (D. Areopagita, a.a.O., S. 91). Mit dieser schwarzen Mystik ist Dionysos für das Christentum immer ein Rätsel geblieben.

Auch der große Meister Eckhart (1260–1327) ist ein Vertreter der schwarzen Mystik. „Gott ist in seinem reinen Sein, das reine Nichts", ist seine Losung. Wenn man die unio mystica anstrebt, dann vollzieht man den Vorlauf vor die Geburt. Im Vorlauf vor die eigene Geburt verliert man alles, was man durch Geburt gewonnen hat und behält alles, was man vor der Geburt war. „Nach der Weise meiner Ungeborenheit, bin ich ewig gewesen und bin jetzt und werde ewig bleiben." (Meister Eckhart: Deutsche Predigten und Traktate, Münschen, 1963, S. 308) Im Durchbrechen der Ich-Grenzen wird dem Mystiker zuteil, „dass er und die Gottheit Eins sind". Das Ich wird also in dieses Eine versinken und zu Nichts werden. „Im Nichts", so Meister Eckhart, „da hörte ich keinen Laut, da sah ich kein Licht, da roch ich keinen Duft, da schmeckte ich nichts und da fühlte ich nichts" (Meister Eckhart: Schriften und Predigten, a.a.O., S. 193f.). Als die Inquisition hinter Meister Eckhart her war, floh er zum Papst nach Avignon. Auf dieser Reise ist er plötzlich ermordet worden und verschollen. Die schwarze Mystik aber zog weitere Kreise.

Nikolaus von Kues (1401–1461) erkannte, dass Gott jenseits aller Gegensätze ist. „Unendlichkeit besagt nämlich Ineinsfallen aller Gegensätze … und niemand kann Gott schauen, außer in der Dunkelheit des Ineinsfallens, welches die Unendlichkeit ist." (N. v. Kues: Gott – verborgen und dennoch offenbar, Leutesdorf, 2001, S. 55) Die mystische Erfahrung ist wie die Betrachtung der Sonne, die trotz ihrer außerordentlichen Sichtbarkeit in der üblichen Weise des Sehens, für die Augen das reine Dunkel ist. Die schwarze Mystik erlebte ihren Höhepunkt in Spanien. Der spanische Mystiker Johannes von Kreuz (1542-1591) hat in seinem Buch „Die Dunkle Nacht" (Freiburg, 1999) die Nacherfahrung der schwarzen Mystik in aller Deutlichkeit geschildert. Am Beginn des mystischen Weges herrscht Eifer und Fleiß. Dann tritt die Nacht der Sinne ein und die Reise durch die Wüste beginnt. Danach kommt die Nacht des Geistes. Der Meditierende begegnet dem Nichts. Der Sinn des Lebens erlischt. Der folgende Umschlag in das Glück des Alles ist mit viel Leiden verbunden. Die Verwandlung des vernichteten Ichs in Gott verursacht große Schmerzen, weil das Licht Gottes so groß ist, dass der Mensch blind wird. (J. v. Kreuz: Die dunkle Nacht, Freiburg, 1999, S.162)

Im philosophischen Café trat des Öfteren ein surrealistischer Autor auf. Er wies daraufhin, dass viele schwarze Mystiker die Methode des automatischen Schreibens nutzten, um sich aus dem Ich heraus zu schreiben. Er sagte: „Ganz schnelles Schreiben ohne jegliche Kontrolle eröffnet dem Unbewussten Eingang in den Text. Dieses Schreiben löst ganz automatisch das Ich auf und lässt das Dunkel des Unbegreiflichen in das Ich eindringen. Bei Hildegard von Bingen, Teresa von Avila, Jakob Böhme, Madame Guyon und bei dem Surrealisten André Breton in Frankreich war diese mystische Versenkungsmethode verbreitet."

Die Teilnehmer des philosophischen Cafés haben interessiert zugehört. Aber mir ist nicht bekannt, ob diese Methode auf Gegenliebe gestoßen ist und auch praktiziert wurde.

Die schwarze Mystik ist also ein Sturz in die Unendlichkeit, der mit dem geistigen Tod des Ichs endet. Die schwarze Mystik versetzt das Ich an den Rand des Kosmos. Das Ich endet als Weltflüchtling. Es wird also im neuen Existentialismus Zeit für die weiße Mystik der philosophischen Religion.

Die weiße Mystik

Die weiße Mystik entsteht erst in der Moderne und führt die Mystik zu neuen Höhepunkten. Das hat seinen guten Grund. Die schwarze Mystik wurde in der Aufklärung scharf kritisiert. Es wurde argumentiert: mystische Erfahrungen sind nicht objektivierbar. Ihre Inhalte sind einfach nicht zu verstehen. Mystik ist ein Feind der Aufklärung. Mystik bedeutet das Ende des Denkens. Mystik ist oft psychopathologisch. Die Folge war: die Mystik zog aus der Kirche und den Klöstern aus. Sie verband sich mit den Meditationsmethoden der ostasiatischen Philosophie. Sie entwickelte sich angesichts der Herrschaft und der Krise des Geldes, der Steigerung der Naturzerstörung und der Entseelung von Mensch zu Mensch zum Teil der antikapitalistischen Subkultur. Existentialisten, wie Karl Jaspers, stehen durchaus positiv zur Mystik: „Mystik ist die Erlebnisform der Aufhebung des Gegensetzung von Subjekt und Objekt … In ihr wird ein Einheitliches und Totales erlebt, das eine ganze irrationale Fülle hat. Aber als solche ist Mystik wesentlich Erlebnis, nicht Inhalt." (K. Jaspers: Psychologie der Weltanschauung, Berlin, 1956, S. 21; K. Jaspers: Von der Wahrheit, München, 1947, S. 696f.; K. Jaspers: Der philosophische Glaube angesichts der Offenbarung, Frankfurt, 1962, S. 395ff.)

Aber erst Ernst Bloch erkennt das Wesen der weißen Mystik richtig in ihrem utopischen Potential. Der Mystiker will, nach Bloch, die Zersplitterung der

154 Teil C: Die schweigende Transzendenz und die Spuren der phil. Religion

Welt in viele Dinge überwinden. Er strebt nach dem Einen, das in Wirklichkeit aber das Sein wie Utopie in der Zukunft der Geschichte ist. Obwohl dieses Sein ein innerweltliches ist, wird es von der schwarzen Mystik als außerweltliches interpretiert. Das ist der Hauptfehler schwarzer Mystik (E. Bloch: Das Prinzip Hoffnung, Frankfurt, 1959, Band 2, S. 1553ff.; E. Bloch: Atheismus im Christentum, Frankfurt, 1968, S. 92ff., 285ff.).

Zum ersten großen Philosophen der weißen Mystik – das erkannte Bloch – wurde Ludwig Feuerbach (1804–1872). Beginnt die schwarze Mystik bei dem Einen, der Alleinheit oder Gott, so beginnt die weiße Mystik beim Menschen. Schwarze Mystik ist Theologie, weiße Mystik ist Anthropologie, sagt Feuerbach. Schwarze Mystik entwickelt das Alleinheitsbewusstsein, weiße Mystik das revolutionäre Gattungsbewusstsein. Beide Mystiken heben das Ich auf, aber mit unterschiedlichen Methoden und Resultaten. Die schwarze Mystik führt ein zerstörtes Ich an den Rand des Kosmos. Die weiße Mystik aber lebt im konkreten Leben von Ich und Du, Ich und Wir. Feuerbach will keineswegs die Mystik abschaffen, aber er will sie als gottlose Mystik vollenden. Ausgang der weißen Mystik ist wie gesagt der Mensch: „Der erste Gegenstand des Menschen ist also der Mensch." (L. Feuerbach: Das Wesen des Christentums, Stuttgart, 1994, S. 175) Der Mensch ist eigentlich der Gott des Menschen. Gott werden alle Kräfte der Menschengattung übertragen. Die Menschengattung ist für Feuerbach, allmächtig, ewig, unendlich und allwissend. Gott wird durch die Übertragung dieser Eigenschaften nur zu einem vermenschlichten Wesen. Gott hat nun Pläne, wie der Mensch. Er denkt, wie ein Mensch. Er fühlt, wie ein Mensch. „Um Gott zu bereichern, muss der Mensch arm sein, damit Gott alles ist, muss der Mensch nichts sein." (L. Feuerbach, a.a.O., S. 71) Die gottlose Mystik beginnt im Hier und Jetzt. Sie stellt fest: „Wo kein Du, da kein Ich." (L. Feuerbach, a.a.O., S. 158) In der Liebespraxis erfährt der Einzelne die reale Unendlichkeit als Verschmelzung mit dem Du, als Repräsentanten der Gattung. „Die Einheit von Ich und Du ist Gott." Diese Vergöttlichung wird für Feuerbach bei jedem Orgasmus Realität (L. Feuerbach: Philosophische Kritiken und Grundsätze, Leipzig, 1969, S. 271). Das Du ist alles, womit der Mensch sich verbinden kann. Selbst im Tod wird das Ich Element der Menschengattung des revolutionären Wir. Hinter der Gattung steht aber die Natur. Die Natur als Kosmos ist viel älter als alle Götter und ihr stehen alle Prädikate zu, die auch Gott besitzt. Die Natur, von der die Menschengattung ein Teil ist, ist unendlich, einheitlich, mächtig und ewig. Das Ich kann sich mit der Natur mystisch einsfühlen und damit die weiße Mystik auf einer höheren Stufe, als in der Ich-Du-Beziehung, erleben.

Dann kamen wir im Café zu Friedrich Nietzsche. Friedrich Nietzsche (1844–1900) bezeichnete seine Philosophie als „europäische Form des Buddhismus"

(F. Nietzsche: Werke in drei Bänden, München 1960, Band 3, S. 853, S. 855).
Der Buddhismus hat Gott getötet. Nach der Herrschaft der Brahmanen „warf
man Gott beiseite, was Europa noch tun muss" (F. Nietzsche, a.a.O., Band
1, S. 1074, Band 2, S. 898). Buddha gehört für Nietzsche zu den Mystikern,
die „eines Tages Nein sagten zu aller Unfreiheit und in irgendeine Wüste gingen" (F. Nietzsche, a.a.O., Band 2, S. 849). Nietzsche will aber keine Mystik
der Resignation, wie Buddha sie wollte. Nietzsche will eine weiße Mystik.
Nietzsche will eine weiße Mystik des Willens zur Macht. Denn der Nihilismus
steht vor der Tür Europas. Das Rad des Seins, das ewig die weltimmanente
Wiederkehr des Gleichen zur Folge hat, wird für Nietzsche Inhalt der mystischen Erfahrung: „Oh, wie sollte ich nicht nach der Ewigkeit brünstig sein,
nach dem hochzeitlichen Ring der Ringe – dem Ring der Wiederkunft ... denn
ich liebe dich, oh, Ewigkeit." (F. Nietzsche, a.a.O., Band 2, S. 474 f.) Die
weiße Mystik soll die Lust auf ewiges Leben im Diesseits steigern. Sie soll
die Todesangst beseitigen, die „Zarathustra " ohnmächtig vor Angst werden
lässt. Die Abgrundserfahrung des Nichts stürzt „Zarathustra" nämlich in die
Bewusstlosigkeit. Aber nach sieben Tagen „nahm er einen großen Apfel in die
Hand, roch daran und fand seinen Geruch lieblich" (F. Nietzsche, a.a.O., Band
2, S. 462). Nietzsche meinte: „Ich könnte der Buddha Europas werden, was
freilich ein Gegenstück zum indischen wäre." (F. Nietzsche, a.a.O., Band 3,
S. 328) Nicht das Erlöschen der Lebensgier im Mönch, sondern die Steigerung
der Liebesgier im Übermenschen wäre für Nietzsche die ideale Konsequenz
aus der mystischen Erfahrung der ewigen Wiederkehr. Bei Ernst Bloch, der
Nietzsche weiter deutet, wird die weiße Mystik revolutionär. Die weiße Mystik
sollte die utopischen Archetypen, die sie erlebt, beobachten und in die Realität
umsetzen, also die Bilder der Aufhebung des Gegensatzes Mensch – Natur und
Mensch – Gesellschaft. Die weiße Mystik kann durch große Tagträume, durch
Visualisieren, Imagination und yogische Versenkung die Kräfte der Materie
anzapfen, die dem beschädigten Ich den Zugang zu mystischen Gattungskräften
eröffnen. Die mystische Antizipation einer gelungenen Weltzukunft heilt das
schwache Ich und stärkt das Ich für die Revolution.

Diese Tendenz wird auch von Erich Fromm (1900–1980) unterstützt. Die
Erfahrung der weißen Mystik lässt den Menschen als höchstes Wesen für
den Menschen erscheinen. Sie reduziert das egoistische Ich. Sie leitet zur
Erfahrung der Einheit von Ich und Wir, Ich und Natur, Ich und Kosmos an
(E. Fromm: Gesamtausgabe, Stuttgart, 1980, Band 6, S. 118–120). Durch
Meditation kann jeder Mensch die Totalität der Welt ohne Götter erleben.
Dazu braucht er nach Erich Fromm die **biographische Selbstanalyse**, die
die Traumen des individuellen Ichs bekämpft, die **Charakteranalyse**, die die
Nekrophilie überwindet und **die meditative Selbstanalyse**, die die transper-
sonalen Ressourcen der Hoffnung erschließt.

Günther Anders (1902–1992) begreift die weiße Mystik als Erfahrung der Zeitlosigkeit. Sie ereignet sich in der „Situation der Sättigung, der Bedürfnislosigkeit, wenn die Jagd nach dem Kapital und dem Atombomben-Gott zum Stillstand kommt" (G. Anders: Über Heidegger. München 2001, S. 294). Für die Mystikerin Dorothee Sölle (1922–2003) wird die weiße Mystik feministisch. Für sie ist die schwarze Mystik der Männer tot. Sölle ist prinzipiell gegen die elitäre schwarze Mystik: „Wir sind alle Mystiker." (D. Sölle: Mystik und Widerstand, München, 2001, S. 25f.) Weiße Mystik ist für sie das Gefühl des Eins-Seins mit allem, was lebt. Der mystische Weg kennt folgende Stationen: Staunen – Loslassen – Widerstehen. Das Staunen beginnt mit dem Entsetzen über die Lage der Welt voller Kapital und Atombomben. Das Staunen führt zum Loslassen: Loslassen heißt Abschied von der Macht des Geldes, der Männer und den Herren der Apokalypse. Aus dem Loslassen resultiert Widerstand. „Es geht in der Mystik nicht um individuelle Verwirklichung, sondern um die Veränderung der am Tod orientierten Realität." (D. Sölle, a.a.O., S. 128)

Ein Café-Teilnehmer sagte:
„Mystiker weinen oft. Vor Schmerz, Entsetzen und Freude. Dorothee Sölle hat jeden Tag im Gebet so viel geweint, dass der Arzt um ihr Leben fürchtete. Aber sie erkannte im Weinen den richtigen Weg, um mit dem Scheitern Gottes an dem radikal Bösen in der Welt fertig zu werden. Sie weinte sich so in die Hoffnung."

Die Kraft zur Rebellion entspringt für Sölle aus mystischer Naturerfahrung, mystischer Erotik, mystischen Wir-Erlebnissen im politischen Widerstand, mystischer Freude mit Lachen, Singen und Tanzen. Der politische Widerstand der Hoffnung braucht ein starkes Ich. Stark ist ein Ich, wenn es solidarisch ist mit den Armen dieser Welt. Stark ist ein Ich, wenn es grenzenlos glücklich, absolut furchtlos und immer in Schwierigkeiten ist. Alle Menschen erscheinen im mystischen Bewusstsein gleich. Das mystische weiße Bewusstsein will keine Gewalt, keinen Krieg, keine Krise des Geldes und keinen atomaren Holocaust. Es will die philosophische Religion.

Das Café erkannte: Das Ich glaubt der weißen Mystik. Das ist der vierte Aspekt der philosophischen Religion.
Die weiße Mystik wird heute durch neurologische Forschungen unterstützt. „Die neurologischen Wurzeln des mystischen Denkens zeigen, dass die All-Einheitserfahrung eine mögliche und plausible Potenz des Gehirns ist." (A. Newberg, E. G. d'Aquili: Why God won't go away, New York, 2001, S. 171) Es gibt keinen anderen Weg zur All-Einheit als durch den Kopf. Aber diesen

Weg gibt es und er führt zu Staunen, Loslassen und Widerstand: zur spirituellen Revolution. Der Weg der weißen Mystik endet für den Existentialismus der Tat nie. Niemals.

Es folgte das dritte Gespräch mit dem **Lehrer O.***: Der Lehrer O. war einer der Wenigen, die nach dem Café die Frage nach Gott öfters weiter diskutieren wollten.*

Lehrer O. sagte:
„Ist nicht, wie Heidegger sagt, der kommende Gott die letzte Rettung?"

Meine Antwort:
„Es darf kein grüner Adolf sein und keine Messias-Figur. Es muss das Gespür für den Wind an schwarzen Mauern sein."

Lehrer O.:
„Da halte ich es mit den Gottesbeweisen."

Meine Antwort:
„Die alle einstürzen."

Lehrer O.:
„Aber im Einsturz bleibt dem Ich ein Gefühl in den Grund der Welt geschaut zu haben."

Meine Antwort:
„Vielleicht kommt es auf diesen Blick an."

Lehrer O.:
„Sicher kommt es darauf an, dass in der nächsten Generation der Gedanke weitergetragen wird, es gibt eine philosophischen Religion. Es ist die weiße Mystik."

Meine Antwort:
„Vielleicht gibt es für alle Zeiten Existentialisten."

Lehrer O.:
„Diese Idee wandert auf Tauben-Füßen durch die Zeit, denke ich oft."

Am Ende von 17 Jahren Arbeit am neuen Existentialismus ergab sich die Frage: Was unterscheidet eigentlich den alten vom neuen Existentialismus? Das philosophische Café versuchte den Unterschied dadurch zu klären, dass es die Unterschiede des Weges des Ichs im alten und im neuen Existentialismus herausarbeitete.

5. Der Weg des Ichs im alten und im neuen Existentialismus

„Der wichtigste Fortschritt in der heutigen Philosophie
ist die Erneuerung des Existentialismus."
(Ausspruch des Lehrers O.)

Der These, dass der Existentialismus durch kritische Gesellschaftstheorie, philosophische Sprachanalyse, Strukturalismus, Neuro-Philosophie oder Philosophie der Postmoderne überholt worden ist, wurde im philosophischen Café 17 Jahre lang entschieden widersprochen. Das Ich ist nicht hintergehbar und kommt bei den Überwindern des Existentialismus gar nicht mehr vor. Im philosophischen Café kommt es aber vor und zwar ständig. Richtig ist jedoch, einen alten und einen neuen Existentialismus zu unterscheiden. Der alte Existentialismus beginnt mit Søren Kierkegaard beim Beginn des Kapitalismus. Der **alte Existentialismus** war geprägt durch das Scheitern der Revolution von 1848 und der Errichtung des Deutschen Reiches 1871. Er wendet sich wie bei Max Stirner und Friedrich Nietzsche an die Vereinzelten und wird von Vereinzelten entwickelt. Seinen Aufschwung gewinnt der alte Existentialismus dann im 20. Jahrhundert nach dem 1. und dem 2. Weltkrieg. Jetzt sind die großen Städte entstanden und kriegerische Staaten. Die Bauern sind vernichtet. Die Medien expandieren. Der alte Existentialismus erfasst jetzt die Bohème und den anarchistischen Rand der Arbeiterbewegung. Der **neue Existentialismus** erscheint zuerst in den 40er Jahren als anarchistischer Existentialismus des Wir bei Albert Camus und als existentialistischer Kommunismus bei Jean-Paul Sartre. Er hat Einfluss auf die Maibewegung des Jahres 1968 in Frankreich. Er scheint dann wieder zu verschwinden. Im Jahr 1972 erhebt die existentialistische „Situationistische Internationale" nur noch eine abstrakte Forderung, unter Guy Debord, nach einer Revolution in der Zukunft und löst sich plötzlich auf. Mit Michel Foucaults „Sorge um sich selbst" taucht der neue Existentialismus in den 80er Jahren wieder auf. Er artikuliert sich dann als Versuch, die staatlich verordnete Individualität in einer kollektiven Gegenkultur abzuschütteln. Im philosophischen Café in Berlin begann seit 1995 die Arbeit am neuem Existentialismus.

Allerdings wird der Entwicklungssprung zwischen dem alten und dem neuen Existentialismus erst richtig sichtbar, wenn man die Veränderung des Drei-Stadien-Konzepts der Existenzentwicklung von Søren Kierkegaard von 1844 mit dem Drei-Stadien-Konzept der Existenzentwicklung im philosophischen Café von 1995–2012 vergleicht. Kierkegaard entwickelte 1844 in seinem Buch „Stadien auf dem Weg des Lebens" folgende drei Stadien der Existenzentwicklung:

Das **erste Stadium** des Weges des Ich nennt er: das ästhetische Stadium. In diesem Stadium wird das Ich äußerlich durch die es jeweils umgebende Umwelt bestimmt. In diesem Stadium verhält sich das Ich völlig hedonistisch. Es kümmert sich nur um seine Lust. Es weist die Aufgabe der Selbstverwirklichung zurück. Es will mehr Lust als Unlust und betrachtet das Leben als Spiel. Allerdings überfällt das Ich hin und wieder Ekel und Langeweile, die diese hedonistische Existenzweise schon entwertet.

Durch den Ekel wird das Ich zum **zweiten Stadium** der Existenz: des ethischen Existierens gezwungen. Es wählt sich nun selbst. Es muss zwischen Gut und Böse unterscheiden und das Gute wählen. Die Selbstwahl ist immer dann real, wenn das Ich seinem Gewissens folgt. Das Ich bereut nun, sein eigenes Sein verfehlt zu haben, und es nimmt die Schuld an der Ich-Verfehlung auf sich. Damit entsteht aber die Angst, die das Ich in Augenblicken des Scheiterns der Selbstwahl immer wieder überfällt. Das Ich muss deshalb die nächste höhere Stufe des Existierens anstreben.

Diese **dritte Stufe** auf dem Weg des Ichs nennt Kierkegaard: die religiöse Existenz. Sie umfasst die Anerkennung des ewigen gegenüber dem vergänglichen Ich. Das Ewige ist für Kierkegaard das christliche Paradox, dass Jesus die Menschwerdung Gottes ist und im Glauben an Jesus das Ich seine Erlösung findet.

Diese Drei-Stadien-Theorie der Ich-Entwicklung kann im neuen Existentialismus-Konzept des philosophischen Cafés nicht aufrechterhalten werden. Sie muss modifiziert werden. Die **erste Stufe** des Weges des Ichs, auch Weltorientierung genannt, eröffnet dem Ich keine hedonistische Konfrontation mit der Welt. Die Welt ist heute von Zufall, Krise, gescheiterter Revolution und Konterrevolution gekennzeichnet. Ihre Existenz als ganze steht auf dem Spiel. Ein hedonistisches Leben ist für den Einzelnen gar nicht mehr möglich, weil das Wachstum an seine Grenze stößt. Angst, Verzweiflung aber auch Sehnsucht, Gelächter und Hoffnung erfassen das Ich und machen ihm die prekäre Weltlage bewusst. Das ist ein „erheblicher Fortschritt" gegenüber Kierkegaard. Die **zweite Stufe** des Weges des Ichs, die man auch: „Ich in der Krise" nennen kann, umfasst das Moment der Wahl. Das Ich muss wählen zwischen schwachem und starkem Ich, zwischen Weltflucht oder dem Kampf gegen die Herren der Apokalypse und des Geldes. Das sind alles Umstände, die dem Spätkapitalismus geschuldet sind und an die Kierkegaard noch gar nicht denken konnte. Die **dritte Stufe** des Weges des Ichs, das „Verschwinden der Transzendenz" muss sich nach Hiroshima und Auschwitz und dem Fortdauern der Völkermorde mit dem Verschwinden Gottes auseinandersetzen. Es muss die Gottesbeweise und die Gotteswiderlegungen abarbeiten, die eigene Religion überprüfen, den Atheismus hinterfragen, um sich schließlich zwischen schwarzer und weißer Mystik zu entscheiden.

Das Café erkannte: Das Ich kann sich durch die Entwicklung seiner philosophischen Religion und dem eigenen philosophischen Glauben stärken. Das Ich setzt damit auf die spirituelle Revolution. Das ist der fünfte Aspekt der philosophischen Religion.

Das Ich erlebt damit auf der dritten Stufe die hoffnungsvollen Grundlagen der weißen Mystik für die spirituelle Revolution des Wirs in einer schweren Zeit.

Am Schluss dieses Berichtes werden wir diesen neuen Existentialismus, wie er sich unter den aktuellen Bedingungen in den philosophischen Cafés Berlins als Werk von 6000 Teilnehmerinnen und Teilnehmern in 17 Jahren herausgebildet hat, noch einmal konkret umreißen.

Schluss: Grundsätze des neuen Existentialismus als philosophischen Glauben

„Ich rebelliere, also sind wir." *(Albert Camus)*

Der neue Existentialismus im philosophischen Café lässt sich in drei Grundsätze fassen.

1. Grundsatz: Die absurde Welt, wie wir sie heute kennen sollten, ist näher zu betrachten.
2. Grundsatz: Das starke Ich ist in der Rebellion zu entwickeln.
3. Grundsatz: Die schweigende Transzendenz ist zu akzeptieren, und die Spuren des eigenen philosophischen Glaubens müssen entdeckt werden.

Diese drei Grundsätze wurden im Café im Einzelnen immer weiter entwickelt.

1. Grundsatz:
Die absurde Welt, wie wir sie heute kennen sollten, ist näher zu betrachten.

Wenn wir die absurde Welt, wie wir sie heute kennen sollten, näher betrachten, so ergibt sich sogleich die Grundfrage: Leben wir in der Weltnacht oder gibt es eine Morgenröte?

Weltnacht oder Morgenröte

Es gibt viele Menschen, die leben heute unbewusst in der Weltnacht, die vielleicht auf das Ende der Welt zutreibt. Sie verstehen die Welt nicht. Die Welt versteht sie nicht. Sie sind nicht dabei. Sie sind nicht bekannt. Sie sind nicht gewollt. Albert Camus schildert in seinem Roman „Der Fremde" und „Der Fall" solche Menschen. Albert Camus' Roman „Die Pest" zeigt dagegen einen Existentialisten, den Arzt Rieux, der sich auflehnt und der Revolte folgt als Heiliger ohne Gott. Menschen, wie Rieux, ist die herrschende Pest bewusst. Er ahnt das Morgenrot. Aus der Evolution wissen wir, das Leben bewegt sich immer zwischen der Weltnacht des Nichts und der Morgenröte des Sein wie Utopie. Die Argumente der bewussten Weltnacht-Denker sind stark. Sie sagen die Welt ist allein im Kosmos. Der Kosmos ist uns fremd.

Das Leben der menschlichen Gattung dauert nur eine Weltsekunde. Vorher wird die Menschengattung noch wahnsinnig und begehrt eventuell kollektiven Selbstmord. So reden sie und reden sie sich um Kopf und Kragen. Dagegen stehen die Fakten des Morgenrots. Seit 3,5 Milliarden Jahren existiert das Leben auf der Erde. Gaia hat es immer erhalten. In tiefen mystischen Erfahrungen zeigt sich immer wieder: der Mensch ist kein größenwahnsinniger Raubaffe, kein Irrläufer der Natur, keine Sackgasse der Evolution, keine Eintagsfliege. Aber er muss die Abgrundserfahrungen, dass alles Nichts werden könnte, aushalten. Der neue Existentialismus setzt auf die Morgenröte, dass alles nicht zu Nichts wird. Das ist seine Urwahl bei der Weltbetrachtung. Damit ergibt sich die zweite Alternative: Weltuntergang oder Welterneuerung?

Weltuntergang oder Welterneuerung

Untergang oder Neuerung der Welt sind die Pole der Existenz. Ingeborg Bachmann beschreibt in ihrer Geschichte „Das Lächeln der Sphinx" einen König, der die Welt zerstört und sieht, wie die Sphinx lächelnd verschwindet. So kann die Geschichte der Menschen ausgehen. Die Sphinx der Geschichte könnte am Ende lächeln. Der moderne Existentialismus hat drei Zukunfts-modelle zu prüfen. Sie heißen:

1. Es geht immer so weiter.
2. Es endet böse.
3. Es gibt eine Welterneuerung

Das **erste Votum** hält die ökologische Krise für beherrschbar, den Kapitalismus für reformierbar und die apokalyptische Rhetorik für Lüge. Das **zweite Votum** glaubt an ein Weltende durch Technik und Wissenschaft, Überbevölkerung, Wirtschafts- und Finanzkrisen, Grenzen des Wachstums und den potenziellen 3. Weltkriegs. Das **dritte Votum** setzt auf die spirituelle Revolution, die Utopie, das gute Risikomanagement. Der Existentialist wird die drei Optionen prüfen. Er wird die wachsende Weltangst vor dem Weltende bearbeiten. Er wird die Weltflucht ablehnen. Er geht nicht in die Wüste und auch nicht ins Kloster. Er wird kein Fundamentalist, der den Weltuntergang begrüßt. Er entwickelt keinen Welthass. Der Existentialist hält den Weltuntergang für den Gipfel der Absurdität. Er rebelliert gegen die Schöpfung als Ganzes und ihren Tod. Der Existentialist begreift sich als zum Tode verurteilt und er begreift auch die Menschheit in der Gefahr sich zu töten. Aber er kämpft bis zu seinem persönlichen Tod gegen den Gattungstod. Darin erkennt er den letzten Sinn seines philosophischen Glaubens als Pirat und Rebell. Deshalb stellt sich die dritte Frage: Höllensturz oder revolutionäre Himmelfahrt?

Höllensturz oder revolutionäre Himmelfahrt

Wenn man, wie heute alle, im Gefängnis der Megamaschine sitzt und die Hoffnung nicht verlieren will, muss man neue Visionen entwickeln. Das ist eine schwierige Aufgabe. Die Wege aus dem System waren bisher alles nur Höllenstürze. Die Sowjets, die Maoisten, die Polpotts produzierten noch mehr Staat, Staatsgewalt und Staatsterror. Um den Horizont frei zu bekommen, muss der Existentialist neue Wege ins Paradies erfinden. Diese Wege sind fantastisch: spirituelle Revolution, solidarische Ökonomie, Abschaffung des Geldes, Reduktion des Staates und der Geheimdienste, Sturz der Herren der Atomkriegsapokalypse, Friede mit der Natur, „Besetzt die Wallstreet". Aber nur unter der Perspektive der revolutionären Himmelfahrt, hat das starke Ich eine Chance existieren zu können. Der Existentialist ist in seinen großen Tagträumen bewegt von den Bildern der kommenden Revolte. Meditierend und fragend geht er mit vielen voran. Er stellt sich dem Problem des Ichs in der Rebellion.

2. Grundsatz:
Das starke Ich ist in der Rebellion zu entwickeln

Im Café gab es immer wieder die Frage: Was ist ein starkes Ich?

Das schwache oder das starke Ich

Über die Existenz des starken Ichs gibt es viele Geschichten. Das starke Ich kann sich wählen. Es ist zur Freiheit verurteilt und schafft sich selbst. So schildert es Jean-Paul Sartre in seinem Roman „Der Ekel": Irgendwann ekelt sich das Ich vor der ganzen Welt der Dinge, bis auf das Ich, das an sich selbst interessiert bleibt. Aus diesem Interesse ergibt sich die Erkenntnis der Freiheit und der Wille zur Selbstwahl. Aber es gibt das schwache Ich, das sich als Anhängsel des Gehirns, der Gene, der Triebe, des Unbewussten und der Gesellschaft empfindet. Es wird sich der Idee der Gehirnforschung unterordnen, dass es überhaupt kein Ich hat. Allenfalls einen „eingebildeten Egotunnel" (T. Metzinger). Er wird sich als Tier empfinden und sagen: 95% der Gene, die zum Aufbau unserer Gehirne benötigt werden, besitzen auch alle anderen Primaten. Meine Nervenzellen unterscheiden sich kaum von denen einer Schnecke. Mit solch einem Selbstverständnis wird das schwache Ich in ständiger Flucht vor dem Tod sein. Es wird sich als Knecht den Herren der Atombombe klaglos unterordnen. Aber es gibt die Wahl auch für das schwache

Ich. Die Computerrevolution wird das schwache Ich stärken. Die progressive Gehirnforschung zeigt, dass die rechte Gehirnhälfte der linken Gehirnhälfte zu Hilfe kommen kann. Das schwache Ich kann sich durch Mindmaps, Mentaltechniken, Selbstanalyse, Meditation, Imagination, Entspannungsmethoden, Selbsthypnose, Kreativitätstechniken und durch Lerncomputerprogramme zu einem starken Ich entwickeln (vgl. A. Wolters, J. J. Bambeck: Brainpower, Frankfurt, 1992). Soziale Netzwerke (über Internet) können das schwache Ich zum Wir führen. Das schwache Ich wird schließlich durch die Zuwahl zum rebellischen Wir ein starkes Ich, ein Ich der 99%, die die Wallstreet besetzen, um die restlichen 1 % der Gesellschaft zu entmachten. „Ich lehne mich auf, also sind wir." (A. Camus) Damit stellt sich die Frage der richtigen Ethik.

Die Ethik des richtigen und des falschen Lebens

Es gibt Träume, die erzählen, dass der Träumer die Welt zerstört. Er baut eine Bombe, zündet sie und die Welt ist futsch. Die Folge könnte eine Psychose sein und der Traum eine Warnung, dass der Träumer die Welt verliert. Aber es gibt Träumer, die setzen ihre Weltzerstörungsträume in die Tat um. So der Präsident Truman, der ohne Grund eine Atombombe auf Hiroshima werfen ließ oder Hitler, der in Auschwitz Millionen vergaste oder Stalin, der im Gulag unendliche Menschenmassen zerstörte. Das Ich erlebt sich in einer Welt, die gefährdet ist. Es sucht Hilfen zur Gestaltung des richtigen Lebens bei der Ethik. Es gibt viele Konzepte der Ethik. Sie sind immer wieder der Kritik und grundsätzlicher Skepsis ausgesetzt. Sie gelten kaum universell. Religiöse Ethiken wurden durch die Aufklärung entwertet. Moderne Ethiken werden mit folgenden Argumenten kritisiert. Die Allgemeingültigkeit der Ethik erweist sich als Illusion und enthüllt sich als partikulares Gruppeninteresse. Ethik ist meist nur verhüllter Egoismus. Auch altruistisches Handeln gegenüber anderen ist egoistisch motiviert. Nach den Katastrophen von Hiroshima und Auschwitz zeigt sich: alle Ethiken sind Müll (T. W. Adorno, G. Anders). Es ist heute ein radikales Böses entstanden, das sich nicht als individueller böser Wille gegen andere Ichs entwickelt, sondern als böser Wille gegen die gesamte Gattung Mensch. Der mögliche 800-fache Overkill durch Massenvernichtungswaffen ist heute der Ausdruck des radikalen Bösen, gefolgt von einer Kaskade von Krisen, die alle die Existenz der Menschheit durch Gruppen von Menschen untergraben. Eine existentielle Ethik des richtigen Lebens kann sich nur als Widerstand gegen die Zerstörer aller Ethik verstehen. Existentielle Ethik ist Kampf gegen das radikal Böse der Menschheitsvernichtung. Diese Ethik des Kampfes gegen das radikal Böse, kann der Existentialist nur als Teil eines rebellischen Wir praktizieren. Wenn **ich** mich empöre, handeln **wir** richtig. Diese existentialistische Ethik wird in der gegenwärtigen Ethikdiskussion natürlich ignoriert. Sie gilt aber für den Existentialisten und für die 99%: die Namenlosen, die Ohnmächtigen, die Rufer in der Wüste. Nicht ignorieren kann aber der Existentialist den persönlichen Tod.

Der kleine oder der große Tod

Der kleine und der große Tod werden im Existentialismus unterschieden. Der kleine Tod ist ein Tod am Fließband, im Krankenhaus. Das erlebte Malte Laurids Brigge bei R. M. Rilke in Paris. Es wird dort massenhaft gestorben. Man stirbt ärmer als die Tiere. Es ist aber nicht ein eigener Tod. Es ist ein fremder Tod, der einfach ins Leben einbricht. Es gibt aber auch den eigenen großen Tod, der das Resultat der eigenen Existenz ist, die sich für die Welt und ihren Erhalt engagiert hat. Der große Sterbende muss sich auf den Tod vorbereiten, der im schlimmsten Fall der Gattungstod sein kann. Der große Sterbende weiß aber um die Trostbilder gegen den Tod. Er hat Techniken der Bewältigung der Angst vor dem Tod und den Weltuntergang entwickelt. Der große Sterbende wird zum „Hüter des Seins" (M. Heidegger). Er wird in der Grenzsituation Tod des „Umgreifenden inne" (K. Jaspers). Der große Tod offenbart den Wert der existentiellen Wahl. Der Tod ist für Sartre die Kehrseite der Wahl. Indem der Mensch sich wählt, wird er das, was er aus sich macht, und damit wählt er auch seinen eigenen Tod, der das zerstört, was er aus sich gemacht hat (J. P. Sartre). Der große Tod vollzieht sich für den Existierenden als Protest.

Das Ich, das den großen Tod sterben will, muss groß gelebt haben. Groß gelebt hat das Ich aber dann, wenn es für den Erhalt der Erde – das Größte für Menschen überhaupt – gelebt hat. Sicher am großen Tod ist aber, dass das Ich im Gedächtnis der Rebellen gegen die Gattungsmörder, also 99% gegen 1%, aufbewahrt wird. Deshalb braucht der Existentialist die Wahl der richtigen Liebe.

Die dunkle oder die helle Seite der Liebe

Das Ich ist für den Existentialismus nicht ohne das Du. Das Du zu finden beginnt im Uterus, führt zur Mutter, führt zu den Eltern, den Geschwistern. Das Lieben des Anderen ist dann die große Herausforderung. Der Mythos von Orpheus zeigt, wie die Liebe und der Tod zusammenhängen. Orpheus liebt Eurydike. Sie wird von einem Schlangenbiss getötet. Sie gerät in die Unterwelt. Orpheus singt Eurydike wieder frei und verliert sie zugleich. Er geht auf hohe Berge und wendet sich ab von den Frauen. Die Mänaden des Dionysos zerreißen ihn deshalb. In der Liebe geht es um Leben und Tod. Das existentielle Ich muss wählen zwischen Zweisamkeit, Vielsamkeit oder

Einsamkeit. Denn heute ist in der Liebe alles erlaubt. Sie ist heute total individualisiert. Das existentielle Ich erkennt die dunklen und die hellen Seiten der Liebe, die Orpheus schon erlebte. Die dunklen Seiten der Liebe heißen: Narzissmus, Sadismus, Masochismus und Nekrophilie. Diese Lieben begleiten die Tendenz der Zerstörung der Erde. Die hellen Seiten der Liebe heißen: Hedonismus, Platonismus, Romantik und Ekstase. Diese Lieben festigen die Beziehungen von Mensch und Erde. Da gibt es also viel zu wählen. Am schönsten ist aber für den Existentialisten die Liebe zur Rebellion in allen ihren hellen Seiten. Jede Revolte aber, die die Liebe zu anderen leugnet, büßt den Namen Revolte sofort ein. Aber es gibt keine Revolte ohne das Lachen.

Schwarzer Humor oder fröhliches Lachen

Viele Menschen gehen lachend durch die Welt, auch wenn die Krisenfontänen sprühen. Es gibt die lachenden Buddhas Es gibt die heiligen Lacher, die im Licht wandeln. Für das Ich ist die lachende Existenzerhellung wichtig, damit das Ich das Lächeln nicht vergisst, wenn es gehen muss. In der heutigen Zeit ist über das fröhliche Lachen hinaus der schwarze Humor unverzichtbar. Angesichts der ungeheuerlichen Absurditäten in der Welt, ist der Akt des schwarzen Lachens wichtig. Das schwarze Lachen ist die größte Leistung, dessen der Mensch fähig ist. In diesem Lachen, im Lachkrampf, überwindet der existentielle Lacher das Nichts in jeder Form. Schwarzes Lachen verwandelt die Abgrund- in eine Gipfelerfahrung. So sagte der zum Tode Verurteilte, den man am Montag früh zum Galgen führte: „Na, diese Woche fängt ja gut an." Hier behauptet das existentielle Ich seine Unverletzlichkeit. Mit schwarzem Humor kann man sich dem Zwang des Leidens entziehen. Schwarzer Humor ist „satanisch" (C. Baudelaire), aber er ist für die 99% zutiefst menschlich. Schwarzer Humor ist Trotz und Rebellion gegen den Tod in jeder Form. Aber das Leben bleibt eine Abfolge von Verzweiflung und kurzem Glück.

Verzweiflung oder kurzes Glück des Ichs

Die Grundsituationen des Lebens sind für das Ich Grenzsituationen. Sie sind nicht zu verändern. Sie werden nicht beseitigt. Sie verbreiten Angst und Wut. Sie steigern alle Kräfte des Ichs, um der Verzweiflung zu entgehen. Der Existenzphilosoph Karl Jaspers hat viele Techniken zur Bewältigung von Grenzsituationen und zur Verteidigung des kleinen Glücks praktiziert. Vielleicht hilft Träumen, Meditieren oder philosophisch Glauben. Das existierende Ich wird sich aus vielen philosophischen Methoden der Lebenserleichterung, die für es geeigneten heraussuchen und praktizieren, wenn die Angst es nicht erschlägt. Jenseits der Angst wird es erkennen: es gibt Hilfen gegen die Verzweiflung und für den Glücksaugenblick. Vielleicht letztlich dadurch, dass es die Funken der Revolte an die nächste Generation der 99% weitergibt. Damit der Existentialist bis an sein Ende durchhält, braucht er die existentielle Selbsttherapie.

Leiden oder Heilung des Ichs in der existentialistischen Psychotherapie

Die heutige Situation könnte als die unglücklichste in der Geschichte des Katastrophen-Kapitalismus eingeschätzt werden. Aber die existentialistische Psychotherapie kapituliert nicht. Wir wissen von Albert Camus: „Es gibt nur ein wirkliches, ernsthaftes Problem: den Selbstmord." Wir wissen aber auch: der Kampf gegen Leid ist möglich. „Wir müssen uns Sisyphos als einen glücklichen Menschen vorstellen." Jean-Paul Sartre charakterisiert das Leid schärfer: „Mensch sein heißt, danach streben Gott zu sein, oder, wenn man lieber will, des Menschen grundlegende Begierde ist, Gott zu sein." (J. P. Sartre: Das Sein und das Nichts, Reinbek, 1995, S.972) Diese Begierde ist nach Sartre durch existentielle Psychoanalyse heilbar. Der Existentialist muss erkennen, dass die Gottesbegierde das Resultat der Urwahl des minderwertigen Ichs ist, das seine kindliche Minderwertigkeit kompensieren wollte. Jeder Existentialist macht deshalb so oft wie möglich eine existentielle Selbsttherapie der Sinnlosigkeit und des Größenwahns, um das Leiden zu mildern und das Ich zu stärken. Alle starken Ichs werden dann gleich stark. Bei seiner Selbsttherapie begegnet er dann dem Alltagshelden.

Die Alltagshelden-Reise des Ichs im Existentialismus

Der Existentialismus hat verschiedene Mythen als Vorbilder für moderne Lebensmuster benannt. Er spricht von Sisyphos, Prometheus, Zarathustra, von den maßgebenden Menschen (K. Jaspers). Damit hat er zur Entbanalisierung des heutigen Existierens beigetragen. In der Revolte des Prometheus lebt noch die heutige Empörung. In Sisyphos lebt noch der Kampf gegen die Verzweiflung. Jeder Existierende kennt das mythische Reisemuster. Bei jeder Aktion bricht der Existierende aus dem Alltag auf, stellt sich dem Abgrund der Welt, sucht die Gipfelerfahrungen und kehrt dann in den Alltag zurück. Als moderner Alltagsheld oder Alltagsheldin wird er oder sie nach seiner Rückkehr nicht erhöht, sondern ist verdammt, um seine Solidarität mit den anderen Alltagshelden und Alltagsheldinnen zu kämpfen. Er lebt weiter in großer Einsamkeit, aber er bleibt trotzdem auf der Spur der Hoffnung des kommenden Wir. Diese Spur des Glaubens an das rebellische Wir der 99% muss gesucht werden im Flachland der schweigenden Transzendenz.

3. Grundsatz:

Die schweigende Transzendenz ist zu akzeptieren, und die Spuren des philosophischen Glaubens müssen entdeckt werden

Wir begannen im Café, angesichts der schweigenden Transzendenz, mit den Gottesbeweisen oder Gottesleugnungen.

Gottesbeweise oder Gotteswiderlegungen

Es gab einen tollen Menschen, schrieb Nietzsche. Der trat auf den Markt und sagt: „Gott ist tot. Ihr habt ihn ermordet." Der tolle Mensch meinte: diese Tötung wird die Menschheit lange verfolgen. Die Metaphysik ist zu Ende. Gottesbeweise und Gotteswiderlegungen sind vorbei. Es wird der Nihilismus ausbrechen. Diese Nachricht muss hinterfragt werden. Der neue Existentialismus muss sich heute selber Klarheit über den Stand der Metaphysik verschaffen. Er wird erkennen, Gottesbeweise und Gotteswiederlegungen halten sich die Waage. Was bewiesen wird, wird auch widerlegt. Es entsteht an der Stelle der alten Metaphysik Platz für einen Gesang über das Schweben des Metaphysischen. Dieser Gesang begleitet die Existentialisten, die eine Hoffnung in der spirituellen Revolution brauchen. Diese Hoffnung kann nur wachsen, wenn die Existentialisten nicht dem banalen Glauben an das Geld verfallen. Auch die 99% der Wallstreet-Bewegung müssen sich fragen: Diene ich einer fremden oder lebe ich eine eigene Religion?

Die fremde oder die eigene Religion

Heute herrscht eine fremde Religion: die Religion des Kapitals. Sie ist stärker als alle Weltreligionen. Der Kampf Geld gegen Religion ist entschieden. Dass Geist Geld besiegen kann, begreift Ernst Bloch. Walter Benjamin zeigt, dass der Geist der Utopie alle Ängste und Widersprüche des heutigen Glaubenssystems ausgleichen und die alte Geldlösung überbieten kann. Dazu muss das Ich aber die Religion der Infantilität, des Geldfetischs und der Wachstumsmanie überwinden. Dann entsteht die Religion des utopischen Tagtraums, der Armut des Franz von Assisi. Diese philosophische Religion kann das existierende Ich unter dem Diktat des Finanzkapitals leben. Keine einfache Sache. Denn: der Existentialist muss dem nihilistischen Atheismus entgehen. Er muss seinen philosophischen Glauben verteidigen.

Nihilistischer oder humanistischer Atheismus

Der staatliche Atheismus hat im Ostblock die größten Menschenopfer produziert. Er hat den nihilistischen Atheismus im Gulag explodieren lassen. Auch in Auschwitz und Hiroshima war der nihilistische Atheismus ein Motiv böser Taten. Dagegen gab es die Anstrengungen des humanistischen Atheismus. Er reicht bis in den Existentialismus hinein. Als Nietzsche in tiefe Verzweiflung fiel, begegnete er dem Gott Dionysos. Eine A-Theologie der Tränen kann zur Hoffnung führen. Der hedonistische Atheismus feiert das Essen. Ein glückliches, gottloses Leben erhebt sich im mittelmeerischen Licht der Hoffnung. Für den Existentialisten ist der humanistische Atheismus eine Option seiner Wahl. Diese Wahl ist zu begründen. Der Grund liegt in der weißen Mystik.

Schwarze oder weiße Mystik

Es gibt die schwarze Mystik. In ihr verschwindet das Ich in Gott. Das Ich geht am Rande des Universums verloren. Es zerstört sich in der Marter, dem verschwundenen Gott sich nicht mehr nähern zu können. Es wird stumm in der großen Nacht der Sinne, der Seele und des Denkens. Es bleibt Gefangener eines Gehäuses (K. Jaspers). Der Existentialist folgt der weißen Mystik. Die weiße Mystik ist die Mystik der Natur, der Utopie, der Menschengattung, der spirituellen Rebellion des Wir. Die weiße Mystik des Widerstandes umfasst in der spirituellen Revolution drei Stationen: Staunen – Loslassen – Widerstehen. Das Staunen beginnt mit dem Entsetzen über die Not vieler Menschen. Das Loslassen meint das Loslassen des Kapitals, der Atomwaffen und der Naturzerstörung. Der Widerstand bezieht sich auf die Veränderung der todes-orientierten Realität. Jeder Existentialist ist ein weißer Mystiker. Der auf die weiße Mystik gegründete Widerstand im philosophischen Glauben gegen die Herren des Apokalypse ist der Kern für die Hoffnung, für das Ich im rebellischen Wir.

Der philosophische Glaube des neuen Existentialismus heißt:

Ich bin **gewagt** auf der unsicheren Erde.
Ich bin **geworfen** unter die Herrschaft der Herren der Apokalypse.
Ich bin **gewegt** in der spirituellen Revolution.
Ich bin mir **geschenkt** in gottloser Mystik.

*Zum Schluss noch ein Text vom **Lehrer O.**: Der Lehrer O., der oft im philosophischen Café war, hat die Grundsätze des neuen Existentialismus viel kürzer zusammengefasst. Dieses Wahlprogramm des Lehrers O. soll deshalb diesen Bericht beschließen.*

Der Lehrer O. schrieb sein Wahlprogramm auf ein Blatt, das ich am Ende eines philosophischen Cafés auf dem Fußboden in der Urania Berlin fand. Er schrieb folgendes:

> *Ich wähle die Morgenröte.*
> *Ich wähle die Welterneuerung.*
> *Ich wähle die revolutionäre Himmelfahrt.*
> *Ich wähle das starke Ich.*
> *Ich wähle die Ethik des Kampfes gegen das radikal Böse.*
> *Ich wähle den großen Tod.*
> *Ich wähle die helle Seite der Liebe.*
> *Ich wähle den schwarzen Humor.*
> *Ich wähle den kostbaren Augenblick des Glücks.*
> *Ich wähle das Leben, nicht den Selbstmord.*
> *Ich wähle den Weg des Alltagshelden der 99%.*
> *Ich wähle den Gesang über das metaphysische Schweben.*
> *Ich wähle die Verächter des Geldes und des Atomkriegs.*
> *Ich wähle die A-Theologie der Hoffnung.*
> *Ich wähle die weiße Mystik der alltäglichen Erdenstunde.*
> *Ich besetze Wallstreet.*
> *Ich nehme teil an der spirituellen Revolution.*

> *Also: Ich wähle den Existentialismus – jetzt,*
> *als meinen philosophischen Glauben.*

Literaturverzeichnis

1. Allgemeine Literatur zur Existenzphilosophie und zum Existentialismus

Arendt, A.: Was ist Existenzphilosophie? Frankfurt 1990
Berthold, J.: Existenzphilosophie heute. Zürich 2000
Bollnow, O. F.: Existenzphilosophie. Stuttgart 1978⁸
Fahrenbach, H.: Existenzphilosophie und Ethik. Frankfurt 1970
Frank, M.: Die Unhintergehbarkeit von Individualität. Frankfurt 1987
Gabriel, C.: Von Kierkegaard bis Sartre. Wien 1951
Heinemann, F.: Existenzphilosophie, lebendig oder tot? Stuttgart 1954
Janke, W.: Existenzphilosophie. Berlin 1982
Knittermeyer, H.: Die Philosophie der Existenz. Wien 1952
Kuhn, H.: Begegnung mit dem Nichts. Tübingen 1950
Müller, M.: Existenzphilosophie. Freiburg 1986
Seibert, T.: Existenzphilosophie. Stuttgart 1997
Seibert, T.: Existentialismus, Hamburg 2000
Thurnher, R.; Röd, W.; Schmidinger, H.: Die Philosophie des ausgehenden 19. und des 20. Jahrhunderts. München 2002, Band 3: Lebensphilosophie und Existenzphilosophie
Thurnherr, U.; Hügli A. (Hrsg.): Lexikon. Existentialismus und Existenzphilosophie. Darmstadt 2007
Zimmermann, F.: Einführung in die Existenzphilosophie. Stuttgart 1996

2. Die wichtigsten Werke der Existenzphilosophie und des Existentialismus

Anders, G.: Über Heidegger. München 2001
Anders, G.: Endzeit und Zeitende. München 1972
Bataille, G.: Die innere Erfahrung. München 1982
Bloch, E.: Werkausgabe. Frankfurt 1971, Band 1-18
Camus, A.: Der Mensch in der Revolte. Reinbek 1953
Camus, A.: Der Mythos des Sisyphos. Reinbek 1999
Cioran, E. M.: Lehre vom Zerfall. Frankfurt 1979
Cioran, E. M.: Vom Nachteil geboren zu sein. Frankfurt 1979
Cioran, E. M.: Die verfehlte Schöpfung. Frankfurt 1979
Heidegger, M.: Gesamtausgabe. Frankfurt ab 1971, Band 1-102
Horstmann, U.: Das Untier. Frankfurt 1998
Jaspers, K.: Philosophie. Berlin 1956, Band 1-3
Jaspers, K.: Die Atombombe und die Zukunft der Menschheit. München 1983⁷

Jaspers, K.: Der philosophische Glaube. Frankfurt 1958
Jaspers, K.: Der philosophische Glaube angesichts der Offenbarung. München 1963
Jaspers, K.: Notizen zu Martin Heidegger. München 1978
Kierkegaard, S.: Gesammelte Werke. Simmelrath ab 2003, Band 1-32
Lütkehaus, L.: Nichts. Zürich 1999
Nietzsche, F.: Kritische Studienausgabe. München 1999, Band 1-15
Sartre, J.-P.: Gesammelte Werke. Philosophische Schriften. Reinbek 1994, Band 1–4
Schopenhauer, A.: Sämtliche Werke. Zürich 2002, Band 1–8
Sloterdijk, P.: Du musst dein Leben ändern. Frankfurt 2009
Sloterdijk, P.: Weltfremdheit. Frankfurt 1996
Stirner, M.: Der Einzige und sein Eigentum. Stuttgart 1972

3. Literatur zu den einzelnen Kapiteln des vorliegenden Buches

Teil A: Die absurde Welt, wie wir sie kennen sollten

Kapitel 1: Weltnacht oder Morgenröte
Das Buch zu diesem Thema des philosophischen Cafés heißt:
Werder, L. v.: Eigenwillig. Lebensphilosophie für Individualisten. Berlin 2005

Außerdem:
Adams, F.: Leben im Universum. München 2004
Albert, K.: Lebensphilosophie. Freiburg 1995
Bollnow, O. F.: Lebensphilosophie. Berlin 1958
Fellmann, F.: Lebensphilosophie. Reinbek 1993
Hoerner, S. v.: Sind wir allein? Seti und das Leben im All. München 2003
Walter, U.: Zivilisation im All. Heidelberg 1999
Wuketis, F. M.: Evolution. München 2000

Kapitel 2: Weltende oder Welterneuerung
Das Buch zu diesem Thema des philosophischen Cafés heißt:
Werder, L. v.: Geht die Welt unter – und wenn ja, warum? Zur Kritik des apokalyptischen Bewusstseins. Berlin 2009

Außerdem:
Anders, G.: Die atomare Drohung. München 1983
Bahro, R.: Logik der Rettung. Berlin 1990
Derrida, J.: Apokalypse. Köln 1985
Jaspers, K.: Die Atombombe und die Zukunft der Menschheit. München 1983[7]
Lomborg, B.: Apokalypse? No! Lüneburg 2002
Löwith, K.: Weltgeschichte und Heilsgeschehen. München 2007

Pauen, M.: Pessimismus. Berlin 1997
Schell, J.: Das Schicksal der Erde. Gefahr und Folgen eines Atomkriegs. München 1982
Taubes, J.: Abendländische Eschatologie. Berlin 2007

Kapitel 3: Höllensturz oder Himmelfahrt
Das Buch zu diesem Thema des philosophischen Cafés heißt:
Werder, L. v.: Neue Wege ins Paradies. Zur Philosophie der spirituellen Revolution. Berlin 2011
Außerdem:
Arendt, H.: Über die Revolution. München 1963
Benjamin, W.: Kapitalismus als Religion. In: Ders.: Gesammelte Schriften. Frankfurt 1992, Band VI, S. 100–103
Bloch, E.: Geist der Utopie. Frankfurt 1971
Boff, L.: Schrei der Erde. Schrei der Armen. Düsseldorf 2002
Buber, M.: Der utopische Sozialismus. Köln 1967
Camus, A.: Der Mensch in der Revolte. Reinbek 1953
Gorz, A.: Wege ins Paradies. Berlin 1983
Hardt, M.; Negri A.: Empire. Frankfurt 2003
Holloway, J.: Die Welt verändern, ohne die Macht zu übernehmen. Münster 2006
Landauer, G.: Die Revolution. Münster 2008
Sartre, J.-P.: Der Intellektuelle als Revolutionär. Reinbek 1986
Thoreau, H. d.: Über die Pflicht des Ungehorsamen gegenüber dem Staat. Zürich 2009
Wallerstein, I.: Utopistik. Wien 2008

Teil B: Das Ich in der Rebellion

Kapitel 1: Das schwache oder das starke Ich
Das Buch zu diesem Thema des philosophischen Cafés heißt:
Werder, L. v.: Das Buch vom starken Ich. Berlin 2012
Außerdem:
Gross, P.: Ich-Jagd. Frankfurt 1999
Markowitsch, H.-J.; Welzer, H.: Das autobiografische Gedächtnis. Stuttgart 2005
Siefer, W.: Weber, C.: Ich. Wie wir uns selbst erfinden. Frankfurt 2006
Siefer, W.: Wir und was uns zu Menschen macht. Frankfurt 2010

Kapitel 2: Die Ethik des falschen oder des richtigen Lebens
Das Buch zu diesem Thema des philosophischen Cafés heißt:
Werder, L. v.: Das radikal Böse und die Ethik. Berlin 2012

Außerdem:
Dierse, U.: Radikal Böses. In: Historisches Wörterbuch der Philosophie 1992, Band 8, S. 6–11
Russell, J. B.: Biografie des Teufels. Das radikal Böse und die Macht des Guten in der Welt. Berlin 2000
Schulte, C.: Radikal Böse. Die Karriere des Bösen von Kant bis Nietzsche. München 1991
Trawny, P.: Denkbarer Holocaust. Die politische Ethik Hannah Arendts. Berlin 2005

Kapitel 3: Der kleine und der große Tod
Das Buch zu diesem Thema des philosophischen Cafés heißt:
Werder, L. v.: Ängstige Dich nicht – schreibe! Eine Übungsbuch zur Todesfrage für Einzelne und Gruppen. Berlin 1998

Außerdem:
Ebeling, H. (Hrsg): Der Tod in der Moderne. Frankfurt 1992
Elias, N.: Über die Einsamkeit der Sterbenden in unseren Tagen. Frankfurt 1982
Levinas, E.: Gott, der Tod und die Zeit. Wien 1996
Scherer, Q.: Das Problem des Todes in der Philosophie. Darmstadt 1979

Kapitel 4: Die dunkle oder die helle Seite Liebe
Das Buch zu dem Thema des philosophischen Cafés heißt:
Werder, L. v.: Philosophie für Verliebte. Berlin 2002

Außerdem:
Evola, J.: Die große Lust. Bern 1989
Foucault, M.: Geschichte und Sexualität. Frankfurt 1989, Band 1-3
Klötter, C.: Liebesvorstellungen im 20. Jahrhundert. Gießen 1999
Onfray, M.: Der sinnliche Philosoph. Frankfurt 1992

Kapitel 5: Schwarzer Humor oder fröhliches Lachen
Das Buch zu diesem Thema des philosophischen Cafés heißt:
Werder, L. v.: Das große philosophische Gelächter. Berlin 2004

Außerdem:
Arendt, D.: Vom Lachen unter dem Galgen. Fernwald 1998
Berger, P. C.: Erlösendes Lachen. Berlin 1998
Hellenthal, M.: Schwarzer Humor. Essen 1989
Simon, K. G.: Das Absurde lacht sich tot. München 1958
Stern, T.: Sadistenwitze. München 2002

Kapitel 6: Verzweiflung oder kurzes Glück des Ichs
Das Buch zu diesem Thema des philosophischen Cafés heißt:
Werder, L. v.: Beklage Dich nicht – philosophiere. Berlin 2010

Außerdem:
Achenbach, G. B.: Das Prinzip der Heilung. Köln 1985
Hadot, P.: Philosophie als Lebensform. Berlin 1991
Jaspers, K.: Philosophische Lebensführung. In: Ders.: Einführung in die Philosophie. München 1963, S. 116–127
Rabow, P.: Seelenführung. München 1954

Kapitel 7: Leiden und Heilung des Ichs in der existentialistischen Psychotherapie
Das Buch zu diesem Thema des philosophischen Cafés heißt:
Werder, L. v.: Heilsam. Philosophie als Psychotherapie. Berlin 2006

Außerdem:
Gödde, G.: Leitlinien des Unbewussten, Schopenhauer, Nietzsche, Freud. Tübingen 1988
Hadot, P.: Wege zur Weisheit. Berlin 2002
Kühn, R.; Petzold H. (Hrsg.): Psychotherapie und Philosophie. Paderborn 1992
Yalom, I. D.: Existentielle Psychotherapie. Köln 2000

Kapitel 8: Die Heldenreise des Ichs im Existentialismus
Das Buch zu diesem Thema des philosophischen Cafés heißt:
Werder, L. v.: Die Welt romantisieren. Wie schreibe ich meine persönliche Mythologie? Berlin 2009

Außerdem:
Camphell, J.: Der Heros in 1000 Gestalten. Frankfurt 1987
Feinstein, D.; Krippner, S.: Persönliche Mythologie. Basel 1987
Murdock, M.: The Heroines Journey. Boston 1990
Rank, O.: Der Mythos von der Geburt des Helden. Wien 2000

Teil C: Die schweigende Transzendenz und die Spuren der Hoffnung

Kapitel 1: Gottesbeweise oder Gotteswiderlegungen
Das Buch zu diesem Thema des philosophischen Cafés heißt:
Werder, L. v.: Verzweifle nicht – suche! Ein Übungsbuch zur Gottesfrage für Einzelne und Gruppen. Berlin 1997

Außerdem:
Cioran, E. M.: Die verfehlte Schöpfung. Frankfurt 1979
Jaspers, K. Der philosophische Glaube. Frankfurt 1958
Jaspers, K.: Philosophie. Berlin 1956, Band 3
Landsberg, P. L.: Die Erfahrung des Todes. Frankfurt 1973
Lütkehaus, L.: Nichts. Abschied vom Sein. Ende der Angst. Frankfurt 2004

Kapitel 2: Die fremde oder die eigene Religion
Das Buch zu diesem Thema des philosophischen Cafés heißt:
Werder, L. v.: Wie finde ich meine eigene Religion? Berlin 2007

Außerdem:
Baecker, D. (Hrsg.): Kapitalismus als Religion. Berlin 2003
Deutschmann, C.: Die Verheißung des absoluten Reichtums. Zur religiösen Natur
     des Kapitalismus. Frankfurt 2001
Joas, H.: Wie viel Religion braucht der Mensch? Freiburg 2005
Maier, H.: Die politische Religion. München 1993
Simmel, G.: Philosophie des Geldes. Frankfurt 1980

Kapitel 3: Nihilistischer oder humanistischer Atheismus
Das Buch zu diesem Thema des philosophischen Cafés heißt:
Werder, L. v.: Das Wunder des Atheismus. Berlin 2008

Außerdem:
Bloch, E.: Atheismus im Christentum. Zur Religion des Exodus und des Reichs.
     Frankfurt 1968
Dawkins, R.: Der Gotteswahn. München 2008
Feuerbach, L.: Das Wesen des Christentums. Stuttgart 1969
Holbach, P.-Th. d': System der Natur. Berlin 1960
Mauthner, F.: Der Atheismus und seine Geschichte im Abendland. Hildesheim
     1985, Band 1–4

Kapitel 4: Die schwarze oder die weiße Mystik
Das Buch zu diesem Thema des philosophischen Cafés heißt:
Werder, L. v.: Mystik für Gipfelstürmer. Berlin 2003

Außerdem:
Bloch, E.: Atheismus im Christentum, Zur Religion des Exodus und des Reichs.
     Frankfurt 2003
Buber, M.: Ekstatische Konfessionen. Heidelberg 1998
Capra, F.: Wendezeit. München 1988
Ferguson, M.: Die sanfte Verschwörung. München 1982
Grof, S. (Hrsg.): Alte Weisheit und modernes Denken. München 1986
Jaspers, K.: Psychologie der Weltanschauungen. Berlin 1960
Sölle, D.: Mystik und Widerstand. München 2006
Wilber, K.: Das Spektrum des Bewusstseins. Reinbek 1991

Kapitel 5: Der Weg des Ichs im alten und im neuen Existentialismus
Das Buch zu diesem Thema des philosophischen Cafés heißt:
Werder, L. v.: Das Buch vom starken Ich. Berlin 2012

Außerdem:

Grof, S.: Die stürmische Suche nach dem Selbst. München 1991
Henrich, D.: All-Einheit. Stuttgart 1995
Scharfetter, C.: Das Ich auf dem spirituellen Weg. Sternenfels 2004
Scharfetter, C.: Der spirituelle Weg und seine Gefahren. Stuttgart 1997
Tugendhat, E.: Egozentrizität und Mystik. München 2003
Underhill, E.: Mystik. Biedigheim 1982
Zundel, E.; Fittkau, B. (Hrsg.): Spirituelle Wege und transpersonale Psychotherapie. Paderborn 1989

Literatur zu philosophischen Cafés

Achenbach, G.: Philosophische Praxis. Köln 1984
Burckhart, H.; Sikora, J. (Hrsg.): Praktische Philosophie – Philosophische Praxis. Darmstadt 2005
Dill, A.: Philosophische Praxis. Frankfurt 1990
Marinoff, L.: Bei Sokrates auf der Couch. Düsseldorf 2001
Rabbow, P.: Seelenführung. München 1956
Sautet, M.: Ein Café für Sokrates. Philosophie für Jedermann. Düsseldorf 1997
Schmid, W.: Philosophie der Lebenskunst. Frankfurt 2001
Werder, L. v.: Das philosophische Café. Ein kreativer Weg zur Philosophie. Berlin 20112
Werder, L. v.: Lehrbuch der philosophischen Lebenskunst für das 21. Jahrhundert. Berlin 2000

Philosophischen Cafés von Lutz von Werder

Philosophisches Café im Literaturhaus Berlin:
Fasanenstr. 23, 10719 Berlin,
Tel.: 030-887 286-0
E-Mail: literaturhaus@literaturhaus-berlin.de
Internet: www.literaturhaus-berlin.de/programm

Philosophisches Café in der Urania Berlin:
An der Urania 17, 10787 Berlin
Tel.: 030-21 89 091
E-Mail: kontakt@urania-berlin.de
Internet: www.urania-berlin.de/programm

Bei der Urania wurden alle rund 200 Sitzungen der philosophischen Cafés auf CD aufgezeichnet. Sie sind bei der Urania käuflich zu erwerben.

Alle aktuellen Philosophischen Cafés von Lutz von Werder unter:
www.schibri.de

Hinweise auf andere philosophische Cafés im Internet

www.philosophers-today.com
www.cafe-der-philosophen.de
www.amazon.de "Das philosophische Café"
www.ssoar.info "Die Philosophie des philosophischen Cafés"
www.online-street.de "Dienstleistungen Philosophie"
www.marcsautet.de

Weitere 760.000 Klicks zum Suchwort „Philosophische Cafés" unter:
www.google.de

Lutz von Werder:

Das philosophische Café

ein kreativer Weg zur Philosophie

Schibri-Verlag
ISBN 3-928878-72-7
2011²
168 Seiten
8,50 Euro

Das Buch stellt die Methodik und Didaktik des „philosophischen Cafés" dar, das der Autor an zwei Standorten in Berlin leitet. Es schildert das praktische Philosophieren mit jedermann/jederfrau, das als Modell auch in Universität, Gymnasium, Erwachsenenbildung und Kirchengemeinde praktiziert werden kann.